Discours de guerre

WINSTON CHURCHILL

Discours de guerre

Édition bilingue

Traduit de l'anglais par Aude Chamouard, Denis-Armand Canal, Guillaume Piketty et Thibault Tretout

Édition établie et présentée par Guillaume Piketty

TEXTO
Le goût de l'histoire

Éditions Tallandier, 2 rue Rotrou, 75006 Paris
www.tallandier.com
www.texto-legoutdelhistoire.com

SOMMAIRE

NOTE DE L'ÉDITEUR

Les discours de guerre sont présentés en version bilingue, de façon à ce que le lecteur puisse profiter au mieux de ces textes incontournables. Vous pouvez également en écouter quelques fragments sur notre site.

Certains titres ont été modifiés dans leur traduction française, pour qu'ils reflètent mieux le contenu des extraits choisis. Cependant, nous avons conservé les titres anglais dans leur version originale, tels qu'ils apparaissent dans l'édition anglaise des discours (*Never Give in. The best of Winston Churchill's speeches*, 2003 et *Blood, Toil, Tears and Sweat: The Great Speeches*, 2007). Par ailleurs, toutes les notes sont de Guillaume Piketty ou des traducteurs (et dans ce cas suivies de la mention NdT).

LES MOTS DE LA LIBERTÉ

Pour Alain Lancelot

Au moment le plus sombre de la Seconde Guerre mondiale, Winston Churchill[1] fut le champion et le héraut du monde libre. Cette anthologie présente trente des plus beaux discours qu'il prononça à la Chambre des communes, devant le micro de la BBC ou face à des publics aussi choisis que variés, depuis le désastre de Munich jusqu'à sa défaite électorale de l'été 1945. Pour quelques-unes de ces allocutions, très longues, le choix a été fait de se concentrer sur les passages les plus forts et les plus représentatifs. Mais l'essentiel est bien là. Ces documents invitent à une traversée du conflit mondial tel que le vécurent la Grande-Bretagne et son empire. Ils montrent le fonctionnement de l'impeccable démocratie britannique plongée dans une guerre à mort. Ils illustrent la richesse et la puissance du verbe churchillien.

1. 1874-1965.

Au cœur de la guerre mondiale

La guerre fut *la* grande affaire de Churchill. En raison de son histoire personnelle et de son tempérament, par choix ou par nécessité, il la rencontra régulièrement et s'y impliqua corps et âme[1]. Il lui consacra quelques-uns de ses plus grands textes. Sur les questions guerrières, son art oratoire fut le plus souvent à son meilleur. En outre, il revint au pouvoir en 1939-1940 pour *faire la guerre.* Durant plus de cinq ans, celle-ci fut totale et sans merci. Elle subordonna tout à son déroulement. Aussi le phénomène guerrier forme-t-il le cœur des discours publiés dans ce volume.

À lire le très francophile Winston Churchill, on réalise l'effarement des Britanniques devant l'écroulement français de mai 1940 puis leur soulagement mêlé d'inquiétude après l'évacuation de Dunkerque. S'impose alors, peu à peu, la formidable énergie d'un homme décidé à conduire la Grande-Bretagne, son empire et son Commonwealth au fil de ce qui sera, il n'en doute pas, leur « plus belle heure ». Pour ne pas céder, le Premier Ministre est prêt à tout – y compris au drame de Mers El-Kébir[2]. Au cours de l'été 1940, il insuffle sa résolution aux pilotes de la Royal Air Force et, plus généralement, à ses compatriotes – ces « soldats inconnus » – qui tiendront bon durant la bataille

---

1. Pour en juger, on lira notamment l'excellent *Winston Churchill* publié par François Kersaudy aux Éditions Tallandier (2000, édition revue et augmentée, 2009). On consultera également avec profit Winston Churchill, *Mes jeunes années*, Paris, Tallandier collection « Texto », 2007, et *Réflexions et aventures*, Paris, Tallandier, collection « Texto », 2008.

2. Voir son discours du 4 juillet 1940.

d'Angleterre puis sous le « Blitz ». Par la suite, au fil des discours prononcés au cours d'une année 1941 marquée par l'alternance éreintante de succès – rares et souvent provisoires – et de revers – nombreux et toujours douloureux –, le lecteur mesure l'écrasante solitude d'une Grande-Bretagne dont la survie n'a tenu qu'à un fil – transatlantique – et à sa légendaire ténacité.

L'ouverture des hostilités en URSS, le 22 juin 1941, marque le début d'une nouvelle phase. Anticommuniste farouche et peu rassuré sur la capacité de résistance soviétique face à l'ogre nazi, Churchill n'en célèbre pas moins ce qu'il appelle « l'alliance avec la Russie ». Le vote de la loi « prêt-bail » au sortir de l'hiver 1941, la signature de la Charte de l'Atlantique le 14 août, puis l'entrée en guerre des États-Unis le 8 décembre ouvrent la voie à ce que le Premier Ministre appellera lui-même, un peu moins d'un an plus tard, la « fin du commencement ». C'est que désormais la Grande-Bretagne, son Empire et son Commonwealth ne sont plus seuls. C'est aussi que, lentement mais sûrement, l'hôte du 10, Downing Street passe du rang de « chef d'orchestre » à celui de « second violon[1] » derrière les deux géants américain et soviétique. Churchill est d'ailleurs parfaitement conscient de cette évolution, qu'il assume pleinement et ne manque pas d'évoquer lorsque l'occasion lui en est donnée[2].

---

1. Pour reprendre les formules de François Kersaudy dans son *Winston Churchill*, *Op. cit.*

2. Et qui justifie qu'aucun des discours – un peu moins nombreux et, surtout, moins essentiels – prononcés par Churchill entre le début de l'année 1943 et le jour « J » n'a été reproduit dans la présente anthologie.

Commence alors la longue et coûteuse marche vers la victoire, en même temps que s'intensifient les négociations pour le règlement de la paix et l'organisation du monde à venir. Ce sont ensuite les jours de gloire et d'horreur du printemps 1945. Puis, enfin, la démission de juillet et le testament – très provisoire – du vieux lutteur épuisé. Au passage et quoi qu'il en ait, le lecteur français aura noté la présence singulièrement faible de la France Libre dans les préoccupations affichées par le Premier Ministre britannique. Cette portion congrue correspond à la place réellement tenue par la bannière française libre sur le théâtre de la guerre mondiale. Elle témoigne également des différents qui ne cessèrent d'empoisonner les relations entre Winston Churchill et Charles de Gaulle. Elle atteste la survie, malgré tout, d'une forme de rivalité franco-anglaise, notamment sur les enjeux impériaux.

UNE DÉMOCRATIE EN GUERRE

La lecture des discours prononcés par Churchill durant le second conflit mondial offre également l'occasion d'un passionnant voyage au cœur de la démocratie britannique en guerre. En premier lieu, rappelons-le, il n'était pas évident pour cette dernière de faire appel à Winston Leonard Spencer-Churchill à la fin de l'été 1939. Car à cette époque, pour la plupart de ses compatriotes, celui-ci était plus que jamais un mouton noir. Régulièrement – mais pas continûment – élu à la Chambre des communes depuis 1900[1], il

1. Par des circonscriptions qui varièrent au fil du temps, d'Oldham en 1900 à Epping où il fut élu pour la première fois en 1924, en passant par Manchester North West en 1906, et Dundee où il fut élu pour la première fois en 1908.

pouvait certes se prévaloir d'une expérience ministérielle non négligeable[1]. Mais certains, au Pays de Galles ou en Irlande notamment, conservaient le souvenir cuisant de sa poigne de fer. Il portait toujours l'opprobre du désastre des Dardanelles au début de la Première Guerre mondiale. Il s'était avéré un assez piètre chancelier de l'Échiquier et la crise économique de 1929 avait encore aggravé la portée de certaines de ses erreurs. Surtout, il n'était pas en odeur de sainteté auprès de ses camarades de parti, qui lui reprochaient toujours d'avoir quitté les *Tories* au bénéfice des Libéraux en 1904 puis effectué le mouvement inverse quelque vingt années plus tard. La distance s'était accrue au long des années trente au point de déboucher sur une rupture quasi totale avec l'appareil du parti conservateur. De surcroît, au cours de ces années, Churchill s'était régulièrement trouvé à contre-courant de l'opinion publique de son pays, notamment en ne cessant d'avertir contre le danger hitlérien, en critiquant l'affaiblissement progressif de l'appareil militaire britannique et en dénonçant inlassablement la politique d'*appeasement*. Enfin, l'homme privé Winston Churchill était connu pour ses excentricités, ses débordements et son goût pour la boisson. Aux yeux de beaucoup, il était donc bel et bien un homme du passé.

1. Il fut nommé vice-ministre Colonies en 1905, ministre du Commerce en 1908, ministre de l'Intérieur en 1910, Premier lord de l'Amirauté en 1911 (il occupa ce poste jusqu'en 1915), ministre de l'Armement en 1917, ministre de la Guerre et de l'Air en 1919, ministre des Colonies en 1921, et chancelier de l'Échiquier en 1924 (il occupa ce poste jusqu'en 1929).

Pourtant, c'est à lui que, bon gré mal gré, les responsables *tories* confièrent le poste clef de Premier lord de l'Amirauté le 3 septembre 1939. C'est lui encore que les uns et les autres, ministres et parlementaires, s'efforcèrent de protéger, début mai 1940, des conséquences du fiasco norvégien afin de préserver son avenir politique car ils le pensaient seul capable de tenir le cap au fort du péril. C'est lui enfin que responsables conservateurs[1] mais également libéraux et travaillistes[2] décidèrent de soutenir, à partir du 10 mai, dans son projet de former un gouvernement d'union nationale qui mobiliserait tous les Britanniques au service du conflit. Si la nécessité de conduire la guerre rendait capitale la formation d'un tel cabinet, la gravité de l'heure aurait pu en conduire plus d'un à mettre en œuvre des stratégies personnelles ou, simplement, à récuser Churchill. Par la suite, ses discours en témoignent, celui-ci s'employa régulièrement à rendre des comptes aux parlementaires et au peuple britanniques. Qu'il s'agisse de la délicate formation de son gouvernement, de la débâcle française, du risque qu'une Wehrmacht partout triomphante débarque en Angleterre, des horreurs du Blitz, de la très progressive implication américaine dans le conflit, des revers subis par les armes britanniques et alliées, des difficiles négociations sur les plans militaires et sur les projets pour l'après-guerre, ou encore des atrocités commises par les nazis, Winston Churchill s'attacha à exposer sa politique et à expliquer ses décisions. Bien sûr, il mit davantage l'accent

1. Dont certains espéraient bien qu'il porterait la responsabilité du possible désastre et d'un éventuel armistice.

2. Dont deux représentants, et non des moindres, Clement Attlee et Arthur Greenwood, furent même membres du Cabinet de guerre.

sur les succès que sur les défaites. Il lui arriva de juger certains faits impropres à une évocation intégrale. De loin en loin, il invoqua le secret militaire pour justifier un silence momentané. L'urgence ou la gravité des enjeux lui imposèrent quelquefois de prendre des libertés avec les strictes procédures parlementaires. Mais aussi souvent et précisément qu'il le put compte tenu des impératifs du moment, il dit l'essentiel à ses interlocuteurs. Plus encore, il sollicita l'approbation de la Chambre des communes sur les projets et réalisations de son gouvernement. Au risque d'avoir à se justifier point par point, éventuellement des jours durant. Au risque même de devoir affronter des motions de censure, comme en témoignent les discours du 29 janvier et du 2 juillet 1942 présentés dans cette anthologie. Un tel maintien, envers et contre tout, des procédures démocratiques ne fut pas exclusif de l'efficacité, bien au contraire. Enfin, le renvoi du vieux lion à l'été 1945, sans autre forme de procès et alors que le conflit se poursuivait encore, sonna comme une ultime leçon de démocratie donnée au monde par les Britanniques.

La magie du verbe

Churchill ne fut pas seulement une voix. Au long des années de guerre, il ne cessa de payer de sa personne. Il voyagea, visita, rencontra, discuta, échangea avec des interlocuteurs et devant des publics aussi nombreux que divers, jeunes ou vieux, civils ou militaires, britanniques ou étrangers. Arborant des tenues vestimentaires variées[1] mais

1. Du costume au *Battle Dress*, en passant par la vareuse militaire et toutes sortes d'uniforme.

toujours appropriées[1], un cigare à la bouche et le « V » de la victoire prêt à s'afficher, « vieux comme un prophète, jeune comme un génie et grave comme un enfant[2] », il promena un peu partout son éternel sourire, sa chaleur et ses bons mots. Renforcée par un puissant charisme, cette implication de tous les instants acheva de tremper la détermination britannique et, souvent, galvanisa celles et ceux qui avaient eu la chance de rencontrer « Churchill d'Angleterre ». Elle fut l'un des ressorts de l'adhésion populaire à la personne du vieux lion et à son action.

Mais la parole de Winston Churchill n'en fut pas moins essentielle. Pour les Britanniques, évidemment. Pour les populations alliées, bien sûr. Pour les Européens en lutte contre la domination nazie, enfin[3]. Tel le Gambetta de la Défense nationale en 1870-1871, le Clemenceau de la

1. Pensons par exemple à la célèbre photo de Churchill casqué en train de travailler à son bureau pendant les bombardements de Londres, ou à celle le représentant en costume de ville et chapeau mou, le cigare à la bouche, en train d'ajuster sa cible sur un champ de tir.

2. Albert Cohen, *Churchill d'Angleterre, Message : Belgian Review*, février 1943, rééd. Paris, Lieu Commun, 1985, p. 17. On ne saurait trop conseiller de lire ces pages magnifiques consacrées par Albert Cohen à Winston Churchill et au peuple anglais en guerre.

3. À titre d'exemple, on lira les commentaires rédigés les 13 janvier, 12 avril et 7 mai 1941 par le résistant Charles d'Aragon sur la prose de Churchill – *Français en résistance.* Carnets de guerre, correspondance, journaux personnels, édition établie et présentée par Guillaume Piketty, Paris, Robert Laffont « Bouquins », 2009.

Première Guerre mondiale ou le de Gaulle de la Seconde[1], le Premier Ministre fit de son éloquence une arme au service de la cause alliée. Des pans entiers de ses discours sont de véritables modèles d'art oratoire. Les jurés du Nobel de littérature ne s'y trompèrent d'ailleurs pas, le 15 octobre 1953, lorsqu'ils lui attribuèrent le Prix « pour la perfection avec laquelle il [avait] présent[é] la matière historique et biographique, ainsi que pour l'éloquence brillante avec laquelle il s'[étai]t fait le défenseur de hautes valeurs humaines »[2].

Soucieux d'exprimer précisément sa pensée et de toucher ses interlocuteurs, Churchill accorda toujours un soin minutieux à la préparation de ses discours. La guerre ne le détourna pas de cette pratique, bien au contraire. Elle en rendit simplement la mise en œuvre moins orthodoxe encore. À toute heure de la journée *et* de la nuit, le Premier Ministre réclamait informations et notes à ses collaborateurs civils et militaires. Au hasard des rencontres et sans avoir l'air d'y toucher, il testait idées et formules. La mise au point proprement dite débutait le plus souvent tard dans la soirée. À partir des esquisses rédigées par ses assistants,

---

1. Voir notamment les discours du 15 novembre 1941, des 18 juin et 11 novembre 1942, et du 14 juillet 1943 dans Charles de Gaulle, *Discours et messages*. Tome I. *Pendant la guerre 1940-1946*, Paris, Plon, 1970, p. 132-138, p. 197-204, p. 233-240 et p. 309-313. Voir également Claire Andrieu, Philippe Braud et Guillaume Piketty (dir.), *Dictionnaire de Gaulle*, Paris, Robert Laffont « Bouquins », 2006, p. 355-358.

2. Cité p. 12 dans Kjell Strömberg, « La "petite histoire" de l'attribution du prix Nobel à Winston S. Churchill », p. 7-17 *in* Winston Churchill, *Triomphe et tragédie (mémoires de guerre)*, Paris-Bruges, Éditions Rombaldi, 1969. Je remercie François Comba de m'avoir indiqué cette précieuse référence.

soutenu par de généreuses rasades de whisky ou de champagne, Churchill entreprenait alors de dicter aux secrétaires qui ne le quittaient jamais. Paragraphe après paragraphe, quelquefois phrase après phrase, l'élaboration s'achevait souvent au petit matin. Il arriva même que d'ultimes modifications soient effectuées par l'infatigable écrivain depuis son lit ou sa baignoire.

La prose de Winston Churchill est le fruit d'une longue pratique et d'un grand amour de la langue anglaise[1]. Énoncée dans un langage subtil, souvent simple et concis, elle témoigne d'un souci permanent du style et d'un véritable génie des formules[2]. Les expressions classiques y alternent avec des locutions davantage parlées. Elle est entrecoupée de citations latines ou de grands poètes anglais et américains. Les références religieuses y sont nombreuses car, répète l'orateur, c'est contre un ennemi barbare et démoniaque, contre le mal incarné, que la Grande-Bretagne a engagé une croisade et, ce faisant, gagne son paradis. En jouant sur le réflexe insulaire, Churchill montre à ses compatriotes « l'âme d'Angleterre » et les pousse à devenir ce qu'ils sont, à se hausser « jusqu'à eux-mêmes[3] ». Enfin, en tablant sur leur fierté, en multipliant les allusions à l'histoire glorieuse de la monarchie britannique et de son empire, à toutes les batailles et toutes les guerres gagnées, parfois sur le fil, il les mobilise au service de ce qu'il leur décrit comme un devoir sacré : la défense de l'homme, de la liberté et de la justice.

---

1. Afin de permettre au lecteur de la goûter pleinement, la présente anthologie a été voulue bilingue.

2. Voir notamment les discours des 13 mai, 4 et 18 juin, 20 août 1940. Pour entendre un extrait de ses discours, voir sur www.tallandier.com

3. Albert Cohen, *Op. cit.*, p. 45.

Tous ensemble, ces trente discours composent un éloge de la lucidité, du courage et de l'honneur contre la cécité, la bassesse et la trahison. Ils chantent les louanges de la démocratie par opposition à l'obscurantisme et à l'abjection totalitaires. En écho à l'investissement de tous les instants d'un homme-orchestre qui ne voulait rien laisser au hasard et souhaitait faire flèche de tout bois, ils soulignent les vertus de l'action politique. Ils magnifient la volonté et la persévérance opiniâtre, en dépit de tout et de tous, quoi qu'il en coûte et jusqu'au bout. À près de soixante-dix années de distance, ils rendent plus actuelle que jamais cette adresse de Winston Churchill à ses jeunes condisciples de *Harrow School*, le 29 octobre 1941 : « N'abandonnez jamais, n'abandonnez jamais, *jamais*, *jamais*, *jamais*, *jamais* – n'abandonnez rien, ni de grand ni de petit, rien d'important ni rien d'insignifiant – n'abandonnez rien sauf quand l'honneur et la raison l'exigent[1]. »

Guillaume Piketty

1. Ou les mots prononcés par le même Churchill devant la Chambre des communes, le 1er mars 1955 : « (...) Ne jamais broncher, ne jamais se lasser, ne jamais désespérer. »

1

5 OCTOBRE 1938

Au cours du mois de septembre 1938, alors que les nazis ne cessent de provoquer des troubles dans les Sudètes et que grandit la menace d'une invasion de la Tchécoslovaquie par le Reich, le Premier Ministre Neville Chamberlain choisit à nouveau la voie diplomatique. Il rencontre Hitler à trois reprises, à Berchtesgaden le 15, à Godesberg le 22, et à Munich le 29 en compagnie de Benito Mussolini et du président du Conseil français, Édouard Daladier. Le 30 septembre, il rapporte en Grande-Bretagne un accord quadripartite[1], un pacte de non-agression avec l'Allemagne, la conviction qu'est ainsi assurée « la paix pour notre époque[2] », et la

1. Très conforme aux exigences manifestées par les nazis avant la conférence de Munich, cet accord prévoit notamment l'évacuation des Sudètes par les résidents tchèques dans les dix jours – mais ces derniers ont le droit d'emporter ou de liquider leurs biens… –, entérine la perte par la Tchécoslovaquie de 40 % de son potentiel industriel, et impose la remise aux troupes allemandes des fortifications de Bohème. En d'autres termes, Britanniques et Français ont cédé sur l'essentiel et abandonné la malheureuse Tchécoslovaquie à son triste sort.

2. Il déclare ainsi : « It is peace for our time ».

sensation qu'Hitler est « un homme sur qui on peut compter une fois qu'il a engagé sa parole ».

À l'instar de Daladier à Paris, Chamberlain reçoit un accueil triomphal à Londres tant le soulagement populaire est profond après la tension de la fin de l'été. La presse l'encense quasi unanimement, tout comme la Chambre des communes qui s'apprête à approuver très largement les accords de Munich. Quelques voix discordantes s'élèvent néanmoins. Le Premier lord de l'Amirauté, Alfred Duff Cooper, démissionne de ses fonctions le 1er octobre. Le 3, il s'en explique aux Communes alors que débute le débat sur les accords[1]. À ses yeux, ces derniers sont tout simplement une trahison. Le même jour, le travailliste Clement Attlee, le libéral Archibald Sinclair, et les conservateurs Leopold Amery, Brendan Bracken, Anthony Eden, Richard Law et Harold MacMillan s'élèvent contre l'abandon de la Tchécoslovaquie. Le 5 octobre, alors que les débats sont bien avancés, c'est au tour de Winston Churchill d'intervenir. Pendant une cinquantaine de minutes, il prononce un véritable réquisitoire : les conditions obtenues par le Premier Ministre au prix de trois rencontres avec le chancelier allemand auraient pu l'être durant l'été par la voie diplomatique ordinaire ; même laissés à eux-mêmes, les Tchécoslovaques seraient probablement parvenus à de meilleures conditions ; ce n'est qu'une question de mois avant que la Tchécoslovaquie ne soit engloutie par le Reich, un Reich maintenant tout-puissant en Europe centrale et orientale ; ces accords sont une défaite absolue dont la Grande-Bretagne va longtemps payer les conséquences, à moins qu'elle ne se ressaisisse.

1. Ce débat dura du 3 au 6 octobre 1938.

Ce magnifique discours est probablement la plus rude de toutes les condamnations prononcées ces jours-là. Il ne change rien au résultat, même si, lors du vote final, une trentaine de parlementaires conservateurs s'abstiennent, prouvant l'existence d'une opposition à Chamberlain dans les rangs de son propre parti. En tout état de cause, quand bien même les événements commencent à lui donner raison, Churchill demeure très isolé. La grande majorité de l'opinion publique britannique et la plus grande partie de la presse persistent à le considérer comme un politicien sur le retour, aveuglé par de vieilles lunes et trop belliciste. Les travaillistes et les libéraux continuent à se défier d'un homme politique qu'ils jugent à la fois trop radical et trop imprévisible. Au sein du parti conservateur enfin, Churchill demeure un mouton noir, y compris aux yeux de la plupart des parlementaires dissidents qui se sont opposés à la politique d'*appeasement*[1].

---

1. Les responsables du parti iront jusqu'à tenter de dresser contre lui les électeurs de sa circonscription d'Epping. Sans succès.

"A TOTAL AND UNMITIGATED DEFEAT"

5 October 1938, House of Commons

If I do not begin this afternoon by paying the usual, and indeed almost inevitable, tributes to the Prime Minister for his handling of this crisis, it is certainly not from any lack of personal regard. We have always, over a great many years, had very pleasant relations, and I have deeply understood from personal experiences of my own in a similar crisis the stress and strain he has had to bear; but I am sure it is much better to say exactly what we think about public affairs, and this is certainly not the time when it is worth anyone's while to court political popularity. We had a shining example of firmness of character from the late First Lord of the Admiralty two days ago. He showed that firmness of character which is utterly unmoved by currents of opinion, however swift and violent they may be. My hon. Friend the Member for South-West Hull [Mr Law], to whose compulsive speech the House listened on Monday, was quite right in reminding us that the Prime Minister has himself throughout his conduct of these matters shown a robust indifference to cheers or boos and to the alternations of criticism or applause.

« UNE VÉRITABLE DÉFAITE TOTALE »

5 octobre 1938, Chambre des communes

Si je ne commence pas cet après-midi par l'habituel et presque inévitable hommage au Premier Ministre pour sa gestion de cette crise, ce n'est certainement pas par manque d'égard personnel. Nous avons toujours entretenu, depuis bien des années, de très courtoises relations, et j'ai parfaitement conscience de la pression et de la tension qu'il a dû supporter, pour en avoir fait l'expérience personnelle lors d'une crise similaire. Mais je suis convaincu qu'il vaut bien mieux dire exactement ce que l'on pense des affaires publiques, et que ce n'est certainement le moment pour personne de rechercher la popularité en politique. Il y a deux jours, l'ancien Premier lord de l'Amirauté nous a donné un exemple éclatant de fermeté de caractère. Il a montré cette fermeté de caractère totalement insensible aux fluctuations de l'opinion, si promptes et violentes qu'elles puissent être. Mon honorable ami le député de la circonscription sud-ouest de Hull [Mr. Law], dont la Chambre a entendu lundi le discours passionné, a eu tout à fait raison de nous rappeler combien le Premier Ministre avait fait preuve lui-même, à travers toute cette affaire, d'une inflexible indifférence aux vivats comme aux sifflets, à l'alternance de critiques et d'applaudissements.

If that be so, such qualities and elevation of mind should make it possible for the most severe expressions of honest opinion to be interchanged in this House without rupturing personal relations, and for all points of view to receive the fullest possible expression. Having thus fortified myself by the example of others, I will proceed to emulate them. I will, therefore, begin by saying the most unpopular and most unwelcome thing. I will begin by saying what everybody would like to ignore or forget but which must nevertheless be stated, namely, that we have sustained a total and unmitigated defeat, and that France has suffered even more than we have. The utmost my right hon. Friend the Prime Minister has been able to secure by all his immense exertions, by all the great efforts and mobilization which took place in this country, and by all the anguish and strain through which we have passed in this country, the utmost he has been able to gain for Czechoslovakia in the matters which were in dispute has been that the German dictator, instead of snatching the victuals from the table, has been content to have them served to him course by course.

The Chancellor of the Exchequer [Sir John Simon] said it was the first time Herr Hitler had been made to retract – I think that was the word – in any degree. We really must not waste time after all this long Debate upon the difference between the positions reached at Berchtesgaden, at Godesberg and at Munich. They can be very simply epitomized, if the House will permit me to vary the metaphor. £1 was demanded at the pistol's point. When it was given, £2 were demanded at the pistol's point. Finally, the dictator consented to take £1 17s. 6d. and the rest in promises of goodwill for the future.

S'il en est ainsi, de telles qualités et une telle élévation d'esprit devraient permettre aux expressions les plus rudes de la franchise de se manifester dans cette Chambre, sans briser des relations personnelles, et autoriser toutes les opinions sous leur forme la plus aboutie. Ainsi conforté par l'exemple des autres, je vais tâcher à présent de les imiter. Je commencerai donc par tenir le discours le plus impopulaire et le plus désagréable. Je commencerai par dire ce que chacun préfère ignorer ou oublier mais qui doit néanmoins être dit, à savoir que nous venons d'essuyer une véritable défaite totale, et que la France a souffert plus encore que nous. Tout ce que le Premier Ministre, mon très honoré ami, est parvenu à sauver par une activité de tous les instants, par les grands efforts et l'intense mobilisation consentis par ce pays, et au prix de l'angoisse et de la tension qui nous ont accablés dans ce pays ; tout ce qu'il est parvenu à gagner pour la Tchécoslovaquie sur les points litigieux – c'est que le dictateur allemand, au lieu de rafler d'un coup les plats qui étaient sur la table, a pu se les faire servir tranquillement un par un.

Le chancelier de l'Échiquier [sir John Simon] a dit que pour la première fois, Herr Hitler avait été obligé de se rétracter – je crois que c'est le mot qu'il a employé – jusqu'à un certain point. Nous n'avons pas vraiment de temps à perdre au terme de ce long débat sur les différences entre les positions prises à Berchtesgaden, à Godesberg ou à Munich. Elles peuvent être très simplement résumées, si la Chambre m'autorise à changer de métaphore. On nous a d'abord demandé, revolver au poing, une livre sterling. Une fois cette livre accordée, on nous a demandé, revolver au poing, deux livres sterling. Pour finir, le dictateur s'est contenté d'une livre dix-sept shillings six pence, et le reste en promesses de bonne volonté pour l'avenir.

Now I come to the point, which was mentioned to me just now from some quarters of the House, about the saving of peace. No one has been a more resolute and uncompromising struggler for peace than the Prime Minister. Everyone knows that. Never has there been such intense and undaunted determination to maintain and secure peace. That is quite true. Nevertheless, I am not quite clear why there was so much danger of Great Britain or France being involved in a war with Germany at this juncture if, in fact, they were ready all along to sacrifice Czechoslovakia. The terms which the Prime Minister brought back with him could easily have been agreed, I believe, through the ordinary diplomatic channels at any time during the summer. And I will say this, that I believe the Czechs, left to themselves and told they were going to get no help from the Western Powers, would have been able to make better terms than they have got after all this tremendous perturbation; they could hardly have had worse.

[...]

I venture to think that in future the Czechoslovak State cannot be maintained as an independent entity. I think you will find that in a period of time which may be measured by years, but may be measured only by months, Czechoslovakia will be engulfed in the Nazi regime. Perhaps they may join it in despair or in revenge. At any rate, that story is over and told. But we cannot consider the abandonment and ruin of Czechoslovakia in the light only of what happened only last month. It is the most grievous consequence of what we have done and of what we have left undone in the last five years – five years of futile good intentions, five years of eager search for the line of least resistance, five years of uninterrupted retreat of British power,

J'en viens maintenant au point qui vient de m'être rappelé depuis certains bancs de la Chambre : la préservation de la paix. La paix n'a jamais eu de défenseur plus résolu et plus intransigeant que le Premier Ministre. Tout le monde sait cela. Jamais la préservation et la garantie de la paix n'ont été servies par une détermination si forte et si inébranlable. C'est un fait assuré. Néanmoins, je ne vois pas bien pourquoi il y avait un si grand danger à risquer une guerre avec l'Allemagne, pour la Grande-Bretagne ou pour la France, si, en réalité, elles étaient prêtes depuis toujours à sacrifier la Tchécoslovaquie. Les accords que le Premier Ministre a rapportés auraient très bien pu, je pense, être obtenus cet été par les voies de la diplomatie ordinaire. Et je dirai aussi ceci : je crois bien que les Tchèques, s'ils avaient été laissés à eux-mêmes et avertis que les puissances occidentales ne leur apporteraient aucune aide, auraient conclu de meilleurs accords que ceux qu'ils ont obtenus après tout ce remue-ménage : ils pouvaient difficilement être pires.

[...]

Je conjecture que l'État tchécoslovaque ne pourra pas rester longtemps une entité indépendante. Je suis sûr qu'à échéance de quelques années, voire de quelques mois, la Tchécoslovaquie sera engloutie par le régime nazi. Peut-être les Tchèques s'y rallieront-ils, par désespoir ou par revanche. Quoi qu'il en soit, les jeux sont faits et l'histoire est écrite. Mais nous ne pouvons pas considérer l'abandon et la ruine de la Tchécoslovaquie à la seule lumière de ce qui s'est passé le mois dernier. Il s'agit en effet de la conséquence la plus grave de ce que nous avons fait, et de ce que nous n'avons pas fait, au cours des cinq dernières années : cinq années de bonnes intentions futiles, cinq années à chercher fiévreusement la ligne de moindre résistance, cinq années de démission ininterrompue de la puissance britannique,

five years of neglect of our air defences. Those are the features which I stand here to expose and which marked an improvident stewardship for which Great Britain and France have dearly to pay. We have been reduced in those five years from a position of security so overwhelming and so unchallengeable that we never cared to think about it. We have been reduced from a position where the very word "war" was considered one which could be used only by persons qualifying for a lunatic asylum. We have been reduced from a position of safety and power – power to do good, power to be generous to a beaten foe, power to make terms with Germany, power to give her proper redress for her grievances, power to stop her arming if we chose, power to take any step in strength or mercy or justice which we thought right – reduced in five years from a position safe and unchallenged to where we stand now.

[...]

We are in the presence of a disaster of the first magnitude which has befallen Great Britain and France. Do not let us blind ourselves to that. It must now be accepted that all the countries of Central and Eastern Europe will make the best terms they can with the triumphant Nazi power. The system of alliances in Central Europe upon which France has relied for her safety has been swept away, and I can see no means by which it can be reconstituted. The road down the Danube Valley to the Black Sea, the road which leads as far as Turkey, has been opened. In fact, if not in form, it seems to me that all those countries of Middle Europe, all those Danubian countries, will, one after another, be drawn into this vast system of power politics – not only

cinq années de négligence pour nos défenses aériennes. Tels sont les faits que j'expose ici, devant vous et qui ont caractérisé la gestion imprévoyante pour laquelle la Grande-Bretagne et la France vont devoir payer cher. Au cours de ces cinq années, nous avons été chassés d'une position dans laquelle notre sécurité était tellement solide et tellement incontestable que nous n'avions même pas à nous en préoccuper. Nous avons été chassés d'une position dans laquelle le simple mot de « guerre » ne pouvait être employé que par des personnes bonnes pour l'asile. Nous avons été chassés d'une position de sécurité et de pouvoir : pouvoir de faire le bien ; pouvoir d'être généreux envers un adversaire vaincu ; pouvoir de négocier un accord avec l'Allemagne ; pouvoir de se faire soi-même justice par des réparations ; pouvoir de mettre, si nous le voulions, un terme à son réarmement ; pouvoir de prendre toute mesure que nous pensions juste en matière de force, de pitié ou de justice. Nous sommes passés en cinq ans de cette situation sûre et incontestée à celle où nous nous trouvons aujourd'hui.

[...]

Nous voici confrontés à un désastre de première grandeur qui affecte la Grande-Bretagne et la France. Ne soyons pas aveugles. Il faut s'attendre désormais à ce que tous les pays d'Europe centrale et orientale concluent les meilleurs accords possibles avec le pouvoir nazi triomphant. Le système d'alliances en Europe centrale – dont dépendait la sécurité de la France – a été balayé, et je ne vois aucun moyen de le reconstituer. La route qui mène à la Mer Noire par la vallée du Danube, la route qui conduit jusqu'à la Turquie, est désormais ouverte. Il me semble que, pratiquement sinon formellement, tous ces pays d'Europe centrale, tous les pays danubiens vont, l'un après l'autre, être aspirés dans ce vaste système politique de force – non seulement de

power military politics but power economic politics – radiating from Berlin, and I believe this can be achieved quite smoothly and swiftly and will not necessarily entail the firing of a single shot. [...]

I do not begrudge our loyal, brave people, who were ready to do their duty no matter what the cost, who never flinched under the strain of last week – I do not grudge them the natural, spontaneous outburst of joy and relief when they learned that the hard ordeal would no longer be required of them at the moment; but they should know the truth. They should know that there has been gross neglect and deficiency in our defences; they should know that we have sustained a defeat without a war, the consequences of which will travel far with us along our road; they should know that we have passed an awful milestone in our history, when the whole equilibrium of Europe has been deranged, and that the terrible words have for the time being been pronounced against the Western democracies: "Thou art weighed in the balance and found wanting." And do not suppose that this is the end. This is only the beginning of the reckoning. This is only the first sip, the first foretaste of a bitter cup which will be proferred to us year by year unless by a supreme recovery of moral health and martial vigour, we arise again and take our stand for freedom as in the olden time.

force militaire, mais aussi de force économique – qui irradie depuis Berlin, et je crois que ceci pourra se faire très doucement et très rapidement, sans qu'il soit même nécessaire de tirer un seul coup de feu. [...]

Je n'en veux pas à nos braves et loyaux compatriotes, qui étaient prêts à faire leur devoir à n'importe quel prix, et qui, dans la tension de la semaine dernière, n'ont jamais bronché : je ne leur reproche pas leur explosion de joie compréhensible et spontanée, et leur soulagement lorsqu'ils ont appris qu'ils ne seraient pas soumis pour l'instant à la terrible épreuve – mais ils doivent savoir la vérité. Ils doivent savoir qu'il y a eu dans notre système de défense une terrible négligence et de graves défaillances ; ils doivent savoir que nous avons essuyé une défaite sans avoir fait la guerre, dont les conséquences vont nous accompagner longtemps sur notre route ; ils doivent savoir que nous avons doublé un cap redoutable de notre histoire, alors que l'ensemble de l'équilibre européen a été bouleversé, et que les paroles terribles [de la Bible] ont été prononcées contre les démocraties occidentales : « Tu as été pesé dans la balance, et trouvé léger. » Et n'allez pas croire que les choses vont en rester là. Nous ne faisons que commencer à payer. Ceci n'est que la première gorgée, le premier avant-goût d'une coupe amère qui va nous être présentée année après année – sauf si, dans un suprême sursaut de force morale et de vigueur martiale, nous nous dressons à nouveau et reprenons, comme par le passé, la défense de la liberté.

2

3 SEPTEMBRE 1939

Le 1er septembre 1939 à l'aube, les troupes allemandes franchissent la frontière polonaise. Dans la journée, le gouvernement britannique décrète la mobilisation générale et adresse à Berlin un message[1] l'enjoignant de replier ses troupes. Dans le même temps, Neville Chamberlain propose à Winston Churchill d'entrer dans un « petit cabinet de guerre formé de ministres sans portefeuille[2] ». Destinée à museler un redoutable opposant[3], la manœuvre aboutit puisque Churchill accepte et se trouve *ipso facto* contraint à la solidarité avec le gouvernement. Le 2, Hitler ayant balayé

1. Qui n'est surtout pas un ultimatum.

2. F. Kersaudy, *Op. cit.*, p. 320.

3. Depuis l'entrée à Prague des troupes allemandes (15 mars 1939) et le dépeçage de la Tchécoslovaquie par les troupes allemandes, la menace de la guerre se faisant de plus en plus précise, l'opinion publique et la presse se sont progressivement retournées en faveur de Churchill. Des voix toujours plus nombreuses s'élèvent pour réclamer le retour aux affaires de celui dont les prédictions ne cessent de s'avérer. Peu soucieux de rapprocher d'eux un homme qu'ils craignent, Chamberlain et ceux qui le soutiennent ont tout fait jusque-là pour éviter ce retour.

l'avertissement d'un revers de main, le gouvernement britannique demande à Chamberlain de transformer celui-ci en un ultimatum censé expirer à minuit. Mais le soir, devant une Chambre des communes éberluée, le Premier Ministre persiste dans son attitude temporisatrice. Ébranlé par l'attitude de plus en plus hostile des députés et soumis à une forte pression de ses ministres, il se résout néanmoins à adresser un ultimatum au Reich[1] dès le lendemain matin 9 heures, avec échéance à 11 heures.

À 11 heures 15 le dimanche 3 septembre, Neville Chamberlain annonce aux Communes que l'ultimatum a expiré sans que l'Allemagne ait répondu et que, par conséquent, la Grande-Bretagne se trouve en état de guerre avec le Reich. En début d'après-midi, la Chambre des communes se réunit à nouveau. Churchill prononce alors un bref discours. Après avoir évacué la politique d'*appeasement* en quelques phrases[2], il souligne la gravité de l'heure et la difficulté de la tâche à venir. Surtout, il indique clairement l'ampleur du défi à relever : c'est bien la liberté et la dignité humaines que la Grande-Bretagne et son Empire ont entrepris de défendre. Peu après le rapide débat, Chamberlain offre à Churchill de retrouver le poste de Premier lord de l'Amirauté qu'il a occupé de 1911 à 1915. À 18 heures, le nouveau ministre prend ses fonctions et un message est envoyé à la flotte et aux bases navales britanniques : « Winston is back ! » À l'instar de ses collègues de la Guerre et de l'Air, Winston Churchill fait partie du nouveau cabinet de Guerre. Il est

1. Celui-ci doit se retirer de Pologne et s'engager à respecter la souveraineté polonaise

2. Probablement les moins négatives de toutes celles qu'il prononça sur la question. Mais, depuis l'avant-veille, il doit afficher sa solidarité avec le Premier Ministre.

également membre du comité des forces terrestres. Fort de son nouveau statut et du soutien unanime de l'opinion et de la presse, il s'estime habilité à intervenir sur tout ce qui concerne la conduite de la guerre. Il ne va pas s'en priver…

WAR

3 September 1939, House of Commons

In this solemn hour it is a consolation to recall and to dwell upon our repeated efforts for peace. All have been ill-starred, but all have been faithful and sincere. This is of the highest moral value – and not only moral value, but practical value – at the present time, because the whole-hearted concurrence of scores of millions of men and women, whose co-operation is indispensable and whose comradeship and brotherhood are indispensable, is the only foundation upon which the trial and tribulation of modern war can be endured and surmounted. This moral conviction alone affords that ever-fresh resilience which renews the strength and energy of people in long, doubtful and dark days. Outside, the storms of war may blow and the lands may be lashed with the fury of its gales, but in our own hearts this Sunday morning there is peace. Our hands may be active, but our consciences are at rest.

We must not underrate the gravity of the task which lies before us or the temerity of the ordeal, to which we shall not be found unequal. We must expect many disappointments, and many unpleasant surprises, but we may be

LA GUERRE

3 septembre 1939, Chambre des communes

En cette heure solennelle, c'est une consolation que d'évoquer et de développer les efforts que nous avons consentis, nos efforts répétés en faveur de la paix. Des efforts toujours vains, mais toujours de bonne foi et toujours sincères. C'est un fait de la plus haute valeur morale – et non seulement morale, mais aussi réelle, car aujourd'hui le seul socle sur lequel nous appuyer pour affronter et surmonter l'épreuve et les souffrances de la guerre moderne, ce sont ces millions d'hommes et de femmes qui marchent d'un seul cœur et dont la coopération est indispensable, dont la camaraderie et la fraternité sont indispensables. Seule cette conviction permet cette résistance toujours renouvelée qui, dans les jours de grand doute, longs, et sombres, retrempe la force et l'énergie d'un peuple. Dehors, les tempêtes de la guerre peuvent faire rage, les terres être dévastées par la fureur de ses bourrasques, mais dans nos cœurs, en ce dimanche matin, règne la paix. Nos mains s'agitent peut-être déjà, mais nos consciences sont en paix.

Nous ne devons sous-estimer ni la gravité de la tâche à venir ni les dangers de l'épreuve ; nous leur ferons face, j'en suis certain. Il faut nous attendre à bien des déceptions, à bien des surprises désagréables, mais nous pouvons être

sure that the task which we have freely accepted is one not beyond the compass and the strength of the British Empire and the French Republic. The Prime Minister said it was a sad day, and that is indeed true, but at the present time there is another note which may be present, and that is a feeling of thankfulness that, if these great trials were to come upon our Island, there is a generation of Britons here now ready to prove itself not unworthy of the days of yore and not unworthy of those great men, the fathers of our land, who laid the foundations of our laws and shaped the greatness of our country.

This is not a question of fighting for Danzig or fighting for Poland. We are fighting to save the whole world from the pestilence of Nazi tyranny and in defence of all that is most sacred to man. This is no war of domination or imperial aggrandizement or material gain; no war to shut any country out of its sunlight and means of progress. It is a war, viewed in its inherent quality, to establish, on impregnable rocks, the rights of the individual, and it is a war to establish and revive the stature of man. Perhaps it might seem a paradox that a war undertaken in the name of liberty and right should require, as a necessary part of its processes, the surrender for the time being of so many of the dearly valued liberties and rights. In these last few days the House of Commons has been voting dozens of Bills which hand over to the executive our most dearly valued traditional liberties. We are sure that these liberties will be in hands which will not abuse them, which will use them for no class or party interests, which will cherish and guard them, and we look forward to

sûrs que le défi que nous avons relevé librement n'est ni hors de portée ni au-delà des forces de l'Empire britannique et de la République française. Le Premier Ministre a déclaré ce jour un triste jour, et c'est absolument vrai, mais on peut déjà percevoir une tonalité différente, un air de gratitude ; nous savons que notre Île abrite tout une génération d'Anglais maintenant prêts à montrer, au cas où ces rudes épreuves se présenteraient, qu'ils ne sont pas indignes de leur passé, qu'ils ne sont pas indignes non plus de ces grands hommes, des pères de notre patrie qui ont posé les bases de nos lois et fondé la grandeur de notre pays.

Il ne s'agit pas de se battre pour Dantzig ou de combattre pour la Pologne. Nous nous battons pour préserver le monde entier de cette peste qu'est la tyrannie nazie et pour défendre tout ce que l'homme a de plus sacré. Il ne s'agit pas d'une guerre pour la domination, pour l'agrandissement de l'empire ou pour un profit matériel ; il ne s'agit pas d'une guerre qui priverait une nation de sa lumière ou qui l'écarterait des voies du progrès. Il s'agit, essentiellement, d'une guerre destinée à établir, sur des fondements inaltérables, les libertés de l'individu, une guerre destinée à établir et restaurer la dignité de l'homme. Il peut sembler paradoxal qu'une guerre entreprise au nom du droit et de la liberté exige au préalable et pour toute sa durée la suspension d'un si grand nombre des libertés et des droits que nous chérissons. La Chambre a adopté, ces derniers jours, plusieurs dizaines d'amendements qui livrent à la discrétion du gouvernement les libertés consacrées qui sont les plus chères à nos cœurs. Nous sommes persuadés que ceux qui ont reçu ces libertés en dépôt ne les bafoueront pas, qu'ils n'en useront pas dans l'intérêt d'une classe ou d'un parti, qu'ils les aimeront et les préserveront, et nous attendons avec

the day, surely and confidently we look forward to the day, when our liberties and rights will be restored to us, and when we shall be able to share them with the peoples to whom such blessings are unknown.

impatience, confiants et sereins, ce jour où nos libertés et nos droits nous seront rendus, et où nous pourrons les partager avec ces peuples qui n'en connaissent pas les bienfaits.

3

13 MAI 1940

Le 9 mai 1940, en butte à des critiques de plus en plus nombreuses[1], Neville Chamberlain se résout à l'idée de démissionner de ses fonctions de Premier Ministre[2]. Sollicité pour lui succéder, lord Halifax, jusque-là ministre des Affaires étrangères, préfère décliner alors même qu'il est soutenu par la majorité du parti conservateur ainsi que par le roi George VI. Membre de la Chambre des lords, il ne peut en théorie se présenter devant la Chambre des communes[3]. Surtout, en raison de ses engagements passés, il n'est pas certain d'obtenir le soutien du parti travailliste. Or, à ses yeux, la situation exige la formation d'un gouvernement de coalition. Enfin, Halifax n'est pas convaincu de sa capacité

1. Notamment – mais pas seulement – concentrées sur sa gestion de l'affaire norvégienne.

2. Le 8 mai au soir à la Chambre des communes, lors d'un vote sur la question de confiance, le gouvernement Chamberlain n'a obtenu que 281 voix favorables. En d'autres termes, 33 conservateurs se sont prononcés contre lui et 60 se sont abstenus. Ce fut la plus petite majorité obtenue par Chamberlain depuis 1937.

3. Cette difficulté d'ordre constitutionnel aurait probablement pu être résolue.

de diriger un cabinet dont Churchill ferait partie. George VI se tourne alors vers le Premier lord de l'Amirauté.

Le 10 mai, Winston Churchill accepte du roi la mission de former un gouvernement. Dans *The Gathering Storm*, il décrira ses sentiments au moment d'aller se coucher ce soir-là : « Il me semblait […] que toute ma vie passée n'avait été qu'une préparation à cette heure et à cette épreuve[1]. » De fait, le nouveau Premier Ministre est fermement décidé à relever le défi. Conscient de l'ampleur de la tâche et de la gravité de l'heure, lucide sur le faible soutien dont il bénéficie au sein du parti conservateur et désireux de s'affranchir de la tutelle sourcilleuse de ses camarades de parti et soucieux de mobiliser l'ensemble des Britanniques derrière lui, il choisit de former un gouvernement de coalition. Au final, celui-ci comptera sept ministres travaillistes – dont deux, Clement Attlee et Arthur Greenwood[2], seront membres du Cabinet de guerre –, le libéral Archibald Sinclair[3], le syndicaliste Ernest Bevin[4], le patron de presse lord Beaverbrook[5], ainsi qu'un certain nombre de conservateurs parmi lesquels Chamberlain et Halifax[6] mais aussi quelques *Tories* « dissidents » tels que Leopold Amery[7],

1. « I felt […] that all my past life had been but a preparation for this hour and for this trial. » Winston Churchill, *The Gathering Storm*, Cassel, Londres, 1948, p. 527.

2. Respectivement lord du Sceau privé et ministre sans portefeuille.

3. Chef du parti libéral et vieil ami de Churchill, il deviendra ministre de l'Air.

4. Au ministère du Travail.

5. Au ministère de la Construction aéronautique nouvellement créé.

6. Tous deux membres du Cabinet de guerre.

7. À l'Inde.

Anthony Eden[1] ou Alfred Duff Cooper[2]. En outre, Churchill innovera en créant un ministère de la Défense auquel le Comité des chefs d'état-major sera directement subordonné, et dont il prendra lui-même la responsabilité.

Le lundi 13 mai, le nouveau Premier Ministre vient devant la Chambre des communes afin de lui présenter le gouvernement encore en formation et d'obtenir son accord sur les premières mesures qu'il a prises. L'enjeu est de taille. L'inquiétude règne au sein de la population britannique alors que les armées allemandes déferlent sur la Hollande, la Belgique, le Luxembourg et la France. La presse se fait l'écho des premières nouvelles particulièrement alarmantes. Churchill compte nombre d'opposants, voire d'ennemis, au sein de son propre parti. Mais il tient ferme à la barre – et à la tribune. Après avoir fait le point sur le processus de constitution du gouvernement, il annonce qu'il a l'intention assumer pleinement ses fonctions exécutives sans pour autant cesser de rendre des comptes au Parlement. Surtout, en quelques formules passées depuis à la postérité, il proclame sa résolution de conduire la guerre, coûte que coûte et jusqu'à la victoire. Un peu plus tard dans la journée, le Premier Ministre relit son texte devant le micro de la BBC. Par ce discours, il galvanise littéralement la Chambre des communes[3] et le peuple britannique.

1. À la Guerre.

2. À l'Information.

3. Qui, pour l'occasion, lui accorde une *standing ovation* exceptionnelle.

"BLOOD, TOIL, TEARS AND SWEAT"

13 May 1940, House of Commons

[...]

On Friday evening last I received His Majesty's Commission to form a new Administration. It was the evident wish and will of Parliament and the nation that this should be conceived on the broadest possible basis and that it should include all parties, both those who supported the late Government and also the parties of the Opposition. I have completed the most important part of this task. A War Cabinet has been formed of five Members, representing, with the Opposition Liberals, the unity of the nation. The three party Leaders have agreed to serve, either in the War Cabinet or in high executive office. The three Fighting Services have been filled. It was necessary that this should be done in one single day, on account of the extreme urgency and rigour of events. A number of other positions, key positions, were filled yesterday, and I am submitting a further list to His Majesty tonight. I hope to complete the appointment of the principal Ministers during tomorrow. The appointment of the other Ministers usually takes a little longer, but I trust that, when Parliament meets again,

« JE N'AI RIEN À OFFRIR QUE DU SANG, DU LABEUR, DES LARMES ET DE LA SUEUR »

13 mai 1940, Chambre des communes.

[…]

Vendredi dernier, dans la soirée, Sa Majesté m'a confié la mission de former un nouveau gouvernement. C'était le vœu, la volonté clairement exprimée du Parlement et de la nation qu'il reposât sur les bases les plus larges, et comprît tous les partis, tant ceux qui soutenaient l'ancien gouvernement que les partis d'opposition. Je me suis acquitté de la partie la plus importante de cette tâche. Un cabinet de guerre constitué de cinq membres a été formé, qui représente, avec les libéraux de l'opposition, l'unité de la nation. Les chefs des trois partis ont accepté de servir dans le Cabinet de guerre ou aux plus hauts postes de l'État. Les trois ministères en charge de la Défense nationale sont pourvus. Étant donnée l'extrême urgence et la gravité des événements, il était indispensable que tout cela fût accompli en un seul jour. Beaucoup d'autres postes, des postes clés, ont été attribués hier, et je soumettrai, dès ce soir, une liste complémentaire à Sa Majesté. J'espère en finir dans la journée de demain avec la nomination des principaux ministres. Celle des autres ministres prend d'ordinaire un peu plus de temps, mais je suis convaincu qu'à la prochaine réunion du

this part of my task will be completed, and that the administration will be complete in all respects.

I considered it in the public interest to suggest that the House should be summoned to meet today. Mr Speaker agreed, and took the necessary steps, in accordance with the powers conferred upon him by the Resolution of the House. At the end of the proceedings today, the Adjournment of the House will be proposed until Tuesday, 21st May, with, of course, provision for earlier meeting, if need be. The business to be considered during that week will be notified to Members at the earliest opportunity. I now invite the House, by the Motion which stands in my name, to record its approval of the steps taken and to declare its confidence in the new Government.

To form an Administration of this scale and complexity is a serious undertaking in itself, but it must be remembered that we are in the preliminary stage of one of the greatest battles in history, that we are in action at many other points in Norway and in Holland, that we have to be prepared in the Mediterranean, that the air battle is continuous and that many preparations, such as have been indicated by my hon. Friend below the Gangway, have to be made here at home. In this crisis I hope I may be pardoned if I do not address the House at any length today. I hope that any of my friends and colleagues, or former colleagues, who are affected by the political reconstruction, will make allowance, all allowance, for any lack of ceremony with which it has been necessary to act. I would say to the House, as I said to those who have joined this Government: "I have nothing to offer but blood, toil, tears and sweat."

Parlement, cette partie de ma tâche aura été menée à bien, et que le Gouvernement sera au complet.

J'ai jugé que l'intérêt général commandait d'inviter la Chambre à se réunir aujourd'hui. Étant du même avis, M. le président a pris les mesures nécessaires, en vertu des pouvoirs qui lui sont conférés par la Résolution de la Chambre. Au terme du débat, nous proposerons l'ajournement de la Chambre jusqu'au mardi 21 mai, avec, bien évidemment, la possibilité de nous réunir plus tôt, si nécessaire. Les députés seront informés aussitôt que possible des affaires à traiter durant cette semaine. J'invite maintenant la Chambre, par la motion que je propose, à exprimer son approbation des mesures prises et à voter sa confiance au nouveau gouvernement.

Former un gouvernement d'une telle envergure et d'une telle complexité constitue déjà, en soi, une lourde entreprise. Mais n'oublions pas que nous sommes à l'aube d'un des plus grands affrontements de l'histoire, que nous combattons sur de nombreux fronts en Norvège et en Hollande, qu'il faut nous tenir prêts en Méditerranée, que la bataille aérienne ne connaît aucune trêve, et que de nombreux préparatifs, déjà signalés par mon honorable ami et prédécesseur, doivent être faits ici, chez nous. Dans la crise que nous traversons, j'espère que la Chambre pardonnera la brièveté de mon discours. J'espère qu'aucun de mes amis et collègues, ou anciens collègues, touchés par le remaniement ministériel, ne me tiendra rigueur, en aucun cas, si, pressé d'agir dans de telles circonstances, j'ai négligé les usages. Enfin, je voudrais tenir à la Chambre le même langage qu'à mes collègues du Gouvernement : « Je n'ai rien à offrir que du sang, du labeur, des larmes et de la sueur. »

We have before us an ordeal of the most grievous kind. We have before us many, many long months of struggle and of suffering. You ask, what is our policy? I can say: It is to wage war, by sea, land and air, with all our might and with all the strength that God can give us; to wage war against a monstrous tyranny, never surpassed in the dark, lamentable catalogue of human crime. That is our policy. You ask, what is our aim? I can answer in one word: It is victory, victory at all costs, victory in spite of all terror, victory, however long and hard the road may be; for without victory, there is no survival. Let that be realised; no survival for the British Empire, no survival for all that the British Empire has stood for, no survival for the urge and impulse of the ages, that mankind will move forward towards its goal. But I take up my task with buoyancy and hope. I feel sure that our cause will not be suffered to fail among men. At this time I feel entitled to claim the aid of all, and I say, "Come then, let us go forward together with our united strength."

Nous faisons face à la plus terrible des épreuves. Nous avons devant nous maints longs mois de lutte et de souffrance. Vous demandez ce qu'est notre politique ? Je peux vous le dire : c'est faire la guerre, sur mer, sur terre et dans les airs, par tous les moyens, avec toute la puissance et avec toute la force qu'il plaira à Dieu de nous donner ; faire la guerre contre une tyrannie monstrueuse, sans égale dans le sinistre et lamentable catalogue du crime humain. Voilà notre politique. Vous me demandez quel est notre but ? Je vous réponds d'un mot : la victoire, la victoire à tout prix, la victoire en dépit de toute terreur, aussi longue et difficile que puisse être la route, la victoire ; car sans victoire, il n'est point de salut. Prenez-en conscience : point de salut pour l'Empire britannique, point de salut pour tout ce que l'Empire britannique a toujours défendu, point de salut pour le désir et la force qui ont de tout temps poussé l'humanité, toujours plus avant, vers le progrès. Mais c'est plein d'espoir et d'enthousiasme que j'assume ma tâche car, je le sais, les hommes ne peuvent pas manquer à notre cause. En cet instant, je ressens le droit d'exiger le concours de tous et je proclame : « En avant donc, marchons tous ensemble, dans la force de notre unité. »

4

19 MAI 1940

Le 13 mai 1940, l'infanterie du XIXe corps d'armée blindé allemand commandé par le général Guderian franchit la Meuse et établit une tête de pont. Le lendemain, malgré une tentative de contre-attaque alliée soutenue par l'aviation, les chars du groupe d'armée A du général von Rundstedt[1] qui viennent de franchir sans encombre le massif des Ardennes[2] percent les défenses françaises à Sedan. Suivis par l'infanterie motorisée et soutenus par les bombardiers en piqué, les blindés allemands s'élancent vers Arras, Cambrai, Amiens et coupent de tout soutien les forces françaises imprudemment aventurées vers la Belgique. Dans le même temps, plus au nord, les armées hollandaises achèvent de s'écrouler[3].

Le 15 mai au matin, au cours d'un entretien téléphonique dramatique, le président du Conseil français Paul Reynaud fait part de son extrême pessimisme à son homologue britannique. Le soir, le général Gamelin, commandant en chef

1. Trois corps blindés forts de sept *Panzerdivisionen* et respectivement commandés par les généraux Guderian, Reinhardt et Wietersheim.

2. Pourtant estimé impénétrable par les Français.

3. Elles capitulent le 15 mai.

des armées françaises, informe Edouard Daladier, ministre de la Défense, que la situation s'est encore aggravée : ses velléités de contre-attaque sont en train de tourner au désastre ; il ne dispose quasiment plus de réserves stratégiques. Le 16 au matin, après avoir reçu des nouvelles de France toujours plus alarmantes, le Cabinet britannique entend le général Dill, chef adjoint de l'état-major impérial, lui présenter un plan de retraite des forces engagées en Belgique[1]. Après avoir refusé ce plan tout net, Churchill s'envole pour la France afin de participer à un conseil suprême interallié convoqué d'urgence. Au cours de cette réunion, il mesure l'ampleur du désarroi français. Après avoir hésité, il finit par proposer, de Paris, au Cabinet de guerre britannique d'engager en France des escadrilles de chasseurs supplémentaires. Fort de l'assentiment du Cabinet, il retourne voir Reynaud qu'il galvanise. Le 18 mai, ce dernier décide d'assumer lui-même la charge de ministre de la Défense[2] et fait entrer le maréchal Pétain au gouvernement comme vice-président du Conseil. Le 19, constatant que les Panzers allemands se dirigent vers la mer et non vers Paris, le général Gamelin sort de sa passivité et décide de contre-attaquer à partir du nord et du sud afin de couper les chars allemands de leurs arrières. Mais, le 19 au soir, il est limogé et remplacé par le général Weygand, rappelé de Syrie.

C'est dans ce contexte dramatique que, le 19 mai, Winston Churchill se présente devant le micro de la BBC pour s'adresser à ses compatriotes. S'il présente la percée

---

1. Commandé par lord Gort, le corps expéditionnaire britannique dans le nord de la France et en Belgique comprend la plus grande partie des forces britanniques professionnelles.
2. Édouard Daladier devient ministre des Affaires étrangères.

allemande sous un jour très optimiste[1] et passe sous silence la catastrophe que cette percée constitue, il ne dissimule pas la « gravité de l'heure ». Il n'en réaffirme pas moins sa confiance dans l'armée et dans le gouvernement français. Surtout, il proclame à nouveau sa résolution inébranlable de poursuivre la lutte quoi qu'il arrive, avec l'aide du gouvernement de coalition qu'il vient de former et en s'appuyant sur les empires britannique et français, pour que triomphent la liberté et le droit.

1. « […] les Français eux aussi, en de nombreux endroits, combattent activement derrières les lignes allemandes. Chacun des deux camps se trouve ainsi dans une position extrêmement dangereuse. »

"ARM YOURSELVES, AND BE YE MEN OF VALOUR!"

19 May 1940, Broadcast (BBC), London

I speak to you for the first time as Prime Minister in a solemn hour for the life of our country, of our Empire, of our Allies, and, above all, of the cause of Freedom. A tremendous battle is raging in France and Flanders. The Germans, by a remarkable combination of air bombing and heavily armoured tanks, have broken through the French defences north of the Maginot Line, and strong columns of their armoured vehicles are ravaging the open country, which for the first day or two was without defenders. They have penetrated deeply and spread alarm and confusion in their track. Behind them there are now appearing infantry in lorries, and behind them, again, the large masses are moving forward. The re-groupment of the French armies to make head against, and also to strike at, this intruding wedge has been proceeding for several days, largely assisted by the magnificent efforts of the Royal Air Force.

We must not allow ourselves to be intimidated by the presence of these armoured vehicles in unexpected places behind our lines. If they are behind our Front, the French are also at many points fighting actively

« ARMEZ-VOUS ET SOYEZ VALEUREUX ! »

19 mai 1940 , radiodiffusé (BBC), Londres.

Je vous parle pour la première fois en tant que Premier Ministre, en cette heure cruciale pour la vie de notre pays, de notre Empire, de nos Alliés, et, par-dessus tout, pour l'avenir de la Liberté. Une bataille acharnée fait rage en France et dans les Flandres. Grâce au remarquable emploi combiné de bombardements aériens et de puissants blindés, les Allemands ont enfoncé les défenses françaises au nord de la ligne Maginot, et de fortes colonnes de blindés dévastent à présent la campagne ouverte qui, les deux premiers jours, est restée sans défenseurs. Ils ont pénétré en profondeur et répandent l'alarme et la confusion sur leur passage. Derrière les chars apparaissent maintenant les divisions d'infanterie motorisée, et derrière celles-ci le gros des forces allemandes. Pour faire face à cette pénétration et contre-attaquer, le regroupement des armées françaises s'organise depuis plusieurs jours, largement soutenu par le formidable effort de la Royal Air Force.

Nous ne devons en aucun cas être intimidés par la présence inattendue de ces éléments blindés derrière nos lignes. S'ils se trouvent en arrière de notre front, les Français eux aussi, en de nombreux endroits, combattent activement

behind theirs. Both sides are therefore in an extremely dangerous position. And if the French Army, and our own Army, are well handled, as I believe they will be; if the French retain that genius for recovery and counter-attack for which they have so long been famous; and if the British Army shows the dogged endurance and solid fighting power of which there have been so many examples in the past – then a sudden transformation of the scene might spring into being.

It would be foolish, however, to disguise the gravity of the hour. It would be still more foolish to lose heart and courage or to suppose that well-trained, well-equipped armies numbering three or four millions of men can be overcome in the space of a few weeks, or even months, by a scoop, or raid of mechanised vehicles, however formidable. We may look with confidence to the stabilisation of the Front in France, and to the general engagement of the masses, which will enable the qualities of the French and British soldiers to be matched squarely against those of their adversaries. For myself, I have invincible confidence in the French Army and its leaders. Only a very small part of that splendid Army has yet been heavily engaged; and only a very small part of France has yet been invaded. There is good evidence to show that practically the whole of the specialized and mechanised forces of the enemy have been already thrown into the battle; and we know that very heavy losses have been inflicted upon them. No officer or man, no brigade or division, which grapples at close quarters with the enemy, wherever encountered, can fail to make a worthy contribution to the general result. The Armies must cast away the idea of resisting behind concrete lines or natural obstacles, and must realise that mastery can only be regained by furious and

derrière les lignes allemandes. Chacun des deux camps se trouve ainsi dans une position extrêmement dangereuse. Si l'armée française et la nôtre sont bien employées, comme je pense qu'elles le seront ; si les Français ont toujours ce génie du redressement et de la contre-attaque qui a si longtemps fait leur réputation ; si l'armée britannique fait preuve de cette endurance opiniâtre et de cette solidité au combat dont le passé nous offre tant d'exemples – alors le théâtre des opérations peut connaître un bouleversement soudain.

Il serait insensé, néanmoins, de dissimuler la gravité de l'heure. Mais il serait plus insensé encore de perdre courage ou d'imaginer que des armées bien entraînées, bien équipées, qui comptent trois ou quatre millions d'hommes, peuvent être vaincues en l'espace de quelques semaines ou même de quelques mois, balayées par l'incursion brutale d'engins mécanisés, si redoutables qu'ils soient. Nous pouvons envisager avec confiance la stabilisation du front en France, et l'engagement général du gros des troupes, ce qui permettra aux qualités des soldats français et anglais de se mesurer directement à celles de leurs adversaires. Pour ma part, je professe une confiance inébranlable dans l'armée française et dans ses chefs. Seule une très petite partie de cette magnifique armée a été pour l'instant sérieusement engagée, et seule une très petite partie de la France a été envahie. Il y a tout lieu de croire que la quasi-totalité des troupes spécialisées et des forces mécanisées de l'ennemi a d'ores et déjà été jetée dans la bataille ; et nous savons que de lourdes pertes leur ont été infligées. Chaque officier ou chaque soldat, chaque brigade ou chaque division qui accroche férocement l'ennemi où qu'il se trouve, contribue de façon décisive au résultat final. Les armées doivent absolument rejeter l'idée de résister à l'abri de lignes fortifiées ou d'obstacles naturels, et comprendre que seul un assaut incessant et furieux leur

unrelenting assault. And this spirit must not only animate the High Command, but must inspire every fighting man.

[...]

Our task is not only to win the battle – but to win the war. After this battle in France abates its force, there will come the battle for our Island – for all that Britain is, and all that Britain means. That will be the struggle. In that supreme emergency we shall not hesitate to take every step, even the most drastic, to call forth from our people the last ounce and the last inch of effort of which they are capable. The interests of property, the hours of labour, are nothing compared with the struggle of life and honour, for right and freedom, to which we have vowed ourselves.

I have received from the Chiefs of the French Republic, and in particular from its indomitable Prime Minister, M. Reynaud, the most sacred pledges that whatever happens they will fight to the end, be it bitter or be it glorious. *Nay,* if we fight to the end, it can only be glorious.

Having received His Majesty's commission, I have formed an Administration of men and women of every Party and of almost every point of view. We have differed and quarrelled in the past; but now one bond unites us all – to wage war until victory is won, and never to surrender ourselves to servitude and shame, whatever the cost and the agony may be. This is one of the most awe-striking periods in the long history of France and Britain. It is also beyond doubt the most sublime. Side by side, unaided

permettra d'avoir le dessus. Et cet esprit doit non seulement animer le Haut Commandement, mais également inspirer chaque combattant.

[…]

Notre tâche n'est pas seulement de gagner cette bataille – mais de gagner la guerre. Quand les combats en France auront perdu de leur intensité, alors viendra la lutte pour notre Île – pour tout ce que la Grande Bretagne personnifie et tout ce que la Grande Bretagne signifie. Ce sera la vraie bataille. Face au péril suprême, nous n'hésiterons pas à prendre toutes les mesures, mêmes les plus radicales, pour obtenir de notre peuple la dernière once et le dernier pouce d'effort dont il est capable. Les intérêts de la propriété et les heures de travail ne sont rien, en regard de la lutte pour la vie et pour l'honneur, pour le droit et pour la liberté, à laquelle nous nous sommes consacrés.

J'ai reçu des dirigeants de la République française, et en particulier de son indomptable Premier ministre, M. Reynaud, l'assurance sacrée que, quoi qu'il arrive, ils se battront jusqu'à la fin, qu'elle soit amère ou glorieuse. Que dis-je ? Si nous luttons jusqu'au bout, elle ne peut être que glorieuse.

Ayant reçu de Sa Majesté la mission de former un nouveau gouvernement, j'ai composé un cabinet avec des hommes et des femmes de tous les partis et de presque toutes les tendances. Nous avons pu être en désaccord et nous opposer par le passé ; mais un même et unique lien nous unit à présent : la volonté de conduire la guerre jusqu'à la victoire, et de ne jamais nous soumettre à la servitude ni à la honte, quels qu'en puissent être le prix et la souffrance. Dans la longue histoire de la France et de la Grande-Bretagne, cette période est l'une des plus terrifiantes. C'est également, sans aucun doute, la plus sublime. Côte à côte,

except by their kith and kin in the great Dominions and by the wide Empires which rest beneath their shield – side by side, the British and French peoples have advanced to rescue not only Europe but mankind from the foulest and most soul-destroying tyranny which has ever darkened and stained the pages of history. Behind them – behind us – behind the Armies and Fleets of Britain and France – gather a group of shattered States and bludgeoned races: the Czechs, the Poles, the Norwegians, the Danes, the Dutch, the Belgians – upon all of whom the long night of barbarism will descend, unbroken even by a star of hope, unless we conquer, as conquer we must; as conquer we shall.

Today is *Trinity Sunday.* Centuries ago words were written to be a call and a spur to the faithful servants of Truth and Justice: "Arm yourselves, and be ye men of valour, and be in readiness for the conflict; for it is better for us to perish in battle than to look upon the outrage of our nation and our altar. As the Will of God is in Heaven, even so let it be."

sans autre renfort que celui de leurs amis et parents dans les grands *Dominions* et dans les vastes empires qui vivent sous leur protection, côte à côte, le peuple britannique et le peuple français se sont portés en avant pour sauver, non seulement l'Europe, mais l'humanité tout entière de la tyrannie la plus infâme et la plus vile qui ait jamais obscurci et souillé les annales de l'histoire. Derrière eux – derrière nous – derrière les armées et les flottes de la Grande-Bretagne et de la France – se rassemble un groupe d'États anéantis et de peuples martyrisés : les Tchèques, les Polonais, les Norvégiens, les Danois, les Néerlandais, les Belges – sur lesquels va s'abattre la longue nuit de la barbarie qu'aucun rayon d'espoir ne percera jamais, sinon celui de notre victoire. C'est pourquoi nous devons vaincre, et c'est pourquoi nous vaincrons.

C'est aujourd'hui le dimanche de la Trinité. Il y a des siècles, des paroles ont été écrites pour appeler et encourager les fidèles serviteurs de la Vérité et de la Justice : « Armez-vous et soyez valeureux, et soyez prêts à la bataille ; car mieux vaut périr au combat que de voir outrager notre nation et notre autel. Que la Volonté du Seigneur s'accomplisse, sur la terre comme au ciel. »

5

4 JUIN 1940

Le 20 mai 1940, les blindés du général Guderian atteignent Abbeville : les forces alliées dans le nord de la France se trouvent quasiment encerclées. Sur place, la situation est dramatique : attaques allemandes incessantes, notamment aériennes, itinéraires embouteillés, transmissions défaillantes. Le tableau est encore aggravé par la disparition dans un accident de voiture du général Billotte, commandant le 1er groupe d'armées. Dans de telles conditions, la cohésion franco-britannique, déjà fortement mise à mal par les revers militaires, finit de s'étioler. Le 25 mai, lord Gort, commandant le corps expéditionnaire britannique, décide de replier ses troupes vers Dunkerque afin de tenter un rembarquement, tandis que le généralissime Weygand et l'amiral de la flotte Darlan optent, eux, pour le maintien d'une tête de pont dans le nord qui serait ravitaillée par mer. Mais le 27 mai, le roi des Belges Léopold III donne l'ordre à ses troupes de capituler. C'en est fait de l'hypothétique tête de pont.

45 divisions britanniques et françaises se trouvent alors acculées à la mer. Constatant que les Allemands ont freiné leur progression[1], lord Gort convainc Winston Churchill de

1 Hitler souhaitait rassembler ses forces, notamment blindées, avant de porter le coup de grâce à la France.

tenter une opération d'évacuation à partir de Dunkerque. Tous les bateaux en état de prendre la mer, militaires et civils, sont rassemblés pour l'opération « Dynamo » et envoyés vers la côte française. Du 28 mai au 4 juin, grâce à cette armada improvisée et sous la protection d'une Royal Air Force qui accomplit des prouesses, plus de 330 000 officiers, sous-officiers et soldats alliés[1] réussissent à gagner la Grande-Bretagne, abandonnant au passage tout leur matériel. Le 4 juin, sous la pression ennemie, l'opération est interrompue. Dans les jours qui suivent, les 150 000 soldats français qui ont couvert la retraite et protégé l'évacuation sont faits prisonniers. Toutefois, l'opération « Dynamo » est considérée comme un succès – certains écriront un miracle – tant on s'attendait, en Angleterre, à perdre les trois quarts des forces engagées sur le continent.

En découle une forme d'euphorie que, le 4 juin, devant la Chambre des communes, Winston Churchill s'efforce de tempérer. Après avoir décrit la succession de désastres militaires de la seconde quinzaine de mai, rappelé la puissance des coups portés par la Wehrmacht – notamment par ses forces blindées – et souligné l'héroïsme des combattants alliés qui, par tous les moyens, ont tenté de freiner l'ennemi, le Premier Ministre stigmatise l'attitude du roi des Belges et avoue avoir nourri les pires craintes pour le corps expéditionnaire britannique. Le succès de l'opération « Dynamo » est donc à l'origine d'un véritable soulagement et chacun, en Grande-Bretagne, devrait manifester sa gratitude envers les combattants qui se sont sacrifiés, en particulier les aviateurs de la Royal Air Force. Mais, rappelle Churchill, les guerres ne peuvent être gagnées par des évacuations. Plus

1. Un peu plus de 220 000 Britanniques et quelque 110 000 Français.

encore, c'est bien un terrible désastre militaire qui vient de se produire en France et en Belgique. Les armées françaises doivent s'attendre à subir de nouveaux assauts. Le risque d'invasion du territoire britannique est plus grand que jamais. Aussi Winston Churchill conclut-il son discours par un vibrant appel à la résistance, coûte que coûte, et quoi qu'il arrive : « [...] Nous tiendrons jusqu'au bout, nous nous battrons en France, nous nous battrons sur les mers et les océans, nous nous battrons dans les airs avec une confiance et une force croissantes, nous défendrons notre Île quel qu'en soit le prix, nous nous battrons sur les plages, nous nous battrons sur nos terrains d'aviation, nous nous battrons dans les champs et dans les rues, nous nous battrons dans les collines. Nous ne nous rendrons jamais. »

"WARS ARE NOT WON BY EVACUATIONS"

4 June 1940, House of Commons

From the moment that the French defences at Sedan and on the Meuse were broken at the end of the second week of May, only a rapid retreat to Amiens and the south could have saved the British and French Armies who had entered Belgium at the appeal of the Belgian King; but this strategic fact was not immediately realised. The French High Command hoped they would be able to close the gap, and the Armies of the north were under their orders. Moreover, a retirement of this kind would have involved almost certainly the destruction of the fine Belgian Army of over 20 divisions and the abandonment of the whole of Belgium. Therefore, when the force and scope of the German penetration were realised and when a new French Generalissimo, General Weygand, assumed command in place of General Gamelin, an effort was made by the French and British Armies in Belgium to keep on holding the right hand of the Belgians and to give their own right hand to a newly created French Army which was to have advanced across the Somme in great strength to grasp it.

However, the German eruption swept like a sharp scythe around the right and rear of the Armies of the north. Eight or nine armoured divisions, each of about

« NOUS NE NOUS RENDRONS JAMAIS »

4 juin 1940, Chambre des communes

Dès l'instant où les défenses françaises à Sedan et sur la Meuse eurent été enfoncées, à la fin de la deuxième semaine de mai, seule une rapide retraite vers Amiens et vers le sud aurait pu encore sauver les armées britanniques et françaises, qui avaient pénétré en Belgique à l'appel du roi des Belges ; mais cette évidence stratégique n'a pas été immédiatement perçue. Le Haut Commandement français espérait pouvoir colmater la brèche, et les armées du Nord se trouvaient placées sous ses ordres. De plus, une retraite de ce type aurait très certainement signifié la destruction de la belle armée belge – plus de vingt divisions au total – et l'abandon de toute la Belgique. C'est pourquoi, lorsque la puissance et l'étendue de l'avancée allemande furent connues et qu'un nouveau généralissime français, le général Weygand, eut pris le commandement à la place du général Gamelin, les armées françaises et britanniques en Belgique tentèrent de soutenir l'aile droite des Belges et de faire soutenir leur propre aile droite par une nouvelle armée française, destinée à progresser à toute force vers la Somme pour s'en emparer.

Cependant, l'invasion allemande, telle une lame acérée, faucha à revers la droite et l'arrière des armées du nord. Huit ou neuf divisions blindées, comprenant chacune environ

four hundred armoured vehicles of different kinds, but carefully assorted to be complementary and divisible into small self-contained units, cut off all communications between us and the main French Armies. It severed our own communications for food and ammunition, which ran first to Amiens and afterwards through Abbeville, and it shore its way up the coast to Boulogne and Calais, and almost to Dunkirk. Behind this armoured and mechanised onslaught came a number of German divisions in lorries, and behind them again there plodded comparatively slowly the dull brute mass of the ordinary German Army and German people, always so ready to be led to the trampling down in other lands of liberties and comforts which they have never known in their own.

I have said this armoured scythe-stroke almost reached Dunkirk – almost but not quite. Boulogne and Calais were the scenes of desperate fighting. The Guards defended Boulogne for a while and were then withdrawn by orders from this country. The Rifle Brigade, the 60th Rifles, and the Queen Victoria's Rifles, with a battalion of British tanks and 1,000 Frenchmen, in all about four thousand strong, defended Calais to the last. The British Brigadier was given an hour to surrender. He spurned the offer, and four days of intense street fighting passed before silence reigned over Calais, which marked the end of a memorable resistance. Only 30 unwounded survivors were brought off by the Navy, and we do not know the fate of their comrades. Their sacrifice, however, was not in vain. At least two armoured divisions, which otherwise would have been turned against the British Expeditionary Force, had to be sent to overcome them. They have added another page to the glories of the light division, and the time gained enabled the

quatre cents véhicules blindés de types différents, mais soigneusement organisés pour être à la fois complémentaires et divisibles en petites unités autonomes, coupèrent toutes les communications entre le gros des armées françaises et nous. Elles endommagèrent nos propres lignes de ravitaillement, sur l'axe Amiens-Abbeville, et déferlèrent vers la côte jusqu'à Boulogne et Calais, et presque jusqu'à Dunkerque. À la suite de cet assaut blindé et mécanisé venaient un certain nombre de divisions d'infanterie motorisée, et derrière celles-ci à leur tour avançait d'un pas pesant, et plus lent en comparaison, la masse obtuse et brutale de l'armée et du peuple allemands, toujours prêts à fouler aux pieds dans d'autres pays les libertés et le bien-être qu'ils n'ont jamais connus dans le leur.

J'ai dit que cette opération blindée en cisaille avait presque atteint Dunkerque – presque, mais pas tout à fait. Boulogne et Calais ont été le théâtre de combats désespérés. La Garde royale défendit un certain temps Boulogne, avant d'être retirée conformément à des ordres reçus de notre pays. Les fusiliers du 60e régiment et du régiment de la reine Victoria, soutenus par un bataillon de blindés britanniques et mille Français, forts au total d'environ quatre mille hommes, ont défendu Calais jusqu'au bout. L'ennemi accorda au général de brigade britannique, une heure pour se rendre. Il repoussa l'offre et ce furent quatre jours d'un combat acharné, avant que le silence ne régnât à nouveau sur Calais, marquant la fin d'une résistance mémorable. Seuls trente survivants, indemnes, ont été évacués par la Marine royale, et nous ignorons le destin de leurs camarades. Leur sacrifice, pourtant, n'a pas été vain. Deux divisions blindées au moins, qui autrement auraient été lancées contre le Corps expéditionnaire britannique, durent être envoyées pour les réduire. Ils ont écrit une nouvelle page des annales glorieuses de l'infanterie légère, et le temps gagné grâce à eux a

Gravelines waterlines to be flooded and to be held by the French troops.

Thus it was that the port of Dunkirk was kept open. When it was found impossible for the Armies of the north to reopen their communications to Amiens with the main French Armies, only one choice remained. It seemed, indeed, forlorn. The Belgian, British and French Armies were almost surrounded. Their sole line of retreat was to a single port and to its neighbouring beaches. They were pressed on every side by heavy attacks and far outnumbered in the air.

When, a week ago today, I asked the House to fix this afternoon as the occasion for a statement, I feared it would be my hard lot to announce the greatest military disaster in our long history. I thought – and some good judges agreed with me – that perhaps 20,000 or 30,000 men might be re-embarked. But it certainly seemed that the whole of the French First Army and the whole of the British Expeditionary Force north of the Amiens-Abbeville gap would be broken up in the open field or else would have to capitulate for lack of food and ammunition. These were the hard and heavy tidings for which I called upon the House and the nation to prepare themselves a week ago. The whole root and core and brain of the British Army, on which and around which we were to build, and are to build, the great British Armies in the later years of the war, seemed about to perish upon the field or to be led into an ignominious and starving captivity.

That was the prospect a week ago. But another blow which might well have proved final was yet to fall upon us. The King of the Belgians had called upon us to come

permis aux lignes d'eau de Gravelines d'être inondées et tenues par les troupes françaises.

C'est ainsi que le port de Dunkerque est resté ouvert. Lorsqu'il s'est avéré impossible aux armées du Nord de rétablir leurs communications à Amiens avec le gros des forces françaises, il ne restait plus qu'une seule chose à faire. La situation, en effet, semblait désespérée. Les armées belge, britannique et française étaient quasiment encerclées. Leur unique espoir de retraite résidait dans un seul port et les plages avoisinantes. Elles étaient harcelées de tous côtés par des attaques massives et leur aviation était de loin surpassée en nombre.

Il y a une semaine aujourd'hui, lorsque j'ai demandé à la Chambre de consacrer cet après-midi à une déclaration, je craignais qu'il ne m'échût la lourde charge d'annoncer le plus grand désastre militaire jamais survenu au cours de notre longue histoire. Je pensais – et des personnes avisées me donnaient alors raison – que vingt mille ou trente mille hommes peut-être pourraient être rembarqués. Il paraissait certain, en revanche, que la Première armée française tout entière et l'intégralité du Corps expéditionnaire britannique au nord de la trouée Amiens-Abbeville seraient défaits en rase campagne ou bien contraints à capituler faute de ravitaillement et de munitions. Telles étaient les terribles et rudes nouvelles auxquelles, la semaine dernière, j'appelais la Chambre et la nation à se préparer. La colonne vertébrale, le cœur et le cerveau de l'armée britannique, qui devaient constituer – et qui constitueront – le noyau fondateur des grandes armées britannique pour les années à venir, semblaient sur le point de périr sur le champ de bataille ou d'être réduits à une captivité d'horreurs et de privations.

Telles étaient nos perspectives, il y a une semaine. Mais un nouveau coup, qui aurait aussi bien pu nous être fatal, allait encore s'abattre sur nous. Le roi des Belges nous avait

to his aid. Had not this Ruler and his Government severed themselves from the Allies, who rescued their country from extinction in the late war, and had they not sought refuge in what was proved to be a fatal neutrality, the French and British Armies might well at the outset have saved not only Belgium but perhaps even Poland. Yet at the last moment, when Belgium was already invaded, King Leopold called upon us to come to his aid, and even at the last moment we came. He and his brave, efficient Army, nearly half a million strong, guarded our left flank and thus kept open our only line of retreat to the sea. Suddenly, without prior consultation, with the least possible notice, without the advice of his Ministers and upon his own personal act, he sent a plenipotentiary to the German Command, surrendered his Army, and exposed our whole flank and means of retreat.

[...]

This was a great trial of strength between the British and German Air Forces. Can you conceive a greater objective for the Germans in the air than to make evacuation from these beaches impossible, and to sink all these ships which were displayed, almost to the extent of thousands? Could there have been an objective of greater military importance and significance for the whole purpose of the war than this? They tried hard, and they were beaten back; they were frustrated in their task. We got the Army away; and they have paid fourfold for any losses which they have inflicted. Very large formations of German aeroplanes – and we know that they are a very brave race – have turned on several occasions from the attack of one-quarter of their number

appelés à son secours. Si ce souverain et son gouvernement ne s'étaient pas dissociés des Alliés qui, pendant la dernière guerre, avaient pourtant sauvé leur pays de la disparition, et s'ils n'avaient pas cherché refuge dans ce qui allait se révéler une neutralité funeste, les armées française et britannique auraient pu dès le début sauver non seulement la Belgique, mais peut-être aussi la Pologne. Toutefois, au dernier moment, alors que la Belgique était déjà envahie, le roi Léopold nous appela à son secours, et même à ce moment – le dernier – nous avons répondu présents. Le roi et son armée, brave et efficace, forte de près d'un demi-million d'hommes, gardaient notre flanc gauche, tenant ainsi ouverte notre unique voie de retraite vers la mer. Tout à coup, sans consultation préalable, en ne nous prévenant qu'à la toute dernière minute, sans prendre l'avis de ses ministres et de sa propre initiative, le roi envoya un plénipotentiaire au commandement allemand, livra son armée et découvrit tout notre flanc gauche ainsi que nos lignes de retraite.

[...]

Dunkerque a été le théâtre d'une grande épreuve de force entre les aviations britannique et allemande. Pouvez-vous imaginer pour l'aviation allemande un objectif plus important que d'interdire l'évacuation depuis ces plages, et de couler tous les navires qui s'y trouvaient rassemblés presque par milliers ? Pouvait-on concevoir un objectif militairement plus important et plus lourd de conséquences pour la suite de la guerre que celui-ci ? Ils ont fait tout ce qu'ils ont pu, mais ils ont été repoussés ; et ils ont échoué. Nous avons évacué l'Armée, et ils ont payé au quadruple chacune des pertes qu'ils nous ont infligées. À plusieurs reprises, de très importantes formations d'appareils allemands – et nous savons que les Allemands sont un peuple courageux – ont dû faire demi-tour puis

of the Royal Air Force, and have dispersed in different directions. Twelve aeroplanes have been hunted by two. One aeroplane was driven into the water and cast away by the mere charge of a British aeroplane, which had no more ammunition. All of our types – the Hurricane, the Spitfire and the new Defiant – and all our pilots have been vindicated as superior to what they have at present to face.

When we consider how much greater would be our advantage in defending the air above this Island against an overseas attack, I must say that I find in these facts a sure basis upon which practical and reassuring thoughts may rest. I will pay my tribute to these young airmen. The great French Army was very largely, for the time being, cast back and disturbed by the onrush of a few thousands of armoured vehicles. May it not also be that the cause of civilization itself will be defended by the skill and devotion of a few thousand airmen? There never has been, I suppose, in all the world, in all the history of war, such an opportunity for youth. The Knights of the Round Table, the Crusaders, all fall back into the past – not only distant but prosaic; these young men, going forth every morn to guard their native land and all that we stand for, holding in their hands these instruments of colossal and shattering power, of whom it may be said that

Every morn brought forth a noble chance
And every chance brought forth a noble knight,

décrocher dans toutes les directions, après que la Royal Air Force les eut attaquées à un contre quatre. Il est arrivé que douze de leurs appareils ont été pris en chasse par deux des nôtres. Une autre fois, un de leurs avions a été précipité dans la mer par la seule charge d'un appareil britannique qui n'avait plus de munitions. Tous nos appareils – les *Hurricane*, les *Spitfire* et les nouveaux *Defiant* – et tous nos pilotes ont montré qu'ils étaient supérieurs à ceux qu'ils doivent maintenant affronter.

Quand je considère combien il serait plus avantageux pour nous de défendre le ciel de cette île contre une tentative de débarquement, je dois dire que je trouve dans ces faits une raison solide de nourrir des pensées tout à la fois réalistes et rassurantes. Aussi désiré-je rendre hommage à ces jeunes aviateurs. Pour l'instant, la grande armée française a été largement repoussée et mise à mal par l'incursion de quelques milliers de véhicules blindés. N'est-il pas probable que la cause de la civilisation elle-même sera défendue par l'adresse et le dévouement de quelques milliers d'aviateurs ? De par le monde, dans toute l'histoire de la guerre, semblable occasion ne s'est jamais offerte à la jeunesse, me semble-t-il. Les chevaliers de la Table ronde, les Croisés, tous disparaissent dans un passé non seulement lointain mais ordinaire : ces jeunes gens s'élançant chaque matin dans le ciel pour protéger leur sol natal et tout ce pour quoi nous luttons, tenant entre leurs mains ces instruments d'une puissance colossale et dévastatrice, ces jeunes gens dont nous pouvons dire que

Chaque matin faisait naître une noble occasion
Et chaque occasion faisait naître un noble chevalier[1]

---

1. Alfred Tennyson, *Mort d'Arthur*. Note du traducteur.

deserve our gratitude, as do all the brave men who, in so many ways and on so many occasions, are ready, and continue ready to give life and all for their native land.

I return to the Army. In the long series of very fierce battles, now on this front, now on that, fighting on three fronts at once, battles fought by two or three divisions against an unequal or somewhat larger number of the enemy, and fought fiercely on some of the old grounds that so many of us knew so well – in these battles our losses in men have exceeded 30,000 killed, wounded and missing. [...]

Against the loss of over 30,000 men, we can set a far heavier loss certainly inflicted upon the enemy. But our losses in material are enormous. We have perhaps lost one-third of the men we lost in the opening days of the battle of 21st March, 1918, but we have lost nearly as many guns – nearly one thousand – and all our transport, all the armoured vehicles that were with the Army in the north. This loss will impose a further delay on the expansion of our military strength. [...]

Nevertheless, our thankfulness at the escape of our Army and so many men, whose loved ones have passed through an agonizing week, must not blind us to the fact that what has happened in France and Belgium is a colossal military disaster. The French Army has been weakened, the Belgian Army has been lost, a large part of those fortified lines upon which so much faith had been reposed is gone, many valuable mining districts and factories have passed into the enemy's possession, the whole of the Channel ports are in his hands, with all the tragic consequences that follow from that, and we must

– ces jeunes gens méritent notre gratitude, comme la méritent tous les braves qui, de tant de façons et à tant de reprises, sont prêts, et resteront prêts, à tout donner, y compris leur vie, pour leur terre natale.

J'en reviens à l'armée. Dans la longue série de batailles acharnées qui se sont déroulées sur l'un ou l'autre front, et parfois sur trois fronts en même temps, batailles livrées par deux ou trois divisions contre un nombre inégal ou souvent supérieur d'ennemis, batailles livrées avec férocité sur certains des vieux terrains que tant parmi nous connaissent si bien – dans ces batailles, donc, nos pertes ont dépassé les 30 000 tués, blessés et disparus. [...]

En regard de cette perte de plus de 30 000 hommes, nous pouvons afficher des pertes bien plus lourdes certainement infligées à l'ennemi. Mais nos pertes en matériel sont énormes. Nous avons perdu peut-être un tiers des hommes tombés durant les premiers jours de la bataille déclenchée le 21 mars 1918, mais nous avons perdu presque autant de canons – près d'un millier – ainsi que tous les moyens de transport et tous les véhicules blindés dont disposait l'armée dans le Nord. Ces pertes imposeront un nouveau retard à l'expansion de notre force militaire. [...]

Cependant, la gratitude que nous inspire l'évacuation de notre armée et de tant d'hommes dont les proches ont traversé une semaine d'angoisse, ne doit pas nous dissimuler que ce qui vient de se produire en France et en Belgique est un désastre militaire colossal. L'armée française a été affaiblie, l'armée belge est perdue, une grande partie de ces lignes fortifiées dans lesquelles tant de confiance avait été placée est perdue, nombre de bassins miniers et d'usines, tous précieux, sont tombés entre les mains de l'ennemi, tous les ports de la Manche sont en sa possession, avec toutes les

expect another blow to be struck almost immediately at us or at France. We are told that Herr Hitler has a plan for invading the British Isles. This has often been thought of before. When Napoleon lay at Boulogne for a year with his flat-bottomed boats and his Grand Army, he was told by someone. "There are bitter weeds in England." There are certainly a great many more of them since the British Expeditionary Force returned.

The whole question of home defence against invasion is, of course, powerfully affected by the fact that we have for the time being in this Island incomparably more powerful military forces than we have ever had at any moment in this war or the last. But this will not continue. We shall not be content with a defensive war. We have our duty to our Ally. We have to reconstitute and build up the British Expeditionary Force once again, under its gallant Commander-in-Chief, Lord Gort. All this is in train; but in the interval we must put our defences in this Island into such a high state of organisation that the fewest possible numbers will be required to give effective security and that the largest possible potential of offensive effort may be realised. On this we are now engaged. [...]

Turning once again, and this time more generally, to the question of invasion, I would observe that there has never been a period in all these long centuries of which we boast when an absolute guarantee against invasion, still less against serious raids, could have been given to our people. In the days of Napoleon the same wind which would have carried his transports across the Channel might have driven away the blockading fleet. There was

conséquences tragiques qui en découlent, et nous devons nous attendre, d'un moment à l'autre, à être frappés encore, ici ou en France. On nous dit que Herr Hitler a un plan d'invasion des îles Britanniques. L'idée n'est pas nouvelle. Lorsque Napoléon campa une année entière à Boulogne avec ses bateaux à fond plat et sa Grande Armée, quelqu'un l'avait averti : « Il y a bien des herbes, sauvages et amères, en Angleterre. » Il y en a certainement un nombre plus grand encore maintenant que le Corps expéditionnaire britannique est rentré.

Bien sûr, toute la question de la défense de notre pays contre une invasion se trouve considérablement affectée par le fait que les forces militaires dont nous disposons aujourd'hui dans cette île sont incomparablement plus puissantes qu'à aucun autre moment au cours de cette guerre ou de la précédente. Mais ceci ne durera pas. Nous ne saurions nous contenter d'une guerre défensive. Nous avons des devoirs envers notre alliée. Nous devons reconstituer et rééquiper une fois encore le Corps expéditionnaire britannique, sous l'autorité de lord Gort, son valeureux commandant en chef. Tout ceci est en cours, mais dans l'intervalle nous devons porter nos défenses sur cette île à un tel niveau d'organisation que des effectifs aussi réduits que possible soient suffisants pour en assurer efficacement la sécurité et que le plus grand potentiel offensif possible puisse être mis en œuvre. Nous y travaillons désormais. [...]

Pour en revenir, de façon plus générale cette fois, à la question de l'invasion, j'observerais qu'il n'y a jamais eu une période, au cours de ces longs siècles d'histoire dont nous sommes fiers, pendant laquelle une garantie absolue contre l'invasion, et à plus forte raison contre des raids d'envergure, aurait pu être donnée à notre peuple. À l'époque de Napoléon, les mêmes vents qui auraient pu conduire ses transports de troupe d'une rive à l'autre de la Manche

always the chance, and it is that chance which has excited and befooled the imaginations of many Continental tyrants. Many are the tales that are told. We are assured that novel methods will be adopted, and when we see the originality of malice, the ingenuity of aggression, which our enemy displays, we may certainly prepare ourselves for every kind of novel stratagem and every kind of brutal and treacherous manoeuvre. I think that no idea is so outlandish that it should not be considered and viewed with a searching, but at the same time, I hope, with a steady eye. We must never forget the solid assurances of sea power and those which belong to air power if it can be locally exercised.

I have, myself, full confidence that if all do their duty, if nothing is neglected, and if the best arrangements are made, as they are being made, we shall prove ourselves once again able to defend our Island home, to ride out the storm of war, and to outlive the menace of tyranny, if necessary for years, if necessary alone. At any rate, that is what we are going to try to do. That is the resolve of His Majesty's Government – every man of them. That is the will of Parliament and the nation. The British Empire and the French Republic, linked together in their cause and in their need, will defend to the death their native soil, aiding each other like good comrades to the utmost of their strength. Even though large tracts of Europe and many old and famous States have fallen or may fall into the grip of the Gestapo and all the odious apparatus of

auraient pu tout aussi bien disperser la flotte qui lui faisait barrage. Cette possibilité à toujours existé, et c'est précisément elle qui a mis en branle et exalté l'imagination d'un si grand nombre de tyrans du continent. Que de contes à dormir à debout ! Mais on nous assure que de nouvelles méthodes seront employées et, à en juger par l'originalité dans la ruse et l'ingéniosité dans l'agression dont fait preuve notre ennemi, nous pouvons très certainement nous préparer à affronter toutes sortes de nouveaux stratagèmes, toutes sortes de manœuvres brutales et traîtresses. Je pense qu'aucune idée n'est assez extravagante pour ne pas devoir être envisagée, appréhendée d'un œil vigilant mais en même temps, je l'espère, résolu. N'oublions jamais les solides assurances que nous donne la puissance navale, et celles qui relèvent de la puissance aérienne, si nous parvenons à la concentrer au bon endroit.

Pour ma part, je crois profondément que si tous font leur devoir, si rien n'est négligé et si, comme c'est actuellement le cas, nous prenons les meilleures dispositions, une fois de plus nous prouverons que nous sommes capables de défendre notre Île, notre patrie, de sortir des tempêtes de la guerre et de survivre aux menaces de la tyrannie, même s'il y faut des années, même si nous sommes seuls. En tout cas, c'est ce que nous allons essayer de faire. Telle est la résolution du Gouvernement de Sa Majesté, de tous les hommes qui le composent. Telle est la volonté du Parlement et de la nation. L'Empire britannique et la République française, unis dans leur cause comme dans leurs exigences, défendront leur sol natal jusqu'à la mort, en se prêtant main-forte comme de bons camarades et jusqu'à l'extrême limite de leurs forces. Bien qu'une grande partie de l'Europe et de nombreux États anciens et fameux soient tombés, ou puissent encore tomber, aux mains de la Gestapo et de tout l'odieux appareil du

Nazi rule, we shall not flag or fail. We shall go on to the end, we shall fight in France, we shall fight on the seas and oceans, we shall fight with growing confidence and growing strength in the air, we shall defend our Island, whatever the cost may be, we shall fight on the beaches, we shall fight on the landing grounds, we shall fight in the fields and in the streets, we shall fight in the hills; we shall never surrender, and even if, which I do not for a moment believe, this Island or a large part of it were subjugated and starving, then our Empire beyond the seas, armed and guarded by the British Fleet, would carry on the struggle, until, in God's good time, the New World, with all its power and might, steps forth to the rescue and the liberation of the old.

régime nazi, nous ne faiblirons et ne faillirons pas. Nous tiendrons jusqu'au bout, nous nous battrons en France, nous nous battrons sur les mers et les océans, nous nous battrons dans les airs avec une confiance et une force croissantes, nous défendrons notre Île quel qu'en soit le prix, nous nous battrons sur les plages, nous nous battrons sur nos terrains d'aviation, nous nous battrons dans les champs et dans les rues, nous nous battrons dans les collines. Nous ne nous rendrons jamais. Et si – ce que je ne crois pas un instant possible – cette île ou une large partie de cette île se trouvait soumise et affamée, alors notre Empire au-delà des mers, armé et gardé par la flotte britannique, poursuivrait le combat jusqu'à ce qu'au moment choisi par Dieu, le Nouveau Monde, avec toute sa puissance et toute sa force, s'avance pour secourir et libérer l'Ancien.

6

18 JUIN 1940

Après l'évacuation de Dunkerque, le général Weygand tente d'établir une ligne de défense sur la Somme et sur l'Aisne. Mais les armées françaises qui abordent cette bataille de la dernière chance sont très affaiblies et, en tout état de cause, largement inférieures aux forces allemandes. Le 5 juin, la Wehrmacht lance son offensive sur la Somme. Malgré des tentatives de contre-attaque puis une défense désespérée, les blindés du général Hoth réussissent à percer. Le 9, plus à l'est, le groupe d'armées A du général von Rundstedt attaque sur l'Aisne. En dépit d'une âpre résistance, les forces françaises sont très vite contraintes à la retraite. Le 10 juin, l'Italie déclare la guerre à la France et à la Grande-Bretagne. Ce même jour, le gouvernement français abandonne Paris. Constatant le désastre, Weygand tente une dernière manœuvre : un repli général le long d'un arc de cercle allant de Caen au Jura en passant par le plateau de Langres. Sans succès.

De son côté, Winston Churchill traverse une nouvelle fois la Manche pour une réunion du Conseil suprême interallié qui se tient à Briare (Loiret). De retour à Londres dans l'après-midi du 12 juin, il se montre pessimiste sur la capacité et, plus encore, sur la volonté françaises de résistance. Le

13 juin au matin, il est invité par Reynaud à revenir en France. Parvenu à Tours, il s'entend demander si le gouvernement britannique accepterait de délier son homologue français de son engagement à ne pas conclure de paix séparée[1]. Après avoir refusé avec véhémence[2] et exhorté ses interlocuteurs à poursuivre la lutte à n'importe quel prix, il regagne Londres. Ce même 13 juin, au cours d'un dramatique Conseil des ministres tenu à Cangey (Indre-et-Loire), partisans et adversaires d'un armistice s'affrontent à nouveau[3]. Le 14, les avant-gardes allemandes entrent dans Paris « ville ouverte ». Le lendemain, à Bordeaux, Camille Chautemps, vice-président du Conseil, propose de s'enquérir des conditions d'un armistice. Le 16 juin, le gouvernement français repousse un projet d'union franco-britannique qui l'aurait lié à la Grande-Bretagne et notamment contraint à poursuivre le combat[4]. Paul Reynaud démissionne et est remplacé par le maréchal Pétain. Dans la soirée, Churchill téléphone au Maréchal pour l'adjurer de poursuivre la lutte. Rien n'y fait. Le 17 juin, tandis que l'exode de près de 8 millions de civils se poursuit vers le

---

1. Engagement signé le 28 mars 1940.

2. Il y consentira finalement le 16 juin au matin à condition que la flotte française gagne des ports britanniques.

3. Notamment soutenu par le général de Gaulle, qui a été nommé le 5 juin sous-secrétaire d'État chargé de la Défense nationale et de la Guerre, par Georges Mandel, ministre de l'Intérieur, et par César Campinchi, ministre de la Marine, Paul Reynaud souhaite continuer le combat à partir de l'Empire. Les partisans de l'armistice sont emmenés par le maréchal Pétain et le général Weygand.

4. Conçu par Jean Monnet et présenté par le général de Gaulle, ce plan a été accepté *in extremis* par Churchill.

sud et que les Allemands entrent à Caen[1] et à Pontarlier, non loin de la frontière suisse[2], le gouvernement Pétain demande les conditions de l'armistice. La Grande-Bretagne est désormais seule.

Le 18 juin, Churchill se présente devant la Chambre des communes. L'heure est d'autant plus grave qu'il sait devoir affronter certains irréductibles de l'*appeasement*[3]. Après avoir récapitulé les causes du « colossal désastre militaire » qui vient de s'achever et balayé d'un revers de main toute idée de chasse aux sorcières, il se tourne résolument vers le présent et vers l'avenir. Forte des troupes rescapées de France, des volontaires de la Défense locale, qui formeront la « *Home Guard* », et des combattants venus des dominions, appuyée sur son Empire, protégée par la Royal Navy et par une Royal Air Force qui, fort heureusement, n'a pas été complètement engagée sur le continent, la Grande-Bretagne est de taille à affronter et à repousser toute tentative d'invasion. À condition bien entendu que chacune et chacun se mobilise « quels que soient son milieu, sa situation, ses occupations ou ses obligations ». Puis, pour la première

1. Le 19, ils parviendront à Cherbourg et à Brest.

2. Les quelque 500 000 hommes des armées de l'Est sont donc encerclés. Ils rendront les armes le 22 juin.

3. Menés par lord Halifax, ministre des Affaires étrangères, sir Samuel Hoare, qui fut ambassadeur de Grande-Bretagne à Berlin, et l'ancien Premier Ministre Lloyd George, ils militent ardemment pour que des propositions de paix soient faites à l'Allemagne et à l'Italie. Les désastres militaires sur le continent aidant, leurs propositions trouvent un relatif écho, renforcé par certains signaux envoyés par Hitler. Dans son discours du 19 juillet à Berlin, celui-ci proposera encore à la Grande-Bretagne de trouver un compromis honorable. Sans succès.

fois, le Premier Ministre britannique se pose en leader du monde libre : quoi qu'il advienne, quels que soient les éventuels revers, la Grande-Bretagne tiendra. Elle tiendra jusqu'à la victoire et jusqu'à ce que la liberté soit rendue à tous. Et Churchill de conclure par une envolée restée célèbre : « Rassemblons donc nos forces au service de nos devoirs et comportons-nous de telle façon que si l'Empire britannique et son Commonwealth durent mille ans encore, les hommes continuent de dire, encore et toujours : "Ce fut leur plus belle heure." »

Quatre heures plus tard, le Premier Ministre reprend son texte, devant le micro de la BBC cette fois[1]. Comme devant les Communes, sa performance oratoire n'est pas extraordinaire[2]. Pourtant, le discours de la « plus belle heure » marque à nouveau les esprits. Aujourd'hui encore, il demeure probablement le plus connu de tous ceux prononcés par Winston Churchill pendant la Seconde Guerre mondiale. C'est que, le 18 juin 1940, le péril était extrême, vraisemblablement l'un des plus terribles jamais affrontés par la Grande-Bretagne, et, que par son verbe, Churchill avait su galvaniser ses compatriotes et rassurer le monde.

---

1. Contrairement à son souhait, il n'a pas été possible de retransmettre celui qu'il a prononcé devant la Chambre des communes.
2. Ce discours est habituellement considéré comme moins époustouflant que celui prononcé par Churchill le 4 juin.

"THEIR FINEST HOUR"

18 June 1940, House of Commons

I spoke the other day of the colossal military disaster which occurred when the French High Command failed to withdraw the Northern Armies from Belgium at the moment when the knew that the French front was decisively broken at Sedan and on the Meuse. This delay entailed the loss of fifteen or sixteen French divisions and threw out of action for the critical period the whole of the British Expeditionary Force. Our Army and 120,000 French troops were indeed rescued by the British Navy from Dunkirk but only with the loss of their cannon, vehicles and modern equipment. This loss inevitably took some weeks to repair, and in the first two of those weeks the battle in France has been lost. When we consider the heroic resistance made by the French Army against heavy odds in this battle, the enormous losses inflicted upon the enemy and the evident exhaustion of the enemy, it may well be thought that these twenty-five divisions of the best-trained and best-equipped troops might have turned the scale. However, General Weygand had to fight without them. Only three British divisions or their equivalent were able to stand in the line with their French comrades.

« LEUR PLUS BELLE HEURE »

18 juin 1940, Chambre des communes

J'ai évoqué l'autre jour le colossal désastre militaire qui s'est produit lorsque le Haut commandement français n'a pas retiré de Belgique les armées du Nord, alors même qu'il savait que le front français était irrémédiablement enfoncé à Sedan et sur la Meuse. Ce retard a entraîné la perte de quinze à seize divisions françaises, et mit hors d'action, à un moment critique, l'ensemble du Corps expéditionnaire britannique. Notre armée et 120 000 soldats français sont parvenus grâce à la Marine britannique à évacuer Dunkerque, mais en y perdant leur artillerie, leurs véhicules et leurs équipements modernes. Plusieurs semaines ont été nécessaires pour compenser une telle perte et les deux premières de ces semaines ont suffi pour que la bataille de France fût perdue. À voir la résistance héroïque de l'armée française, malgré les faibles chances qui étaient les siennes dans cette bataille, à constater les pertes énormes infligées à l'ennemi et son état criant d'épuisement, on ne peut s'empêcher de penser que ces vingt-cinq divisions, parmi les plus mieux entraînées et les mieux équipées, auraient pu changer l'issue du combat. Le général Weygand, cependant, a dû se battre sans elles. Trois divisions britanniques seulement, ou leur équivalent, ont pu prendre part à la bataille aux côtés de leurs camarades

They had suffered severely, but they had fought well. We sent every man we could to France as fast as we could re-equip and transport their formations.

I am not reciting these facts for the purpose of recrimination. That I judge to be utterly futile and even harmful. We cannot afford it. I recite them in order to explain why it was we did not have, as we could have had, between twelve and fourteen British divisions fighting in the line in this great battle instead of only three. Now I put all this aside. I put it on the shelf, from which the historians, when they have time, will select their documents to tell their stories. We have to think of the future and not of the past. This also applies in a small way to our own affairs at home. There are many who would hold an inquest in the House of Commons on the conduct of the Governments – and of Parliaments, for they are in it, too – during the years which led up to this catastrophe. They seek to indict those who were responsible for the guidance of our affairs. This also would be a foolish and pernicious process. There are too many in it. Let each man search his conscience and search his speeches. I frequently search mine.

Of this I am quite sure, that if we open a quarrel between the past and the present, we shall find that we have lost the future. Therefore, I cannot accept the drawing of any distinctions between Members of the present Government. It was formed at a moment of crisis in order to unite all the parties and all sections of opinion. It has received the almost unanimous support of both Houses of Parliament. Its Members are going to stand together, and, subject to the authority of the House of Commons, we are going to govern the country and fight the war. It is absolutely necessary at a time like this

français. Elles ont cruellement souffert, mais elles se sont vaillamment battues. Nous avons envoyé en France autant d'hommes que possible, aussi vite qu'il était possible de rééquiper et transporter leurs unités.

Je n'énumère pas ces faits à des fins récriminatoires. Je pense que ce serait tout à fait futile, et même nuisible. Nous ne pouvons pas nous le permettre. Je les énumère afin d'expliquer pourquoi nous n'avons aligné que trois divisions britanniques dans cette grande bataille au lieu des douze ou quatorze que nous aurions pu engager. À présent, je laisse tout de cela de côté. Je range tout sur l'étagère où les historiens, quand ils en auront le temps, viendront choisir leurs documents pour raconter leur histoire. Nous devons penser à l'avenir et non au passé. À plus petite échelle, cela vaut aussi pour nos affaires domestiques. Nombreux sont ceux qui réclament une enquête aux communes sur la conduite des gouvernements – et des Parlements, car ils y ont participé eux aussi – au cours des années qui ont conduit à cette catastrophe. Ils veulent inculper ceux qui étaient alors responsables de la conduite des affaires. Un tel procédé serait tout aussi inconsidéré et pernicieux. Trop d'hommes seraient impliqués. Que chacun interroge sa conscience et ses discours. Je le fais souvent pour ma part.

Je suis certain d'une chose : si nous ouvrons une querelle entre le passé et le présent, nous nous apercevrons vite que nous avons compromis l'avenir. Par conséquent, je ne saurai tolérer que l'on établisse des distinctions entre les membres du présent Gouvernement. Il a été formé en pleine crise pour unir tous les partis et toutes les nuances de l'opinion. Il a reçu le soutien presque unanime des deux Chambres. Ses membres feront face ensemble et, sous l'égide de la Chambre des communes, nous gouvernerons ce pays et nous ferons la guerre. Dans un moment tel que celui-ci, il est impératif que

that every Minister who tries each day to do his duty shall be respected; and their subordinates must know that their chiefs are not threatened men, men who are here today and gone tomorrow, but that their directions must be punctually and faithfully obeyed. Without this concentrated power we cannot face what lies before us. [...]

The disastrous military events which have happened during the past fortnight have not come to me with any sense of surprise. Indeed, I indicated a fortnight ago as clearly as I could to the House that the worst possibilities were open; and I made it perfectly clear then that whatever happened in France would make no difference to the resolve of Britain and the British Empire to fight on, "if necessary for years, if necessary alone." [...]

We have [...] in this island today a very large and powerful military force. This force comprises all our best-trained and our finest troops, including scores of thousands of those who have already measured their quality against the Germans and found themselves at no disadvantage. We have under arms at the present time in this island over a million and a quarter men. Behind these we have the Local Defence Volunteers, numbering half a million, only a portion of whom, however, are yet armed with rifles or other firearms. We have incorporated into our Defence Forces every man for whom we have a weapon. We expect very large additions to our weapons in the near future, and in preparation for this we intend forthwith to call up, drill and train further large numbers. Those who are not called up, or else are employed upon the vast business of munitions

chaque ministre qui chaque jour essaie d'accomplir son devoir soit respecté ; et que ses subordonnés sachent que leur chef n'est pas un homme menacé – au pouvoir aujourd'hui, mais renversé demain – et qu'ils aient la certitude que ses ordres doivent être ponctuellement et fidèlement obéis. Sans cette concentration du pouvoir, nous ne saurons affronter ce qui nous attend. [...]

Les désastres militaires qui se sont produits au cours des quinze derniers jours ne m'ont pas surpris le moins du monde. Il y a quinze jours précisément, j'ai indiqué à la Chambre aussi clairement que possible qu'il fallait envisager les issues les pires ; et j'ai été très clair sur le fait que, quoiqu'il pût se passer en France, rien n'entamerait la résolution de la Grande Bretagne et de l'Empire britannique de continuer la lutte, « même s'il y faut des années, même si nous sommes seuls ». [...]

Nous disposons [...] à l'heure actuelle, sur cette île, d'une force militaire imposante et puissante. Cette force comprend nos troupes les meilleures et les mieux entraînées parmi lesquelles plusieurs milliers d'hommes se sont déjà mesurés aux Allemands, sans être à leur désavantage. Nous disposons aujourd'hui, dans cette île, de plus d'un million deux cent cinquante mille hommes sous les armes. Nous avons derrière eux un demi-million de volontaires de la Défense locale [*Homeguard*], dont une partie seulement est déjà équipée de fusils ou d'autres armes à feu. Nous avons incorporé dans les forces de défense tous les hommes que nous étions en mesure d'armer. Nous comptons accroître considérablement nos armements dans un avenir proche, et en prévision de cet accroissement, nous avons l'intention d'enrôler, de préparer et d'entraîner sur-le-champ des contingents toujours plus nombreux. Ceux qui n'ont pas encore été mobilisés ou ceux qui travaillent dans l'une ou

production in all its branches – and their ramifications are innumerable – will serve their country best by remaining at their ordinary work until they receive their summons. We have also over here Dominions armies. The Canadians had actually landed in France, but have now been safely withdrawn, much disappointed, but in perfect order, with all their artillery and equipment. And these very high-class forces from the Dominions will now take part in the defence of the Mother Country.

[...]

The invasion of Great Britain would at this time require the transportation across the sea of hostile armies on a very large scale, and after they had been so transported they would have to be continually maintained with all the masses of munitions and supplies which are required for continuous battle – as continuous battle it will surely be.

Here is where we come to the Navy – and after all, we have a Navy. Some people seem to forget that we have a Navy. We must remind them. [...]

Therefore, it seems to me that as far as seaborne invasion on a great scale is concerned, we are far more capable of meeting it today than we were at many periods in the last war and during the early months of this war, before our other troops were trained, and while the BEF had proceeded abroad. [...]

But the question is whether there are any new methods by which those solid assurances can be circumvented. [...] Untiring vigilance and untiring searching of the mind is being, and must be, devoted to the subject, because, remember, the enemy is crafty and there is no dirty trick he will not do.

[...]

l'autre branche de notre vaste industrie d'armements – et ses ramifications sont innombrables – serviront mieux leur pays en restant à leur poste jusqu'à ce qu'ils reçoivent leur convocation. En outre, nous disposons ici des armées des *Dominions*. Les Canadiens avaient même débarqué en France, mais nous avons pu les évacuer sains et saufs, déçus mais en ordre parfait, avec toute leur artillerie et tout leur équipement. Ces troupes d'élite venues des *Dominions* vont désormais prendre part à la défense de la Mère Patrie.

[…]

L'invasion de la Grande-Bretagne à l'heure actuelle imposerait le transport par mer de vastes armées ennemies. Après leur transport, ces troupes devraient être régulièrement et abondamment ravitaillées en munitions et matériel, indispensables pour conduire une interminable bataille – car la bataille sera très certainement interminable.

C'est ici que je dois parler de la Marine. Car après tout nous avons une Marine ! Certains semblent ne pas s'en souvenir. Nous avons le devoir de le leur rappeler. […]

Il me semble que nous sommes aujourd'hui bien plus capables d'affronter une invasion par la voie des mers, même massive, que nous ne l'avons été en de nombreuses occasions au cours de la dernière guerre et pendant les premiers mois de cette guerre-ci, alors que le Corps expéditionnaire se trouvait sur le sol de France et que nos autres troupes n'étaient pas encore entraînées. […]

La question qui se pose, cependant, est de savoir si quelques nouvelles méthodes ne pourraient pas ébranler ces solides assurances. […] Une vigilance sans relâche et une concentration de tous les instants sont, et doivent être consacrées à ce problème, parce que l'ennemi – ne l'oubliez pas – est rusé et qu'il n'y a pas un seul mauvais coup qu'il ne tentera de jouer.

[…]

This brings me, naturally, to the great question of invasion from the air, and of the impending struggle between the British and German Air Forces. It seems quite clear that no invasion on a scale beyond the capacity of our land forces to crush speedily is likely to take place from the air until our Air Force has been definitely overpowered. In the meantime, there may be raids by parachute troops and attempted descents of airborne soldiers. We should be able to give those gentry a warm reception, both in the air and on the ground, if they reach it in any condition to continue the dispute. But the great question is: Can we break Hitler's air weapon? Now, of course, it is a very great pity that we have not got an Air Force at least equal to that of the most powerful enemy within striking distance of these shores. But we have a very powerful Air Force which has proved itself far superior in quality, both in men and in many types of machine, to what we have met so far in the numerous and fierce air battles which have been fought with the Germans. [...]

In the defence of this island the advantages to the defenders will be much greater than they were in the fighting around Dunkirk. [...]

During the great battle in France, we gave very powerful and continuous aid to the French Army, both by fighters and bombers; but in spite of every kind of pressure we never would allow the entire metropolitan fighter strength of the Air Force to be consumed. This decision was painful, but it was also right, because the fortunes of the battle in France could not have been decisively affected even if we had thrown in our entire fighter force. That battle

Ceci me conduit, naturellement, à évoquer la grande question d'une invasion par la voie des airs et de l'affrontement imminent entre les forces aériennes britannique et allemande. Il apparaît clairement qu'aucune invasion dont l'ampleur submergerait les capacités de contre-attaque rapide de nos forces terrestres ne pourra avoir lieu tant que notre aviation n'aura pas été complètement détruite. En attendant, il y aura peut-être des raids de parachutistes ou des incursions de troupes aéroportées. Nous devrions être capables d'offrir à ces messieurs une réception chaleureuse, dans les airs comme au sol, à condition qu'ils atteignent ce dernier en état de combattre. Mais la grande question qui se pose est de savoir si nous avons les moyens de briser l'arme aérienne d'Hitler. Il est navrant, bien sûr, que nous ne disposions pas à l'heure actuelle d'une aviation qui puisse rivaliser avec celle du plus puissant ennemi jamais établi à portée de nos côtes. Nous ne disposons pas moins d'une armée de l'air très puissante, qui s'est révélée bien supérieure par la qualité de ses hommes et de la plupart de ses engins, à tout ce que nous avons affronté lors des nombreuses et féroces batailles aériennes livrées jusqu'ici aux Allemands. [...]

Dans la défense de cette île, les avantages du défenseur seront bien plus grands que ce qu'ils ont été lors des combats aux environs de Dunkerque. [...]

Au cours de la grande bataille de France, nous avons apporté sans relâche une aide significative à l'armée française, à la fois par nos chasseurs et nos bombardiers ; mais, malgré des pressions de toute sorte, nous n'avons jamais permis que l'ensemble des avions de chasse basés en métropole fussent anéantis dans cette bataille. Cette décision a été douloureuse mais fondée car, eussions-nous engagé toute notre aviation de chasse, l'issue de la bataille de France n'aurait pas été fondamentalement différente. Cette bataille

was lost by the unfortunate strategical opening, by the extraordinary and unforeseen power of the armoured columns and by the great preponderance of the German Army in numbers. Our fighter Air Force might easily have been exhausted as a mere accident in that great struggle, and then we should have found ourselves at the present time in a very serious plight. But as it is, I am happy to inform the House that our fighter strength is stronger at the present time relatively to the Germans, who have suffered terrible losses, than it has ever been; and consequently we believe ourselves possessed of the capacity to continue the war in the air under better conditions than we have ever experienced before. I look forward confidently to the exploits of our fighter pilots – these splendid men, this brilliant youth – who will have the glory of saving their native land, their island home, and all they love, from the most deadly of all attacks.

There remains, of course, the danger of bombing attacks, which will certainly be made very soon upon us by the bomber forces of the enemy. It is true that the German bomber force is superior in numbers to ours; but we have a very large bomber force also, which we shall use to strike at military targets in Germany without intermission. I do not at all underrate the severity of the ordeal which lies before us; but I believe our countrymen will show themselves capable of standing up to it, like the brave men of Barcelona, and will be able to stand up to it, and carry on in spite of it, at least as well as any other people in the world. Much will depend upon this; every man and every woman will have the chance to show the finest qualities of their race, and render the highest service to their cause. For all of us, at this time, whatever our sphere, our station, our

a été perdue à la suite d'une ouverture stratégique malheureuse, à cause de la puissance extraordinaire et imprévue des colonnes blindées et en raison de la forte supériorité numérique de l'armée allemande. Notre aviation de chasse aurait très bien pu s'épuiser, épisode qui n'aurait été qu'un accident secondaire dans cette grande bataille mais qui nous aurait placés aujourd'hui dans une situation véritablement critique. Or en l'état actuel des choses, j'ai le plaisir de faire savoir à la Chambre que notre chasse est aujourd'hui plus forte qu'elle ne l'a jamais été par rapport à celle des Allemands, car ceux-ci ont subi de terribles pertes ; aussi sommes-nous convaincus de pouvoir continuer la guerre aérienne dans des conditions meilleures que par le passé. J'attends avec impatience, et avec confiance, les exploits à venir de nos pilotes de chasse – ces hommes superbes, cette brillante jeunesse – à qui reviendra la gloire de sauver leur terre natale, leur patrie, et tout ce qu'ils aiment, de la plus mortelle de toutes les attaques.

Reste, bien sûr, la menace des bombardements que l'ennemi nous infligera très certainement sous peu. Il est vrai que la puissance de bombardement allemande est supérieure en nombre à la nôtre. Mais nous disposons nous aussi de bombardiers en grand nombre, que nous utiliserons pour frapper sans répit des cibles militaires en Allemagne. Je ne minimise en aucun cas la dureté de l'épreuve qui nous attend ; mais je suis convaincu que nos compatriotes se montreront capables d'y faire face, comme les braves de Barcelone, et de poursuivre envers et contre tout, au moins aussi bien que n'importe quel autre peuple dans le monde. Beaucoup dépendra de cela. Il sera donné à chaque homme et à chaque femme de montrer les meilleures qualités de sa race et de rendre le plus grand des services à notre cause. À cette heure, quels que soient son milieu, sa situation, ses

occupation or our duties, it will be a help to remember the famous lines:

He nothing common did or mean,
Upon that memorable scene.

I have thought it right upon this occasion to give the House and the country some indication of the solid, practical grounds upon which we base our inflexible resolve to continue the war. There are a good many people who say, "Never mind. Win or lose, sink or swim, better die than submit to tyranny – and such a tyranny." And I do not dissociate myself from them. But I can assure them that our professional advisers of the three Services unitedly advise that we should carry on the war, and that there are good and reasonable hopes of final victory. We have fully informed and consulted all the self-governing Dominions. [...] We have fully consulted them, and I have received from their Prime Ministers, Mr Mackenzie King of Canada, Mr Menzies of Australia, Mr Fraser of New Zealand, and General Smuts of South Africa [...] messages couched in the most moving terms in which they endorse our decision to fight on, and declare themselves ready to share our fortunes and to persevere to the end. That is what we are going to do.

[...]

During the first four years of the last war the Allies experienced nothing but disaster and disappointment. That was our constant fear: one blow after another, terrible losses, frightful dangers. Everything miscarried. And yet at the end of those four years the morale of the Allies was higher than that of the Germans, who had

occupations ou ses obligations, chacun d'entre nous puisera une aide précieuse dans le souvenir de ces vers fameux :

Il ne fit rien de commun ni de vil
Sur cette scène mémorable

J'ai pensé qu'il était juste de saisir cette occasion pour donner à la Chambre et au pays des indications sur les raisons puissantes, concrètes, qui fondent notre résolution inflexible de poursuivre la guerre. Bien des gens disent : « Peu importe. Gagner ou perdre, sombrer ou surnager, mieux vaut mourir que nous soumettre à la tyrannie – et surtout à cette tyrannie-là. » Et je suis bien de leur avis. Mais je peux leur assurer que les experts des trois Armées ont recommandé à l'unanimité la poursuite du combat et estimé que nous pouvions avoir raisonnablement espoir en la victoire finale. Nous avons pleinement informé et consulté tous les gouvernements autonomes des *Dominions*. [...] Nous les avons pleinement consultés, et de chacun des Premiers ministres, de M. Mackenzie King pour le Canada, de M. Menzies pour l'Australie, de M. Fraser pour la Nouvelle-Zélande et du général Smuts pour l'Afrique du Sud [...], j'ai reçu les messages libellés dans les termes les plus émouvants par lesquels ils approuvent notre décision de poursuivre la lutte et se disent prêts à partager notre sort et à lutter jusqu'au bout. Telle est précisément notre intention.

[...]

Pendant les quatre premières années de la dernière guerre, les Alliés n'ont rien connu d'autre que désastre et déception. C'était là notre peur constante : coup après coup, de terribles pertes et des périls terrifiants. Tous les plans échouaient. Et pourtant au terme de ces quatre années, le moral des Alliés était meilleur que celui des Allemands, qui avaient

moved from one aggressive triumph to another, and who stood everywhere triumphant invaders of the lands into which they had broken. During that war we repeatedly asked ourselves the question: How are we going to win? And no one was able ever to answer it with much precision, until at the end, quite suddenly, quite unexpectedly, our terrible foe collapsed before us, and we were so glutted with victory that in our folly we threw it away.

We do not yet know what will happen in France or whether the French resistance will be prolonged, both in France and in the French Empire overseas. The French Government will be throwing away great opportunities and casting adrift their future if they do not continue the war in accordance with their Treaty obligations, from which we have not felt able to release them. The House will have read the historic declaration in which, at the desire of many Frenchmen – and of our own hearts – we have proclaimed our willingness at the darkest hour in French history to conclude a union of common citizenship in this struggle. However matters may go in France or with the French Government, or other French Governments, we in this island and in the British Empire will never lose our sense of comradeship with the French people. If we are now called upon to endure what they have been suffering, we shall emulate their courage, and if final victory rewards our toils they shall share the gains, aye, and freedom shall be restored to all. We abate nothing of our just demands; not one jot or tittle do we recede. Czechs, Poles, Norwegians, Dutch, Belgians have joined their causes to our own. All these shall be restored.

accumulé les triomphes offensifs et qui s'étaient imposés partout en conquérant victorieux des pays qu'ils avaient envahis. Durant cette guerre, nous nous sommes constamment demandé comment nous allions faire pour l'emporter. Et personne n'était parvenu à répondre convenablement à cette question, jusqu'à ce qu'à la fin, tout à coup et sans crier gare, notre redoutable adversaire finît par s'effondrer sous nos yeux. Alors, nous nous sommes tellement gorgés de notre victoire que, dans notre folie, nous l'avons gaspillée.

Nous ignorons encore ce qui se passera en France, et si la résistance française se prolongera, sur le sol de France et dans l'Empire. Le gouvernement français va laisser filer de grandes occasions et sérieusement compromettre l'avenir de la France s'il ne continue pas la guerre conformément aux clauses du traité dont nous n'avons pas cru devoir le délier. La Chambre aura pris connaissance de la déclaration historique dans laquelle, suivant le désir de nombreux Français – et celui de nos propres cœurs – nous avons proclamé notre volonté, à l'heure la plus sombre de l'histoire de France, de conclure pour cette guerre une union franco-britannique avec citoyenneté commune. Aussi, quoi qu'il advienne en France, avec le gouvernement actuel, ou avec tout autre gouvernement français, nous tous, sur cette île et dans l'Empire, ne renierons jamais la fraternité qui nous unit au peuple français. Si nous devons endurer les maux qui ont accablé les Français, nous imiterons leur courage, et si la victoire vient finalement récompenser nos peines, oui, ils en partageront les gains avec nous, et la liberté sera rendue à tous. Nous ne renonçons à aucune de nos revendications légitimes ; nous ne reculons pas d'un pouce, pas d'un iota. Les Tchèques, les Polonais, les Norvégiens, les Hollandais et les Belges ont lié leur sort au nôtre : tous seront un jour rétablis dans leurs droits.

What General Weygand called the Battle of France is over. I expect that the Battle of Britain is about to begin. Upon this battle depends the survival of Christian civilization. Upon it depends our own British life, and the long continuity of our institutions and our Empire. The whole fury and might of the enemy must very soon be turned on us. Hitler knows that he will have to break us in this island or lose the war. If we can stand up to him, all Europe may be free and the life of the world may move forward into broad, sunlit uplands. But if we fail, then the whole world, including the United States, including all that we have known and cared for, will sink into the abyss of a new Dark Age made more sinister, and perhaps more protracted, by the lights of perverted science. Let us therefore brace ourselves to our duties and so bear ourselves that, if the British Empire and its Commonwealth last for a thousand years, men will still say, "This was their finest hour."

Ce que le général Weygand a appelé la bataille de France a pris fin. Je m'attends à ce que la bataille d'Angleterre commence d'un moment à l'autre. De cette bataille dépend la survie de la civilisation chrétienne. De cette bataille dépendent notre propre vie et la pérennité de nos institutions et de notre Empire. Toute la rage et toute la force de l'ennemi seront très bientôt dirigées contre nous. Hitler sait bien qu'il doit nous vaincre sur cette île, ou bien perdre la guerre. Si nous parvenons à lui tenir tête, l'Europe tout entière recouvrera un jour sa liberté et le monde pourra poursuivre son chemin sur de vastes hauteurs ensoleillées. Mais si nous échouons, alors le monde entier, y compris les États-Unis, y compris tout ce que nous avons connu et aimé, sombrera dans les abysses d'un nouvel âge obscur, que les lumières d'une science pervertie rendront plus sinistre et peut-être plus long encore. Rassemblons donc nos forces au service de nos devoirs et comportons-nous de telle façon que si l'Empire britannique et son Commonwealth durent mille ans encore, les hommes continuent de dire, encore et toujours : « Ce fut leur plus belle heure. »

7

4 JUILLET 1940

Le gouvernement du maréchal Pétain signe un armistice avec l'Allemagne le 22 juin 1940, avec l'Italie le 24. L'un et l'autre textes entrent en vigueur le 25 juin. Ils disposent notamment que la flotte française sera désarmée sous contrôle allemand ou italien. En échange, le Reich s'est engagé à ne pas faire usage des navires pendant la durée de la guerre. Mais, cette fois, il n'y a plus personne pour croire à la parole du Führer. Dès lors, le devenir de la flotte française devient capital pour les Britanniques. Qu'elle tombe aux mains des Allemands et les voies d'approvisionnement de la Grande-Bretagne seraient singulièrement fragilisées, voire coupées. Plus encore, le renfort des puissants navires de guerre français pourrait rendre irrésistible l'armada rassemblée par le Reich afin d'envahir les îles Britanniques. Aussi Churchill doit-il se résoudre à prendre des mesures draconiennes.

Le 2 juillet, le Premier Ministre ordonne le déclenchement de l'opération « Catapult » destinée à saisir les navires français réfugiés dans les ports britanniques et à neutraliser par tous les moyens le reste de la flotte française. Le 3 juillet, une puissante escadre commandée par le vice-amiral Sommerville se présente devant la rade de Mers El-Kébir,

près d'Oran. Un ultimatum est lancé à l'amiral français Gensoul. Il comporte cinq possibilités : combattre aux côtés de la flotte britannique ; remettre ses bateaux à cette dernière ; gagner les Antilles ; se réfugier dans un port neutre[1] et désarmer ; se saborder. À la différence de l'amiral Godfroy, commandant l'escadre française d'Alexandrie[2], Gensoul choisit la confrontation. Il ne transmet à Vichy que deux des possibilités : gagner les ports anglais ou se saborder. Dès lors, la réponse ne fait pas de doute. Une fois le refus entériné, Gensoul demande l'intervention de groupes de chasse et commande le feu des batteries côtières contre la flotte britannique. Coincés dans la rade, les navires français subissent alors un feu d'enfer. En moins d'une demi-heure, le cuirassé *Bretagne* est coulé et de nombreux navires endommagés[3]. Seuls le cuirassé *Strasbourg* et cinq contre-torpilleurs parviennent à gagner Toulon. Trois jours plus tard, le port sera bombardé par les Britanniques[4]. Enfin, le 8 juillet, à Dakar, le cuirassé *Richelieu* sera très sérieusement mis à mal par les appareils du porte-avions *Hermès*.

---

1. Si possible américain.

2. À Alexandrie, l'épreuve de force sera évitée et la flotte française désarmée sous contrôle britannique. Par ailleurs, une autre escadre française commandée par l'amiral Robert, haut-commissaire vichyste aux Antilles, et détenant 286 tonnes d'or de la Banque de France stockées sur le croiseur *Emile-Bertin*, restera stationnée en Martinique jusqu'à l'été 1943.

3. Parmi lesquels les navires de ligne *Provence* et *Dunkerque*.

4. Au final, la neutralisation de la flotte, le 3, et le bombardement, le 6, auront fait à Mers El-Kébir 1 380 morts et 351 blessés côté français.

Le 4 juillet, Churchill se présente devant les Communes pour rendre compte de sa décision et des dramatiques événements qui en ont découlé. De cette décision, dont plus tard il écrira qu'elle fut la plus pénible et la plus odieuse qu'il ait jamais eu à prendre, il dit ce 4 juillet ne rien regretter. S'il déplore les pertes en vies humaines, dont il annonce à juste titre qu'elles risquent d'être lourdes du côté français, il affirme que, malheureusement, à partir du moment où Gensoul et ses officiers refusaient tout compromis, la sécurité de la Grande-Bretagne exigeait ce sacrifice. Plus encore, il proclame sa résolution plus inflexible que jamais de tout faire pour empêcher que ce qu'il reste de la flotte française tombe entre les mains des Allemands. Et le Premier Ministre de conclure à l'intention de ceux qui peuvent encore nourrir des doutes : il n'est pas question d'ouvrir quelque négociation que ce soit ; la Grande-Bretagne est prête à tout car elle joue sa survie ; elle poursuivra la lutte, de toutes ses forces et quel qu'en soit le prix, jusqu'à la victoire. De fait, le drame de Mers El-Kébir et le propos churchillien eurent un énorme retentissement dans le monde, en particulier aux États-Unis. Plus personne ne pouvait douter de la détermination de la Grande-Bretagne.

DESTRUCTION OF THE FRENCH FLEET

4 July 1940, House of Commons

It is with sincere sorrow that I must now announce to the House the measures which we have felt bound to take in order to prevent the French Fleet from falling into German hands. When two nations are fighting together under long and solemn alliance against a common foe, one of them may be stricken down and overwhelmed, and may be forced to ask its ally to release it from its obligations. But the least that could be expected was that the French Government, in abandoning the conflict and leaving its whole weight to fall upon Great Britain and the British Empire, would have been careful not to inflict needless injury upon their faithful comrade, in whose final victory the sole chance of French freedom lay, and lies. [...]

Two of the finest vessels of the French Fleet, the *Dunkerque* and the *Strasbourg*, modern battle-cruisers much superior to *Scharnhorst* and *Gneisenau* – and built for the purpose of being superior to them – lay with two battleships, several light cruisers, and a number of destroyers and

« VOICI L'HEURE SUPRÊME QUI NOUS APPELLE »

4 juillet 1940, Chambre des communes

C'est avec une sincère tristesse qu'il me faut à présent annoncer à la Chambre les mesures que nous avons estimé devoir prendre pour empêcher la flotte française de tomber aux mains des Allemands. Quand deux nations unies par une longue et solennelle alliance combattent ensemble un ennemi commun, il est possible que l'une d'entre elles soit terrassée et submergée, et qu'elle soit alors obligée de demander à son alliée de la relever de ses obligations. Mais le moins que l'on eût pu attendre du gouvernement français, c'est qu'en abandonnant la bataille et en laissant tout son poids retomber sur la Grande-Bretagne et sur l'Empire britannique, il éviterait soigneusement d'infliger une blessure gratuite à son fidèle camarade, dont la victoire finale est la seule chance pour la France de recouvrer sa liberté, maintenant et dans l'avenir. [...]

Deux des meilleurs vaisseaux de la flotte française, le *Dunkerque* et le *Strasbourg*, des croiseurs de bataille modernes nettement supérieurs au *Scharnhorst* et au *Gneisenau* – et construits dans le but de leur être supérieurs – se trouvent avec deux cuirassés, plusieurs croiseurs légers, un grand nombre de contre-torpilleurs, de sous-marins

submarines and other vessels at Oran and at its adjacent military port of Mers-el-Kebir on the northern African shore of Morocco. Yesterday morning, a carefully chosen British officer, Captain Holland, late Naval Attaché in Paris, was sent on in a destroyer and waited upon the French Admiral Gensoul. After being refused an interview, he presented the following document, which I will read to the House. The first two paragraphs of the document deal with the general question of the Armistice, which I have already explained in my own words. The fourth paragraph begins as follows – this is the operative paragraph:

> It is impossible for us, your comrades up to now, to allow your fine ships to fall into the power of the German or Italian enemy. We are determined to fight on to the end, and if we win, as we think we shall, we shall never forget that France was our Ally, that our interests are the same as hers, and that our common enemy is Germany. Should we conquer, we solemnly declare that we shall restore the greatness and territory of France. For this purpose, we must make sure that the best ships of the French Navy are not used against us by the common foe. In these circumstances, His Majesty's Government have instructed me [that is, the British Admiral] to demand that the French Fleet now at Mers-el-Kebir and Oran shall act in accordance with one of the following alternatives:

et d'autres navires de guerre à Oran et dans le port militaire voisin de Mers El-Kébir, sur la côte nord du Maroc[1]. Hier matin, un officier britannique choisi avec soin, le capitaine Holland, ancien attaché naval à Paris, a été dépêché sur un contre-torpilleur pour présenter ses respects à l'amiral Gensoul. Celui-ci ayant refusé de le recevoir, le capitaine Holland lui fit remettre le document suivant, dont je vais donner lecture à la Chambre. Les deux premiers paragraphes de ce document traitent des conditions générales de l'Armistice, dont j'ai déjà expliqué ce que j'en pensais. Le quatrième paragraphe – celui qui nous intéresse ici – débute comme suit :

> Il nous est impossible, à nous qui avons été vos frères d'armes jusqu'à aujourd'hui, de laisser vos beaux vaisseaux passer sous le contrôle de l'ennemi allemand ou italien. Nous sommes déterminés à nous battre jusqu'au bout, et si nous remportons la victoire, comme nous pensons bien le faire, nous n'oublierons jamais que la France était notre alliée, que nos intérêts sont les mêmes que les siens, et que notre ennemi commun est l'Allemagne. En cas de victoire, nous déclarons solennellement que nous restaurerons la grandeur et le territoire de la France. Mais pour atteindre cet objectif, nous devons nous assurer que les meilleurs vaisseaux de la Marine française ne seront pas utilisés contre nous par l'ennemi commun. Dans ces circonstances, le gouvernement de Sa Majesté m'a [*il s'agit de l'Amiral de la flotte anglaise présentant le document – Note de l'éditeur anglais*] donné mission de demander à la flotte française actuellement stationnée à Mers El-Kébir et à Oran qu'elle adopte l'une des dispositions suivantes :

1. Winston Churchill se trompe : Mers El-Kébir et Oran se trouvent en Algérie.

(*a*) Sail with us and continue to fight for victory against the Germans and Italians.

(*b*) Sail with reduced crews under our control to a British port. The reduced crews will be repatriated at the earliest moment.

If either of these courses is adopted by you, we will restore your ships to France at the conclusion of the war or pay full compensation, if they are damaged meanwhile.

(*c*) Alternatively, if you feel bound to stipulate that your ships should not be used against the Germans or Italians unless these break the Armistice, then sail them with us, with reduced crews, to some French port in the West Indies – Martinique, for instance – where they can be demilitarised to our satisfaction or be perhaps entrusted to the United States and remain safe until the end of the war, the crews being repatriated.

If you refuse these fair offers, I must, with profound regret, require you to sink your ships within six hours.

Finally, failing the above, I have the orders of His Majesty's Government to use whatever force may be necessary to prevent your ships from falling into German or Italian hands.

We had hoped that one or other of the alternatives which we presented would have been accepted, without the necessity of using the terrible force of a British battle squadron. Such a squadron arrived before Oran two hours after Captain Holland and his destroyer. This battle squadron was commanded by Vice-Admiral Somerville, an

(*a*) Prendre la mer avec nous et continuer de combattre jusqu'à la victoire contre les Allemands et les Italiens.

(*b*) Se rendre jusqu'à un port anglais avec des équipages réduits placés sous nos ordres. Les équipages seront alors rapatriés au plus tôt.

Si l'une de ces deux propositions vous agrée, nous rendrons vos vaisseaux à la France dès la fin de la guerre ou dédommagerons pleinement votre pays, si, dans l'intervalle, ils venaient à être endommagés.

(*c*) Autrement, si vous vous sentez moralement contraints de stipuler que vos vaisseaux ne doivent pas être employés contre les Allemands ou les Italiens tant que ceux-ci ne violent pas l'Armistice, gagnons ensemble, avec des équipages réduits, quelque port français des Antilles – la Martinique, par exemple – où ils pourront être démilitarisés de façon satisfaisante pour nous, ou bien être confiés aux États-Unis et préservés jusqu'à la fin de la guerre, les équipages étant alors rapatriés.

Si vous rejetez ces offres loyales, je dois, à mon profond regret, exiger que vous sabordiez vos vaisseaux dans les six heures à venir.

Enfin, si vous refusez cette dernière solution, j'ai reçu du gouvernement de Sa Majesté l'ordre d'employer toute la force nécessaire pour empêcher vos vaisseaux de tomber aux mains des Allemands ou des Italiens.

Nous avions espéré que l'une ou l'autre des solutions présentées serait acceptée, sans qu'il soit nécessaire d'employer la force terrible d'une escadre de guerre anglaise. Une escadre de ce type est arrivée devant Oran deux heures après le capitaine Holland et son contre-torpilleur. Elle était commandée par le vice-amiral Somerville, officier qui

officer who distinguished himself lately in the bringing off of over 100,000 Frenchmen during the evacuation from Dunkirk. Admiral Somerville was further provided, besides his battleships, with a cruiser force and strong flotillas. All day the parleys continued, and we hoped until the afternoon that our terms would be accepted without bloodshed. However, no doubt in obedience to the orders dictated by the Germans from Wiesbaden, where the Franco-German Armistice Commission is in session, Admiral Gensoul refused to comply and announced his intention of fighting. Admiral Somerville was, therefore, ordered to complete his mission before darkness fell, and at 5.53 p.m. he opened fire upon this powerful French Fleet, which was also protected by its shore batteries. At 6 p.m. he reported that he was heavily engaged. The action lasted for some ten minutes and was followed by heavy attacks from our naval aircraft, carried in the *Ark Royal*. At 7.20 p.m. Admiral Somerville forwarded a further report, which stated that a battle-cruiser of the *Strasbourg* class was damaged and ashore; that a battleship of the *Bretagne* class had been sunk, that another of the same class had been heavily damaged, and that two French destroyers and a seaplane carrier, Commandant Teste, were also sunk or burned.

[...]

I need hardly say that the French ships fought, albeit in this unnatural cause, with the characteristic courage of the French Navy, and every allowance must be made for Admiral Gensoul and his officers, who felt themselves obliged to obey the orders they received from their Government and could not look behind that Government to see the German dictation. I fear the loss of life among the French and

venait de se distinguer par le sauvetage de plus de 100 000 Français au cours de l'évacuation de Dunkerque. En plus de ses cuirassés, l'amiral Somerville avait reçu le renfort d'un groupe de croiseurs et d'une puissante flottille. Les pourparlers se sont poursuivis toute la journée, et nous avons espéré jusqu'à l'après-midi que les termes de notre proposition seraient acceptés sans effusion de sang. Mais obéissant certainement aux ordres dictés par les Allemands depuis Wiesbaden, où siège la commission franco-allemande d'armistice, l'amiral Gensoul a refusé d'accepter et fait part de son intention de combattre. En conséquence, l'amiral Somerville reçut l'ordre d'exécuter sa mission avant la tombée de la nuit, et à 17 h 53, il ouvrit le feu sur cette puissante flotte française que protégeaient également des batteries côtières. À 18 heures, il rapporta qu'il était vivement engagé. L'action dura quelque dix minutes et fut suivie de vives attaques de nos avions embarqués, à partir de l'*Ark Royal.* À 19 h 20, l'amiral Somerville envoya un nouveau rapport indiquant qu'un croiseur de bataille de la classe *Strasbourg* avait été endommagé et s'était échoué, qu'un cuirassé de la classe *Bretagne* avait été coulé, qu'un autre de la même classe avait subi de graves dommages, et que deux destroyers français et un porte-hydravions, le *Commandant Teste*, avait également été coulés ou incendiés.

[...]

Inutile de dire que, dans cette affaire « contre-nature », les vaisseaux français se sont battus avec le courage qui caractérise la Marine française, et que nous devons faire preuve de compréhension envers l'amiral Gensoul et ses officiers, qui se sont crus tenus d'obéir aux ordres donnés par leur gouvernement, sans possibilité pour eux de voir que ces ordres étaient dictés par les Allemands. Je crains que les pertes en vies humaines chez les Français et

in the harbour must have been very heavy, as we were compelled to use a severe measure of force and several immense explosions were heard. None of the British ships taking part in the action was in any way affected in gun-power or mobility by the heavy fire directed upon them. I have not yet received any reports of our casualties, but Admiral Somerville's Fleet is, in all military respects, intact and ready for further action. The Italian Navy, for whose reception we had also made arrangements and which is, of course, considerably stronger numerically than the Fleet we used at Oran, kept prudently out of the way. However, we trust that their turn will come during the operations which we shall pursue to secure the effectual command of the Mediterranean.

A large proportion of the French Fleet has, therefore, passed into our hands or has been put out of action or otherwise withheld from Germany by yesterday's events. The House will not expect me to say anything about other French ships which are at large except that it is our inflexible resolve to do everything that is possible in order to prevent them falling into the German grip. I leave the judgement of our action, with confidence, to Parliament. I leave it to the nation, and I leave it to the United States. I leave it to the world and history.

Now I turn to the immediate future. [...] I call upon all subjects of His Majesty, and upon our Allies, and well-wishers – and they are not a few – all over the world, on both sides of the Atlantic, to give us their utmost aid. In the fullest harmony with our Dominions, we are moving through a period of extreme danger and of splendid hope, when every virtue of our race will be tested, and all that we have and are will be freely staked.

dans le port n'aient été très lourdes, car il nous a fallu recourir à une grande puissance de feu et l'on a entendu plusieurs explosions énormes. Aucun des vaisseaux anglais engagés dans cette bataille n'a vu sa puissance de tir ou sa mobilité affectées par le feu nourri qui les visait. Je n'ai pas encore reçu le bilan de nos pertes, mais la flotte de l'amiral Somerville est, du point de vue militaire, intacte et prête à être engagée à nouveau. La Marine italienne, que nous avions prévu de recevoir comme il convient et qui est évidemment bien plus forte en unités que la flotte que nous avons employée à Oran, est prudemment restée à distance. Nous sommes sûrs, néanmoins, que le tour des Italiens viendra au cours des opérations que nous allons conduire pour nous assurer le contrôle effectif de la Méditerranée.

À la suite des événements d'hier, une grande partie de la flotte française est donc passée en notre pouvoir ou a été mise hors de combat, ou bien hors de portée de l'Allemagne. Que la Chambre ne s'attende pas à m'entendre déclarer quoi que ce soit au sujet des autres navires français qui sont en mer, sinon notre résolution inflexible de faire tout ce qui est en notre pouvoir pour les empêcher de tomber entre les griffes des Allemands. Je laisse en toute confiance au Parlement, à la nation, aux États-Unis, au monde et à l'histoire le soin de juger notre action.

Et je me tourne à présent vers l'avenir immédiat. [...] J'en appelle à tous les sujets de Sa Majesté, à nos Alliés, à tous ceux qui nous veulent du bien – et ils sont nombreux – dans le monde entier, en particulier des deux côtés de l'Atlantique, pour qu'ils nous apportent toute leur assistance. En pleine harmonie avec nos *Dominions*, nous traversons une période de péril extrême et de formidable espérance, où chaque vertu de notre race sera mise à l'épreuve, et où tout ce que nous possédons et tout ce que nous sommes sera mis

This is no time for doubt or weakness. It is the supreme hour to which we have been called. [...]

In conclusion, I feel that we are entitled to the confidence of the House and that we shall not fail in our duty, however painful. The action we have already taken should be, in itself, sufficient to dispose once and for all of the lies and rumours which have been so industriously spread by German propaganda and through Fifth Column activities that we have the slightest intention of entering into negotiations in any form and through any channel with the German and Italian Governments. We shall, on the contrary, prosecute the war with the utmost vigour by all the means that are open to us until the righteous purposes for which we entered upon it have been fulfilled.

en jeu sans retenue. Ce n'est pas le moment de douter ou d'être faible. Voici l'heure suprême qui nous appelle. [...]

En conclusion, je pense que nous avons droit à la confiance de la Chambre et que nous ne faillirons pas à notre devoir, si douloureux qu'il puisse être. Ce qui vient de se passer devrait, à soi seul, suffire à dissiper une bonne fois pour toutes les mensonges et les rumeurs répandus avec tant d'ardeur par la propagande allemande et par les agissements de la cinquième colonne, selon lesquels nous aurions la moindre intention d'ouvrir des négociations, de quelque manière et par quelque voie que ce soit, avec les gouvernements allemand et italien. Tout au contraire, nous continuerons cette guerre, de toutes nos forces et par tous les moyens qui sont à notre disposition, jusqu'à ce que les justes desseins pour lesquels nous y sommes entrés soient atteints.

8

14 JUILLET 1940

Le 10 juillet 1940, les attaques aériennes allemandes commencent à se concentrer sur les aérodromes et les ports de la côte sud de l'Angleterre, et contre les navires britanniques qui patrouillent dans la Manche. Ce ne sont que les prémices du combat de titans qui s'annonce, mais Churchill ne s'y trompe pas : la bataille d'Angleterre a bel et bien commencé. Or, la situation de la Grande-Bretagne n'est pas fameuse. Maître de l'Europe de l'Ouest, le Reich peut lancer ses attaques aériennes d'où il le souhaite. Les îles Britanniques sont même à portée de certains de ses canons. Mise à mal durant les campagnes de Norvège et de France, la Royal Navy doit néanmoins protéger les voies d'approvisionnement des îles Britanniques autant que veiller dans la Manche, pour le jour où l'Allemagne déclenchera l'opération d'invasion[1]. Enfin, les forces terrestres susceptibles de

1. Opération « Seelöwe » (« Otarie »). Elle fut décidée par Hitler le 16 juillet 1940 et d'abord prévue pour la mi-août. Elle envisageait un large débarquement sur les côtes anglaises, de Ramsgate (extrême est de la péninsule) à l'île de Wight.

s'opposer à la Wehrmacht sont insuffisamment nombreuses, peu entraînées et mal armées.

Cela posé, le Premier Ministre sait bien que le Reich ne pourra lancer l'invasion qu'à partir du moment où il aura neutralisé la Royal Air Force. Or, la supériorité numérique de la Luftwaffe sur cette dernière est écrasante : près de 3 000 avions allemands dont 1 200 bombardiers contre moins de 800 chasseurs britanniques et 500 bombardiers dont la plupart ne sont pas modernes. Mais les Anglais ont mis en place des stations radar et un système de contrôle au sol qui leur permettent de détecter et de signaler l'arrivée des avions de la Luftwaffe. En outre, après avoir percé les secrets de la machine « Enigma », ils sont en mesure de décrypter les communications allemandes. Tout n'est donc pas perdu, à condition que, dans les airs, les pilotes tiennent et qu'au sol, chacun continue à faire son devoir.

Tel est le sens du discours que Churchill prononce le 14 juillet devant le micro de la BBC. Il rappelle avec des accents quasiment religieux les enjeux de la lutte en cours : la Grande-Bretagne défend une « cause sacrée », elle est lancée dans une véritable croisade contre le mal. Puis il fait le point sur les forces terrestres dont dispose son pays, des forces qui, affirme-t-il, attendent l'ennemi de pied ferme[1] et préféreront succomber plutôt que de se rendre. Adossée à sa « vénérable monarchie » et à ses institutions démocratiques, conduite par un solide gouvernement de coalition, forte de

1. Il arrivera à Churchill de donner cette simple consigne : « Chacun son homme ! »…

la résolution de son peuple, la Grande-Bretagne relèvera le gant. À condition que chaque « Soldat Inconnu » serve fidèlement, elle sortira en vainqueur de la véritable ordalie qui lui est promise.

THE WAR OF THE UNKNOWN WARRIORS

14 July 1940, Broadcast (BBC), London

Today is the fourteenth of July, the national festival of France. A year ago in Paris I watched the stately parade down the Champs Elysées of the French Army and the French Empire. Who can foresee what the course of other years will bring? Faith is given to us to help and comfort us when we stand in awe before the unfurling scroll of human destiny. And I proclaim my faith that some of us will live to see a fourteenth of July when a liberated France will once again rejoice in her greatness and in her glory, and once again stand forward as the champion of the freedom and the rights of man. When the day dawns, as dawn it will, the soul of France will turn with comprehension and with kindness to those Frenchmen and Frenchwomen, wherever they may be, who in the darkest hour did not despair of the Republic. [...]

LA GUERRE
DES SOLDATS INCONNUS

14 juillet 1940, radiodiffusé (BBC), Londres

C'est aujourd'hui le 14 juillet, fête nationale de la France. Il y a un an, j'assistais à Paris à l'imposant défilé de l'armée de la France et de son empire sur les Champs-Élysées. Qui peut prévoir ce que nous apporteront les années à venir ? La foi nous est donnée pour nous soutenir et nous réconforter lorsque nous appréhendons avec angoisse le cours de la destinée humaine. Et je le proclame aujourd'hui avec foi : certains d'entre nous vivront assez pour voir un 14 juillet où la France libérée se réjouira à nouveau dans sa grandeur et dans sa gloire, et se dressera à nouveau comme le champion de la liberté et des droits de l'homme. Quand cette aube se lèvera, car elle se lèvera, l'âme de la France se tournera avec compréhension et reconnaissance vers ces Français et ces Françaises, où qu'ils soient, qui, à l'heure la plus noire, n'ont pas désespéré de la République. [...]

And now it has come to us to stand alone in the breach, and face the worst that the tyrant's might and enmity can do. Bearing ourselves humbly before God, but conscious that we serve an unfolding purpose, we are ready to defend our native land against the invasion by which it is threatened. We are fighting *by* ourselves alone; but we are not fighting *for* ourselves alone. Here in this strong City of Refuge which enshrines the title-deeds of human progress and is of deep consequence to Christian civilization; here, girt about by the seas and oceans where the Navy reigns; shielded from above by the prowess and devotion of our airmen – we await undismayed the impending assault. Perhaps it will come tonight. Perhaps it will come next week. Perhaps it will never come. We must show ourselves equally capable of meeting a sudden violent shock or – what is perhaps a harder test – a prolonged vigil. But be the ordeal sharp or long, or both, we shall seek no terms, we shall tolerate no parley; we may show mercy – we shall ask for none.

I can easily understand how sympathetic onlookers across the Atlantic, or anxious friends in the yet unravished countries of Europe, who cannot measure our resources or our resolve, may have feared for our survival when they saw so many States and kingdoms turn to pieces in a few weeks or even days by the monstrous force

Et maintenant, c'est à nous qu'il incombe de nous tenir seuls sur la brèche[1] et d'affronter ce que la puissance et la haine du tyran peuvent faire de pire. Humbles devant Dieu, mais conscients que nous servons une cause sacrée, nous sommes prêts à défendre notre terre natale contre l'invasion qui la menace. Nous sommes seuls à combattre *par* nous-mêmes, mais nous ne combattons pas seulement *pour* nous-mêmes. Ici, en cette solide Ville de Refuge[2], dépositaire des progrès de l'humanité et garante de la civilisation chrétienne ; ici, protégés par les mers et les océans sur lesquels règne notre Marine ; protégés dans le ciel par les prouesses et les sacrifices de nos aviateurs, nous attendons sans crainte un assaut qui est imminent. Peut-être arrivera-t-il ce soir, peut-être la semaine prochaine. Peut-être ne viendra-t-il jamais. Nous devons montrer que nous sommes capables de faire face aussi bien à un choc violent qu'à une veille prolongée, ce qui est peut-être plus redoutable encore. Mais, que l'épreuve soit vive ou durable, ou les deux, nous ne négocierons pas, nous ne souffrirons aucun pourparlers ; nous pouvons faire grâce, mais jamais nous ne la demanderons.

Je conçois aisément que de compatissants spectateurs de l'autre côté de l'Atlantique, ou des amis angoissés vivant dans des pays pour l'heure épargnés, aient pu craindre pour notre survie, faute de pouvoir juger de nos ressources ou de notre détermination, après avoir vu tant d'États et de royaumes succomber en quelques semaines, parfois même quelques jours, à la puissance monstrueuse de la machine de guerre

1. Allusion à la bible, Ezechiel 22 :30 (« J'ai cherché parmi eux un homme qui relève la muraille, qui se tienne devant moi, sur la brèche, pour le bien du pays, afin que je ne le détruise pas : je ne l'ai pas trouvé. » *Traduction œcuménique de la bible*, http://lire.la-bible.net/, 19 janvier 2009).

2. Allusion biblique également, Nombre 35 :11.

of the Nazi war machine. But Hitler has not yet been withstood by a great nation with a will power the equal of his own. Many of these countries have been poisoned by intrigue before they were struck down by violence. They have been rotted from within before they were smitten from without. How else can you explain what has happened to France? – to the French Army, to the French people, to the leaders of the French people? [...]

We have a million and a half men in the British Army under arms tonight, and every week of June and July has seen their organisation, their defences and their striking power advance by leaps and bounds. No praise is too high for the officers and men – aye, and civilians – who have made this immense transformation in so short a time. Behind these soldiers of the regular Army, as a means of destruction for parachutists, airborne invaders, and any traitors that may be found in our midst (but I do not believe there are many – woe betide them, they will get short shrift) – behind the regular Army we have more than a million of the Local Defence Volunteers, or, as they are much better called, the "Home Guard". These officers and men, a large proportion of whom have been through the last war, have the strongest desire to attack and come to close quarters with the enemy wherever he may appear. Should the invader come to Britain, there will be no placid lying down of the people in submission before him, as we have seen, alas, in other countries. We shall defend every village, every town, and every city. The vast mass of London itself, fought street by street, could easily devour an entire hostile army; and we would rather see London laid in ruins and ashes than that it should be tamely and abjectly enslaved. I am bound

nazie. Mais jusqu'à maintenant Hitler ne s'est pas heurté à une grande nation dont la puissance de volonté ait été égale à la sienne. Nombre de ces pays ont été gangrenés par l'intrigue avant d'être abattus par la violence. Ils ont été pourris de l'intérieur, avant d'être mis en pièce de l'extérieur. Comment peut-on expliquer autrement ce qui est arrivé à la France, à l'armée française, au peuple français et à ses dirigeants ? [...].

À l'heure où je vous parle, nous disposons d'un million et demi d'hommes dans l'armée britannique, et chaque semaine de juin et de juillet a vu leur organisation, leurs capacités de défense et leur puissance offensive progresser à pas de géant. On ne fera jamais assez l'éloge de ces officiers et ces soldats – et aussi de ces civils – qui ont accompli en si peu de temps cette formidable transformation. Derrière ces soldats de l'armée régulière qui ont pour mission de détruire les parachutistes, les envahisseurs aéroportés et tous les traîtres qui pourraient se trouver parmi nous (mais je ne pense pas qu'ils soient nombreux, et malheur à eux ! car ils seront vite liquidés), nous avons plus d'un million de volontaires de la « Défense locale », ou, comme on l'appelle plus judicieusement, de la *Homeguard*. Les officiers et les soldats qui la composent, dont un grand nombre ont traversé la dernière guerre, ont le désir le plus résolu d'attaquer et de se mesurer directement avec l'ennemi, où qu'il puisse apparaître. Que l'envahisseur arrive donc en Grande-Bretagne : le peuple ne se couchera pas devant lui avec soumission, comme nous l'avons vu faire, hélas, dans d'autres pays. Nous défendrons chaque village, chaque bourgade et chaque ville. L'immense étendue de Londres elle-même, défendue rue par rue, pourrait aisément engloutir une armée ennemie tout entière ; et nous préférerions voir Londres en ruines et en cendres plutôt que de la voir tomber dans l'infâme abjection de l'esclavage. Il est de mon devoir

to state these facts, because it is necessary to inform our people of our intentions, and thus to reassure them. [...]

I stand at the head of a Government representing all Parties in the State – all creeds, all causes, every recognisable section of opinion. We are ranged beneath the Crown of our ancient monarchy. We are supported by a free Parliament and a free Press; but there is one bond which unites us all and sustains us in the public regard – namely (as is increasingly becoming known), that we are prepared to proceed to all extremities, to endure them and to enforce them; *that* is our bond of union in His Majesty's Government tonight. Thus only, in times like these, can nations preserve their freedom; and thus only can they uphold the cause entrusted to their care.

But all depends now upon the whole life-strength of the British race in every part of the world and of all our associated peoples and of all our well-wishers in every land, doing their utmost night and day, giving all, daring all, enduring all – to the utmost – to the end. This is no war of chieftains or of princes, of dynasties or national ambition; it is a war of peoples and of causes. There are vast numbers, not only in this Island but in every land, who will render faithful service in this war, but whose names will never be known, whose deeds will never be recorded. This is a War of the Unknown Warriors; but let all strive without failing in faith or in duty, and the dark curse of Hitler will be lifted from our age.

d'énoncer ces faits, parce qu'il est nécessaire de faire savoir à notre peuple nos intentions, et ainsi de le rassurer. [...]

Je suis à la tête d'un gouvernement qui représente tous les partis officiels – toutes les croyances, toutes les causes, toutes les tendances identifiables de l'opinion. Nous sommes rangés en ordre de bataille derrière la Couronne de notre vénérable monarchie. Nous sommes soutenus par un Parlement libre et une presse libre. Mais il y a un lien suprême qui nous unit tous et qui nous élève aux yeux de l'opinion publique : comme on commence à le savoir de plus en plus, nous sommes prêts à toutes les extrémités, à toutes les supporter et à toutes les imposer. *Tel* est le lien qui nous unit ce soir au sein du gouvernement de Sa Majesté. Et c'est ainsi seulement qu'en des temps comme celui-ci les nations peuvent préserver leur liberté ; c'est ainsi seulement qu'elles peuvent continuer de défendre la cause qui leur a été confiée.

Mais maintenant tout dépend de la vitalité de la race britannique sur tous les points du globe, comme de celle des peuples qui sont engagés à nos côtés et de tous ceux qui nous veulent du bien dans tous les pays, faisant tout leur possible jour et nuit, donnant tout, risquant tout, supportant tout – jusqu'au pire – jusqu'au bout. Cette guerre n'est pas une guerre de chefs de clan ou de princes, de dynasties ou d'ambitions nationales ; c'est une guerre des peuples et des valeurs. Il y a sur cette île et de par le monde, dans chaque pays, un grand nombre de personnes qui serviront fidèlement dans cette guerre, mais dont les noms resteront à jamais inconnus, dont les exploits resteront à jamais ignorés. C'est une guerre de Soldats Inconnus. Mais que tous luttent sans jamais manquer à la foi ou au devoir, et notre époque sera délivrée de la sombre malédiction d'Hitler.

9

20 AOÛT 1940

« Jamais, dans l'histoire de l'humanité et de ses guerres, tant de gens ont dû autant à si peu d'hommes. » Au même titre que la célèbre phrase « je n'ai rien à offrir que du sang, du labeur, des larmes et de la sueur » ou que le refus de se rendre proclamé sous toutes les formes et sur tous les tons le 4 juin 1940, ces quelques mots en l'honneur des pilotes britanniques engagés dans la bataille d'Angleterre passent à la postérité à peine prononcés. Toutefois, si Churchill a raison sur le fond, il s'avance quelque peu en s'exprimant au passé. Car, le 20 août 1940, lorsqu'il prononce son discours devant la Chambre des communes, le combat fait encore rage dans le ciel anglais.

À partir du 24 juillet et durant trois semaines, la Luftwaffe s'est efforcée de détruire l'aviation britannique[1]. La tactique était simple : envoyer la chasse au-dessus de l'Angleterre, forcer ainsi les Spitfires et les Hurricanes à décoller, puis les détruire. Les chefs allemands, Göring en tête, ont compté sur leur supériorité numérique et sur les qualités techniques de leur Messerschmitt 109 pour venir à bout des chasseurs anglais. Mais les avions allemands n'ont qu'un rayon d'action

1. Opération « Aigle ».

limité et ne peuvent donc combattre longtemps au-dessus de l'Angleterre. En outre, pour les Allemands, avarie et *a fortiori* défaite en duel aérien signifient nécessairement perte de l'avion et du pilote, mort ou prisonnier. Les Britanniques au contraire peuvent au moins récupérer leurs pilotes abattus. Enfin, les responsables de la Royal Air Force se sont gardés de toujours accepter le combat. Aussi souvent que possible, ils ont laissé les Messerschmitt tourner dans un ciel vide et s'épuiser. De même, la plupart des aérodromes situés sur la côte sud ont été momentanément abandonnés de façon à soustraire les avions garés aux raids ennemis. Göring a alors changé de stratégie et décidé de bombarder massivement les aérodromes et les usines aéronautiques. L'objectif était clair : dans le meilleur des cas, détruire les avions britanniques au sol ou pendant que les ouvriers étaient encore en train de les assembler ; au pire, forcer la chasse anglaise à décoller et – enfin ! – la détruire. Le 15 août, quelque 800 bombardiers et 1 200 chasseurs allemands ont ainsi décollé du continent en direction de l'Angleterre. Une nouvelle fois, Spitfires et Hurricanes se sont précipités à leur rencontre. Une nouvelle fois, les avions de la Luftwaffe ont dû rebrousser chemin sans avoir marqué de point décisif. Mais des deux côtés les pertes commencent à être lourdes[1].

Le 20 août aux Communes, Winston Churchill s'efforce d'abord de tirer un premier bilan à l'issue de presque une année de conflit. La Grande-Bretagne est tout entière plongée au cœur de la guerre, une guerre d'un nouveau genre, une guerre totale qui ne connaît plus de front ni

1. Au final, durant le seul été 1940, la RAF aura perdu plus du tiers de son effectif, soit près de 450 aviateurs dont 230 tués.

d'arrière, qui touche les civils autant que les soldats. En outre, les Britanniques sont seuls à subir l'assaut ennemi. Mais ils ont préservé l'essentiel de leurs forces et unis, soutenus par les États-Unis, ils tiennent bon. Bientôt, ils pourront contre-attaquer. Le Premier Ministre en vient ensuite à la bataille d'Angleterre. Il ne passe sous silence ni l'infériorité numérique de la Royal Air Force – patente – ni les avantages tactiques et stratégiques dont celle-ci bénéficie. Grâce à l'héroïsme d'une poignée de pilotes, proclame-t-il, la RAF a résisté et résistera encore. Et Churchill de se tourner alors résolument vers l'avenir. Il dit sa conviction qu'un jour le Reich devra affronter l'URSS et que, selon toute vraisemblance, les États-Unis finiront par s'impliquer pleinement dans le conflit. Il réaffirme sa volonté de rétablir dans leurs droits et leur liberté les pays vaincus par l'Allemagne nazie, à commencer par la France, une France qu'incarnent à ses yeux « le général de Gaulle et ses braves compagnons ». Il conclut en revenant à l'objectif premier, duquel dépend l'avenir de l'Europe et du monde : remporter une victoire définitive sur l'hydre nazie.

THE FEW

20 August 1940, House of Commons

Almost a year has passed since the war began, and it is natural for us, I think, to pause on our journey at this milestone and survey the dark, wide field. It is also useful to compare the first year of this second war against German aggression with its forerunner a quarter of a century ago. Although this war is in fact only a continuation of the last, very great differences in its character are apparent. In the last war millions of men fought by hurling enormous masses of steel at one another. "Men and shells" was the cry, and prodigious slaughter was the consequence. In this war nothing of this kind has yet appeared. It is a conflict of strategy, of organisation, of technical apparatus, of science, mechanics and morale. The British casualties in the first twelve months of the Great War amounted to 365,000. In this war, I am thankful to say, British killed, wounded, prisoners and missing, including civilians, do not exceed 92,000, and of these a large proportion are alive as prisoners of war. Looking more widely around, one may say that throughout all Europe for one man killed or wounded in

UNE POIGNÉE D'HOMMES

20 août 1940, Chambre des communes

Près d'une année s'est écoulée depuis le début de la guerre ; il me paraît donc naturel de nous arrêter un moment, à cette étape de notre marche, pour scruter le vaste et sombre horizon. Il est tout aussi utile de comparer la première année de cette deuxième guerre contre l'agression allemande à son équivalent d'il y a un quart de siècle. Bien que cette guerre soit en réalité la suite de la précédente, elle apparaît, par bien des aspects, de nature très différente. Lors du dernier conflit, des millions d'hommes ont combattu en s'envoyant les uns aux autres d'énormes quantités d'acier. « Des hommes et des obus ! » : tel était le mot d'ordre, et le résultat fut un massacre monstrueux. Dans la guerre actuelle, rien de tel ne s'est encore produit. Nous assistons à un conflit de stratégie, d'organisation, d'outillage technique, de science, de mécanique et de morale. Lors des douze premiers mois de la Grande Guerre, les pertes britanniques se sont élevées à 365 000 hommes. Dans la guerre présente, et je suis heureux de pouvoir le préciser, les Britanniques tués, blessés, prisonniers, et portés disparus, civils inclus, ne dépassent pas les 92 000, dont une grande partie sont bien vivants et prisonniers de guerre. En considérant la situation plus largement, on pourrait affirmer qu'à travers l'Europe entière, pour un

the first year perhaps five were killed or wounded in 1914-15.

The slaughter is only a small fraction, but the consequences to the belligerents have been even more deadly. We have seen great countries with powerful armies dashed out of coherent existence in a few weeks. We have seen the French Republic and the renowned French Army beaten into complete and total submission with less than the casualties which they suffered in any one of half a dozen of the battles of 1914-18. The entire body – it might also seem at times the soul – of France has succumbed to physical effects incomparably less terrible than those which were sustained with fortitude and undaunted will power twenty-five years ago. Although up to the present the loss of life has been mercifully diminished, the decisions reached in the course of the struggle are even more profound upon the fate of nations than anything that has ever happened since barbaric times. Moves are made upon the scientific and strategic boards, advantages are gained by mechanical means, as a result of which scores of millions of men become incapable of further resistance, or judge themselves incapable of further resistance, and a fearful game of chess proceeds from check to mate by which the unhappy players seem to be inexorably bound.

There is another more obvious difference from 1914. The whole of the warring nations are engaged, not only soldiers, but the entire population, men, women and children. The fronts are everywhere. The trenches are dug in the towns and streets. Every village is fortified. Every road is barred. The front line runs through the factories. The workmen are soldiers with different weapons but the same courage. These are great and distinctive

homme tué ou blessé au cours de cette première année de guerre, cinq peut-être l'avaient été en 1914-1915.

Le massacre reste limité, mais les conséquences pour les belligérants sont, elles, bien plus funestes. Nous avons vu de grands pays dotés d'armées puissantes quasiment rayés de la carte en quelques semaines. Nous avons vu la République française et sa fameuse armée complètement anéanties, réduites à une soumission totale, avec pourtant des pertes inférieures à celles subies lors de n'importe laquelle des six plus grandes batailles de 14-18. Le corps entier de la France – son âme aussi, semble-t-il parfois – a succombé sous des coups bien moins terribles que ceux qu'elle avait subis avec courage et une inébranlable détermination, il y a vingt-cinq ans. Bien que jusqu'à ce jour les vies humaines aient été par bonheur plutôt épargnées, les décisions prises dans cette lutte ont affecté le sort des nations plus profondément que tout autre événement depuis les temps barbares. Des avancées sont réalisées dans les domaines de la science et de la stratégie ; des avantages sont obtenus par des moyens mécaniques, et il en résulte que des millions d'hommes sont incapables de résister plus longtemps, ou se croient incapables de résister plus longtemps ; une effrayante partie d'échecs se joue jusqu'au mat auquel semblent inexorablement voués les malheureux joueurs.

Il existe une différence plus flagrante encore avec 1914. Les nations en guerre sont tout entières engagées dans le conflit, non plus seulement les soldats, mais aussi la totalité des populations, hommes, femmes et enfants. Les lignes de front sont partout. On creuse des tranchées dans les villes et dans les rues. Chaque village est fortifié, chaque route barrée. Le front traverse les usines. Les ouvriers sont des soldats dont les armes sont différentes, mais le courage identique. Ce sont des changements considérables

changes from what many of us saw in the struggle of a quarter of a century ago. There seems to be every reason to believe that this new kind of war is well suited to the genius and the resources of the British nation and the British Empire and that, once we get properly equipped and properly started, a war of this kind will be more favourable to us than the sombre mass slaughters of the Somme and Passchendaele. If it is a case of the whole nation fighting and suffering together, that ought to suit us, because we are the most united of all the nations, because we entered the war upon the national will and with our eyes open, and because we have been nurtured in freedom and individual responsibility and are the products, not of totalitarian uniformity but of tolerance and variety. If all these qualities are turned, as they are being turned, to the arts of war, we may be able to show the enemy quite a lot of things that they have not thought of yet. Since the Germans drove the Jews out and lowered their technical standards, our science is definitely ahead of theirs. Our geographical position, the command of the sea, and the friendship of the United States enable us to draw resources from the whole world and to manufacture weapons of war of every kind, but especially of the superfine kinds, on a scale hitherto practised only by Nazi Germany.

Hitler is now sprawled over Europe. Our offensive springs are being slowly compressed, and we must resolutely and methodically prepare ourselves for the campaigns of 1941 and 1942. Two or three years are not a long time, even in our short, precarious lives.

et significatifs par rapport à ce que beaucoup d'entre nous ont observé dans le conflit qui s'est déroulé voilà un quart de siècle. Il y a tout lieu de croire que cette guerre d'un genre nouveau convient particulièrement bien au génie et aux ressources de la Nation anglaise et de l'Empire britannique, et que, une fois que nous serons équipés et engagés comme il le faut, une guerre de ce type nous sera plus favorable que les sinistres hécatombes de la Somme et de Passchendaele. Si l'enjeu de cette guerre repose sur la capacité d'une nation à se battre et à souffrir tous ensemble, cela aussi devrait nous convenir, parce que nous sommes la plus unie de toutes les nations, parce que nous sommes entrés en guerre forts de la volonté nationale et avec les yeux ouverts, parce que nous avons été élevés dans la liberté et la responsabilité individuelle, et parce que nous sommes les fils, non pas de l'uniformité totalitaire, mais de la tolérance et de la diversité. Si toutes ces qualités sont utilisées – comme elles le sont actuellement – dans l'art de la guerre, nous pourrons peut-être montrer à l'ennemi bien des choses auxquelles il n'a pas encore pensé. Depuis que les Allemands ont chassé les Juifs et baissé le niveau de leurs techniques, notre science est sans conteste en avance sur la leur. Notre position géographique, notre maîtrise des mers ainsi que l'amitié des États-Unis nous permettent de tirer des ressources du monde entier et de produire ainsi des armes de guerre de toute sorte, mais surtout des armes de grande précision, dans des proportions jusqu'ici atteintes par la seule Allemagne nazie.

Hitler est maintenant partout en Europe. Telles un ressort, nos capacités offensives sont peu à peu bandées, et nous devons nous préparer résolument et méthodiquement pour les campagnes de 1941 et 1942. Deux ou trois ans représentent bien peu, même au regard de nos courtes et précaires existences.

They are nothing in the history of the nation, and when we are doing the finest thing in the world, and have the honour to be the sole champion of the liberties of all Europe, we must not grudge these years or weary as we toil and struggle through them. It does not follow that energies in future years will be exclusively confined to defending ourselves and our possessions. Many opportunities may lie open to amphibious power, and we must be ready to take advantage of them. One of the ways to bring this war to a speedy end is to convince the enemy, not by words, but by deeds, that we have both the will and the means, not only to go on indefinitely but to strike heavy and unexpected blows. The road to victory may not be so long as we expect. But we have no right to count upon this. Be it long or short, rough or smooth, we mean to reach our journey's end.

It is our intention to maintain and enforce a strict blockade not only of Germany but of Italy, France, and all the other countries that have fallen into the German power. [...]

The only agencies which can create famine in any part of Europe now and during the coming winter, will be German exactions or German failure to distribute the supplies which they command.

[...]

Rather more than a quarter of a year has passed since the new Government came into power in this country. What a cataract of disaster has poured out upon us since then. [...]

Elles ne sont rien dans l'histoire d'une nation, et au moment où nous accomplissons la meilleure chose au monde, où nous avons l'honneur d'être les seuls champions des libertés de toute l'Europe, nous ne devons pas lésiner sur ces années, nous ne devons pas nous décourager alors que nous peinons, que nous luttons pour les surmonter. Cela ne veut pas dire que nos efforts dans les années à venir se limiteront uniquement à nous défendre et à défendre nos possessions. Une puissance maritime et terrestre ouvre probablement de nombreuses possibilités, et nous devons être prêts à les exploiter à notre avantage. Une façon de mener rapidement cette guerre à son terme est de convaincre l'ennemi, non par des paroles mais par des actes, que nous possédons à la fois la volonté et les moyens, non seulement de poursuivre indéfiniment le combat, mais aussi de frapper fort, et de façon imprévue. Le chemin de la victoire n'est peut-être pas aussi long que ce à quoi nous nous attendons. Mais nous ne pouvons pas nous reposer sur cette idée. Qu'il soit long ou court, dur ou facile, nous comptons parvenir à son terme.

Notre intention est de maintenir et de renforcer un blocus strict, non seulement de l'Allemagne mais aussi de l'Italie et de la France, ainsi que de tous les autres pays tombés sous la domination allemande. [...]

Les seuls responsables de la famine dans quelque partie que ce soit de l'Europe, maintenant et pendant l'hiver prochain, ce seront les exactions des Allemands, ou leur échec à distribuer les réserves qu'ils contrôlent.

[...]

Un peu plus de trois mois se sont écoulés depuis que le nouveau gouvernement est arrivé aux affaires dans ce pays. Un déluge de désastres s'est déversé sur nous depuis. [...]

Let us see what has happened on the other side of the scales. The British nation and the British Empire finding themselves alone, stood undismayed against disaster. No one flinched or wavered; nay, some who formerly thought of peace, now think only of war. Our people are united and resolved, as they have never been before. Death and ruin have become small things compared with the shame of defeat or failure in duty. We cannot tell what lies ahead. It may be that even greater ordeals lie before us. We shall face whatever is coming to us. We are sure of ourselves and of our cause and that is the supreme fact which has emerged in these months of trial.

Meanwhile, we have not only fortified our hearts but our Island. [...] The whole Island bristles against invaders, from the sea or from the air. [...] As in Nelson's day, the maxim holds, "Our first line of defence is the enemy's ports." [...]

Our Navy is far stronger than it was at the beginning of the war. [...] Our stocks of food of all kinds are far more abundant than in the days of peace and a large and growing programme of food production is on foot.

Why do I say all this? Not assuredly to boast; not assuredly to give the slightest countenance to complacency. The dangers we face are still enormous, but so are our advantages and resources. I recount them because the people have a right to know that there are solid grounds for the confidence which we feel, and that we have good reason to believe ourselves capable, as I said in a very dark hour two months ago, of continuing the war "if necessary alone, if necessary for years". I say it also because the fact that the British Empire stands

Mais voyons aussi le bon côté des choses. Se retrouvant seuls à combattre, la nation anglaise et l'Empire britannique ne se sont pas laissés abattre face au désastre. Nul n'a bronché, nul n'a vacillé. Que dis-je ? Ceux qui jadis ne pensaient qu'à la paix, ne songent plus maintenant qu'à la guerre. Notre peuple est uni et résolu, comme il ne l'a jamais été auparavant. La mort et la ruine paraissent aujourd'hui peu de choses comparées à la honte de la défaite ou du manquement au devoir. Nous ne pouvons prédire ce qui arrivera. Des épreuves plus terribles encore sont peut-être à venir. Nous saurons faire face à tout ce qui nous attend. Nous sommes sûrs de nous-mêmes et de notre cause, et c'est le fait le plus important qui s'est révélé dans ces mois d'épreuves.

Cependant, nous n'avons pas seulement fortifié nos cœurs, mais aussi notre Île. [...] Toute l'île se dresse contre l'envahisseur, qu'il vienne de la mer ou des airs [...] La devise reste ce qu'elle était au temps de Nelson : « Les ports de l'ennemi sont notre première ligne de défense. » [...]

Notre Marine est bien plus forte qu'aux débuts de la guerre. [...] Nos stocks de denrées alimentaires de toutes sortes sont bien plus abondants qu'en temps de paix et un vaste programme de production alimentaire s'organise.

Pourquoi dis-je tout cela ? Ce n'est certes pas par vantardise ; ni assurément pour encourager la moindre complaisance. Les dangers qui nous menacent restent immenses, mais nos avantages et nos ressources le sont aussi. Je les rappelle parce que notre peuple a le droit de savoir que notre confiance repose sur des fondements solides, et que nous avons de bonnes raisons de penser que nous sommes capables, comme je l'ai dit à une heure très sombre voici deux mois, de continuer la guerre « seuls s'il le faut, pendant des années s'il le faut ». Je le dis aussi parce que le fait même que l'Empire britannique reste invincible

invincible, and that Nazidom is still being resisted, will kindle again the spark of hope in the breasts of hundreds of millions of down-trodden or despairing men and women throughout Europe, and far beyond its bounds, and that from these sparks there will presently come cleansing and devouring flame.

The great air battle which has been in progress over this Island for the last few weeks has recently attained a high intensity. It is too soon to attempt to assign limits either to its scale or to its duration. We must certainly expect that greater efforts will be made by the enemy than any he has so far put forth. Hostile air fields are still being developed in France and the Low Countries, and the movement of squadrons and material for attacking us is still proceeding. It is quite plain that Herr Hitler could not admit defeat in his air attack on Great Britain without sustaining most serious injury. If, after all his boastings and blood-curdling threats and lurid accounts trumpeted round the world of the damage he has inflicted, of the vast numbers of our Air Force he has shot down, so he says, with so little loss to himself; if after tales of the panic-stricken British crushed in their holes cursing the plutocratic Parliament which has led them to such a plight; if after all this his whole air onslaught were forced after a while tamely to peter out, the Führer's reputation for veracity of statement might be seriously impugned. We may be sure, therefore, that he will continue as long as he has the strength to do so, and as long as any preoccupations he may have in respect of the Russian Air Force allow him to do so.

On the other hand, the conditions and course of the fighting have so far been favourable to us. [...] It must also be remembered that all the enemy machines and pilots

et que nous résistions encore au nazisme rallumera une étincelle d'espoir dans les cœurs de centaines de millions d'hommes et de femmes opprimés ou désespérés partout en Europe, et bien au-delà de ses limites, et que de ces étincelles naîtra bientôt une flamme dévorante et purificatrice.

La grande bataille aérienne qui se livre depuis quelques semaines au-dessus de cette île a récemment atteint une intensité inégalée. Il est encore trop tôt pour tenter de lui assigner des limites de proportion ou de durée. Nous devons certainement nous attendre à ce que l'ennemi fournisse de plus gros efforts encore que tous ceux qu'il a pu fournir jusqu'à présent. Des bases aériennes ennemies continuent d'être installées en France et au Pays-Bas, les escadrilles et le matériel nécessaires pour nous attaquer continuent d'affluer. Il est évident que Herr Hitler ne pourrait pas s'avouer vaincu dans cette attaque aérienne contre la Grande-Bretagne, sans en subir de terribles conséquences. Si après toutes ses vantardises, ses menaces à glacer le sang et les rapports macabres qu'il claironne à travers le monde entier sur les ravages qu'il a causés, sur le grand nombre d'appareils de notre force aérienne qu'il a abattus – c'est lui qui le dit – avec si peu de pertes pour lui-même ; si après avoir raconté que les Anglais, frappés de panique et terrés dans leur trou, maudissaient le Parlement ploutocratique qui les a embarqués dans de telles souffrances ; si, après tout cela, son gigantesque assaut aérien finissait par s'évanouir, la réputation du Führer quant à la véracité de ses dires serait sérieusement mise en doute. Nous pouvons donc être sûrs qu'il poursuivra l'attaque aussi longtemps que les inquiétudes qu'il pourrait nourrir à propos de l'aviation russe lui en laissent le loisir.

D'un autre côté, les conditions et le déroulement du combat nous ont été favorables jusqu'à maintenant. [...] Nous devons garder à l'esprit que tous les appareils et pilotes

which are shot down over our Island, or over the seas which surround it, are either destroyed or captured; whereas a considerable proportion of our machines, and also of our pilots, are saved, and soon again in many cases come into action.

[...]

It is a fact, as I see from my daily returns, that our bomber and fighter strength now, after all this fighting, are larger than they have ever been. We believe that we shall be able to continue the air struggle indefinitely and as long as the enemy pleases, and the longer it continues the more rapid will be our approach, first towards that parity, and then into that superiority in the air, upon which in a large measure the decision of the war depends.

The gratitude of every home in our Island, in our Empire, and indeed throughout the world, except in the abodes of the guilty, goes out to the British airmen who, undaunted by odds, unwearied in their constant challenge and mortal danger, are turning the tide of the world war by their prowess and by their devotion. Never in the field of human conflict was so much owed by so many to so few. All hearts go out to the fighter pilots, whose brilliant actions we see with our own eyes day after day; but we must never forget that all the time, night after night, month after month, our bomber squadrons travel far into Germany, find their targets in the darkness by the highest navigational skill, aim their attacks, often under the heaviest fire, often with serious loss, with deliberate careful discrimination, and inflict shattering blows upon the whole of the technical and war-making structure of the Nazi power. [...]

ennemis qui ont été abattus au-dessus de notre Île, ou au-dessus des mers qui l'entourent, sont détruits ou capturés, tandis qu'une très grande partie de nos avions, et aussi de nos pilotes, sont sauvés, et, dans la plupart des cas, retournent rapidement au combat.

[…]

C'est un fait que je constate à la lecture des rapports quotidiens qui me parviennent : nos bombardiers et avions de chasse, après tous ces combats, sont plus nombreux qu'ils ne l'ont jamais été. Nous avons donc la conviction que nous pourrons soutenir ce combat aérien indéfiniment, et aussi longtemps qu'il plaira à l'ennemi, et que plus longtemps il durera, plus rapidement nous nous approcherons d'abord de l'équilibre, puis de la supériorité dans les airs, dont dépend en grande partie l'issue de la guerre.

Il n'est pas de foyer dans notre Île, dans notre Empire et même dans le monde, hormis dans les demeures des coupables, qui n'adresse toute sa gratitude aux aviateurs britanniques qui, courageux malgré les incertitudes, infatigables malgré la constance du défi et du danger mortel qu'ils affrontent, sont en train de changer le cours de cette guerre par leur bravoure et leur dévouement. Jamais, dans l'histoire de l'humanité et de ses guerres, tant de gens ont dû autant à si peu d'hommes. Tous les cœurs battent pour les pilotes de chasse dont nous voyons, de nos propres yeux, jour après jour, les magnifiques exploits. Mais nous ne devons jamais oublier que pendant tout ce temps, nuit après nuit, mois après mois, nos escadrilles de bombardiers pénètrent profondément en Allemagne, et, navigant avec la plus grande adresse, repèrent leurs cibles dans l'obscurité, dirigent leurs attaques avec un discernement délibérément prudent – souvent sous un feu des plus nourris, souvent avec de grosses pertes – et infligent à l'ensemble des structures techniques et militaires du pouvoir nazi des coups dévastateurs. […]

The fact that the invasion of this Island upon a large scale has become a far more difficult operation with every week that has passed since we saved our Army at Dunkirk, and our very great preponderance of sea-power enable us to turn our eyes and to turn our strength increasingly towards the Mediterranean and against that other enemy who, without the slightest provocation, coldly and deliberately, for greed and gain, stabbed France in the back in the moment of her agony, and is now marching against us in Africa. The defection of France has, of course, been deeply damaging to our position in what is called, somewhat oddly, the Middle East. [...]

Shielded by overwhelming sea-power, possessed of invaluable strategic bases and of ample funds, France might have remained one of the great combatants in the struggle. By so doing, France would have preserved the continuity of her life, and the French Empire might have advanced with the British Empire to the rescue of the independence and integrity of the French Motherland. [...]

That France alone should lie prostrate at this moment, is the crime, not of a great and noble nation, but of what are called "the men of Vichy. We have profound sympathy with the French people. Our old comradeship with France is not dead. In General de Gaulle and his gallant band, that comradeship takes an effective form. These free Frenchmen have been condemned to death by Vichy, but the day will come, as surely as the sun will rise tomorrow, when their names will be held in honour, and their names will be graven in stone in the streets and villages of a France restored in a liberated Europe to its full freedom and its ancient fame. But this conviction which I feel of the future cannot affect

Le fait que l'invasion à grande échelle de cette île soit devenue de plus en plus hasardeuse, au fil des semaines qui se sont écoulées depuis l'évacuation de notre armée à Dunkerque, ainsi que notre très forte supériorité sur mer nous permettent de tourner, de plus en plus, notre regard et nos forces vers la Méditerranée et contre cet autre ennemi, qui, sans la moindre provocation, froidement et délibérément, a, par avidité et cupidité, poignardé la France dans le dos alors qu'elle agonisait, et qui s'avance maintenant contre nous en Afrique. La défection de la France a été, bien évidemment, profondément nuisible à nos positions dans ce que l'on appelle, assez bizarrement, le Moyen-Orient. [...]

Protégée par une force maritime écrasante, disposant de bases stratégiques inestimables et de vastes ressources financières, la France aurait pu demeurer un des grands belligérants dans cette lutte. Ce faisant, elle aurait préservé la continuité même de son existence, et l'Empire français aurait pu se porter au secours, avec l'Empire britannique, de l'indépendance et de l'intégrité de sa mère patrie. [...]

Que la France soit maintenant terrassée n'est pas le crime d'une grande et noble nation, mais celui de ceux qu'on appelle « les hommes de Vichy ». Nous éprouvons une profonde sympathie pour le peuple français. La vieille camaraderie qui nous lie à la France n'est pas morte. Elle reprend forme et vie avec le général de Gaulle et ses braves compagnons. Ces Français libres ont été condamnés à mort par Vichy, mais, aussi sûrement que le soleil se lèvera demain, le jour viendra où leurs noms seront honorés, où leurs noms seront gravés dans la pierre des villes et villages d'une France dont la totale liberté et la gloire ancestrale auront été restaurées au sein d'une Europe libérée. Mais cette certitude que j'ai quant au futur n'a aucune influence

the immediate problems which confront us in the Mediterranean and in Africa. [...]

A good many people have written to me to ask me to make on this occasion a fuller statement of our war aims, and of the kind of peace we wish to make after the war, than is contained in the very considerable declaration which was made early in the autumn. Since then we have made common cause with Norway, Holland and Belgium. We have recognized the Czech Government of Dr Benes, and we have told General de Gaulle that our success will carry with it the restoration of France. I do not think it would be wise at this moment, while the battle rages and the war is still perhaps only in its earlier stage, to embark upon elaborate speculations about the future shape which should be given to Europe or the new securities which must be arranged to spare mankind the miseries of a third World War. The ground is not new, it has been frequently traversed and explored, and many ideas are held about it in common by all good men, and all free men. But before we can undertake the task of rebuilding we have not only to be convinced ourselves, but we have to convince all other countries that the Nazi tyranny is going to be fully broken. The right to guide the course of world history is the noblest prize of victory. We are still toiling up the hill; we have not yet reached the crest-line of it; we cannot survey the landscape or even imagine what its condition will be when that longed-for morning comes. The task which lies before us immediately is at once more practical, more simple and more stern. I hope – indeed I pray – that we shall not be found unworthy of our victory if after toil and tribulation it is granted to us. For the rest, we have to gain the victory. That is our task.

immédiate sur les problèmes qui nous sont posés en Afrique et dans la Méditerranée. [...]

Bon nombre de personnes m'ont écrit pour me demander de profiter de l'occasion pour compléter l'exposé de nos objectifs de guerre et du type de paix que nous souhaitons, sujets déjà abordés lors de l'importante déclaration faite au début de l'automne. Depuis lors, nous avons fait cause commune avec la Norvège, la Hollande et la Belgique. Nous avons reconnu le gouvernement tchèque du docteur Benes, et nous avons assuré le général de Gaulle que notre victoire emportera avec elle la restauration de la France. Alors que la bataille fait rage et que la guerre n'en est peut-être qu'à sa phase initiale, je crois qu'il ne serait guère avisé de nous laisser aller à des spéculations élaborées sur la forme future qu'il nous faudra donner à l'Europe, ou sur les nouvelles mesures de sécurité qui devront être prises pour épargner à l'humanité les misères d'une Troisième Guerre mondiale. Ce terrain, loin d'être vierge, a été fréquemment parcouru et exploré, et tous les hommes de bonne volonté, et tous les hommes libres, partagent des idées sur le sujet. Mais avant d'entreprendre la tâche de la reconstruction, nous devons nous convaincre, et nous devons convaincre les autres pays, que la tyrannie nazie sera complètement éradiquée. Le droit d'orienter l'histoire du monde est la plus noble récompense de la victoire. Nous en sommes encore à peiner vers le sommet, nous n'avons toujours pas atteint la crête et ne pouvons pas apercevoir le paysage, ou même imaginer dans quelles conditions il sera quand se lèvera ce matin tant attendu. La tâche qui nous incombe pour l'instant est à la fois plus pratique, plus simple et plus austère. J'espère – je prie même – pour que nous ne soyons pas jugés indignes de la victoire, si, après le labeur et les tribulations, elle nous est accordée. Pour le reste, il nous faut remporter la victoire. C'est là notre mission.

There is, however, one direction in which we can see a little more clearly ahead. We have to think not only for ourselves but for the lasting security of the cause and principles for which we are fighting and of the long future of the British Commonwealth of Nations. [...]

Presently we learned that anxiety was also felt in the United States about the air and naval defence of their Atlantic seaboard, and President Roosevelt has recently made it clear that he would like to discuss with us, and with the Dominion of Canada and with Newfoundland, the development of American naval and air facilities in Newfoundland and the West Indies. [...] For our part, His Majesty's Government are entirely willing to accord defence facilities to the United States on a ninety-nine years leasehold basis, and we feel sure that our interests no less than theirs, and the interests of the Colonies themselves and of Canada and Newfoundland will be served thereby. These are important steps. Undoubtedly this process means that these two great organisations of the English-speaking democracies, the British Empire and the United States, will have to be somewhat mixed up together in some of their affairs for mutual and general advantage. For my own part, looking out upon the future, I do not view the process with any misgivings. I could not stop it if I wished; no one can stop it. Like the Mississippi, it just keeps rolling along. Let it roll. Let it roll on full flood, inexorable, irresistible, benignant, to broader lands and better days.

Cependant, il est une direction que nous voyons se dessiner un peu plus clairement. Nous ne devons pas penser uniquement à nous-mêmes, mais aussi à la sécurité durable des causes et des principes pour lesquels nous combattons, et à l'avenir à long terme de notre Commonwealth. [...]

Nous avons récemment appris que l'inquiétude commençait à poindre aux États-Unis concernant la défense navale et aérienne de leur côte atlantique, et qu'il y a peu de temps, le président Roosevelt avait clairement exprimé son désir de s'entretenir avec nous, avec le *Dominion* du Canada et avec Terre-Neuve sur le développement des installations navales et aériennes américaines à Terre-Neuve et aux Antilles. [...] En ce qui nous concerne, le gouvernement de Sa Majesté est entièrement disposé à accorder ces infrastructures de défense aux États-Unis sur la base d'un bail de 99 ans, et nous sommes convaincus que leurs intérêts comme les nôtres, les intérêts du Canada et de Terre-Neuve comme ceux des colonies elles-mêmes, seront servis par ces mesures. C'est une étape importante. Il ne fait aucun doute que ce processus implique que ces deux ensembles démocratiques de langue anglaise que sont l'Empire britannique et les États-Unis auront à se lier dans certains domaines, pour leur avantage mutuel, et au bénéfice de l'intérêt général. Pour ma part, lorsque j'envisage l'avenir, je ne vois à ce processus aucun inconvénient. Je ne pourrais pas y mettre un terme, même si je le souhaitais. Nul ne le peut. Comme le Mississippi, il suit son cours, de lui-même. Laissons-le s'écouler. Laissons-le nous emporter de ses flots puissants, inexorables, irrésistibles et bienfaisants, vers des contrées plus vastes et des jours meilleurs.

10

21 OCTOBRE 1940

Lorsqu'il prend la parole à la BBC le 21 octobre 1940, Winston Churchill sait que la bataille d'Angleterre est gagnée. Bien sûr, depuis le tout début du mois de septembre, le Blitz se déchaîne[1]. Sans cesse[2], les bombardiers allemands effectuent des raids meurtriers sur les principales villes de Grande-Bretagne. Bristol, Liverpool, Londres, dont aucun quartier n'est épargné, Manchester, mais aussi Cambridge, Canterbury, Oxford et bientôt Coventry[3] subissent les foudres nazies. Mais jour après jour, nuit après nuit, la Luftwaffe se fait étriller par les pilotes de la RAF. Surtout, Churchill a compris que cette stratégie de la terreur ne parviendrait pas à entamer la détermination britannique, bien

1. Hitler a fort heureusement commis une terrible erreur : alors que la RAF commençait à fléchir, il a renoncé à sa tactique – pourtant payante – de ne frapper que des objectifs militaires pour s'en prendre aux grandes villes britanniques.

2. Mais bientôt seulement la nuit tant les pertes sont lourdes.

3. Le 14 novembre 1940, en représailles d'un raid de la RAF sur Munich, la ville de Coventry fut quasiment anéantie par les bombes allemandes.

au contraire[1]. Plus encore, il peut raisonnablement espérer que d'ajournement en ajournement, l'opération « Seelöwe » sera finalement abandonnée par Hitler[2]. Si, contrairement à ses souhaits répétés, le temps de l'offensive n'est pas encore venu, la situation n'a plus rien à voir avec ce qu'elle était quelques semaines plus tôt.

C'est donc en leader du monde libre, solide et sûr de sa force, qu'il s'assied devant le micro ce 21 octobre. Son propos s'adresse d'abord au peuple et au gouvernement français. Mais il est également destiné à toutes celles et ceux qui, en Europe occupée, parviennent à capter les émissions britanniques et commencent à relever la tête. En vieux francophile, Churchill rappelle à ses auditeurs que nul, de ce côté-ci de la Manche, n'oublie les liens ancestraux qui unissent la Grande-Bretagne à la France. Après avoir souligné que les entreprises nazies, soi-disant irrésistibles, ont connu un échec cinglant dans le ciel d'Angleterre et rappelé que rien ne rassasiera jamais les « bandits nazis », il tente de mobiliser les Français contre les pillages et les mauvais traitements dont ils sont victimes. Il les exhorte à réagir ou, au moins, à ne pas faire obstacle aux Britanniques. Car ceux-ci, avec l'aide de leur Empire et celle des États-Unis – clairement cités – sont décidés à vaincre, et vaincront.

Il est permis de penser que, plus encore qu'à une résistance tout juste embryonnaire dont le Premier Ministre

---

1. Curieusement, le Premier Ministre britannique commettra la même erreur que le maître du IIIe Reich en ordonnant des bombardements massifs sur les villes allemandes, bombardements dont il escomptait, à tort, qu'ils entament la capacité et la volonté de résistance des populations du Reich.

2. Le 17 septembre 1940, le Führer n'a cependant parlé que d'un *report* au printemps 1941.

britannique ne sait à peu près rien, et par-delà les populations qui se remettent à peine de la débâcle et s'organisent pour survivre, ces propos s'adressent au gouvernement de Vichy. Malgré l'armistice conclu au mépris des accords signés par la France et la Grande-Bretagne, malgré Mers El-Kébir et malgré Dakar[1], malgré le soutien clairement apporté au général de Gaulle et à la France libre naissante durant l'été 1940, Churchill ne désespère pas de trouver un compromis avec Vichy ou, au moins, de le détourner de toute idée de collaboration active. La poignée de main de Montoire[2], le discours prononcé par le chef de l'État français le 30 octobre[3] et l'échec au cours de l'automne des dernières tentatives de négociations secrètes seront autant de fins de non-recevoir.

1. Du 23 au 25 septembre 1940, une expédition navale britannique et française libre échoua devant Dakar à faire basculer l'Afrique Occidentale française dans le camp allié.

2. Le 24 octobre 1940, dans la petite ville de Montoire (Loir-et-Cher), le maréchal Pétain rencontra Hitler de retour d'une rencontre avec le général Franco à Hendaye.

3. « [...] C'est librement et dans l'honneur [...], dans le cadre du nouvel ordre européen que j'entre aujourd'hui dans la voie de la collaboration. [...] ».

"DIEU PROTÈGE LA FRANCE"

21 October 1940, Broadcast (BBC), London

Frenchmen! For more than thirty years in peace and war I have marched with you, and I am marching still along the same road. Tonight I speak to you at your firesides wherever you may be, or whatever your fortunes are: I repeat the prayer around the *louis d'or, "Dieu protège la France.* Here at home in England, under the fire of the Boche, we do not forget the ties and links that unite us to France, and we are persevering steadfastly and in good heart in the cause of European freedom and fair dealing for the common people of all countries, for which, with you, we drew the sword. When good people get into trouble because they are attacked and heavily smitten by the vile and wicked, they must be very careful not to get at loggerheads with one another. The common enemy is always trying to bring this about, and, of course, in bad luck a lot of things happen which play into the enemy's hands. We must just make the best of things as they come along.

Here in London, which Herr Hitler says he will reduce to ashes, and which his aeroplanes are now bombarding, our people are bearing up unflinchingly.

« DIEU PROTÈGE LA FRANCE »

21 octobre 1940, radiodiffusé (BBC), Londres

Français ! Pendant plus de trente années, dans la paix comme dans la guerre, j'ai marché à vos côtés, et je continue à marcher sur la même route. Ce soir, dans vos foyers, je vous parle, où que vous soyez et quel que soit votre sort : je répète la prière qui entourait le *louis d'or « Dieu protège la France »*. Ici, chez nous, en Angleterre, sous le feu du Boche, nous n'oublions pas les liens et les attaches qui nous unissent à la France et nous continuons à lutter de pied ferme et de tout notre coeur pour que la liberté soit rétablie en Europe, pour que les peuples de tous les pays soient traités avec justice, en un mot pour la cause de laquelle nous avons avec vous tiré l'épée. Quand des honnêtes gens se trouvent malmenés parce qu'ils sont attaqués et rudement frappés par des coquins et des méchants, ils doivent par-dessus tout veiller à ne pas se quereller entre eux. C'est ce que l'ennemi commun tente toujours de provoquer et, bien évidemment, quand la malchance s'en mêle, nombre d'événements font son jeu. À nous de tirer le meilleur des événements à mesure qu'ils se présentent.

Ici à Londres, dans cette ville que Herr Hitler prétend réduire en cendres et que ses avions bombardent en ce moment même, notre peuple tient le coup, sans broncher.

Our Air Force has more than held its own. We are waiting for the long-promised invasion. So are the fishes. But, of course, this for us is only the beginning. Now in 1940, in spite of occasional losses, we have, as ever, command of the seas. In 1941 we shall have the command of the air. Remember what that means. Herr Hitler with his tanks and other mechanical weapons, and also by Fifth Column intrigue with traitors, has managed to subjugate for the time being most of the finest races in Europe, and his little Italian accomplice is trotting along hopefully and hungrily, but rather wearily and very timidly, at his side. They both wish to carve up France and her Empire as if it were a fowl; to one a leg, to another a wing or perhaps part of the breast. Not only the French Empire will be devoured by these two ugly customers, but Alsace-Lorraine will go once again under the German yoke, and Nice, Savoy and Corsica – Napoleon's Corsica – will be torn from the fair realm of France. But Herr Hitler is not thinking only of stealing other people's territories, or flinging gobbets of them to his little confederate. I tell you truly what you must believe when I say this evil man, this monstrous abortion of hatred and defeat, is resolved on nothing less than the complete wiping out of the French nation, and the disintegration of its whole life and future. By all kinds of sly and savage means, he is plotting and working to quench for ever the fountain of characteristic French culture and of French inspiration to the world. All Europe, if he has his way, will be reduced to one uniform Boche-land, to be exploited, pillaged, and bullied by his Nazi gangsters. You will excuse my speaking frankly because this is not a

Notre aviation a fait mieux que simplement tenir son rang. Nous attendons toujours l'invasion promise de longue date. Les poissons aussi. Mais bien sûr, cela n'est pour nous que le commencement. Aujourd'hui, en 1940, malgré des pertes occasionnelles, nous avons, comme toujours, la maîtrise des mers. En 1941, nous aurons celle des airs. N'oubliez pas ce que cela signifie. Avec ses chars d'assaut et autres armes mécanisées, mais aussi grâce aux intrigues ourdies par la Cinquième colonne avec les traîtres, Herr Hitler est parvenu à asservir, pour le moment, la plupart des meilleures des races d'Europe, et son petit complice italien trottine à ses côtés, plein d'espoir et d'avidité, quoiqu'assez las et très timide. Ils aimeraient tous deux découper la France et son empire comme une volaille : pour l'un une cuisse, pour l'autre une aile, ou peut-être une partie du blanc. Non seulement l'Empire français sera dévoré par ces vilains gloutons, mais l'Alsace-Lorraine va repasser une fois encore sous le joug allemand, et Nice, la Savoie et la Corse – la Corse de Napoléon – seront arrachées au beau domaine de France. Mais Herr Hitler ne songe pas seulement à voler les territoires des autres peuples, ou à jeter les reliefs de son repas à son petit allié. Je vous dis la vérité et vous devez me croire : cet homme de malheur, ce monstrueux avorton de la haine et de la défaite, n'est résolu à rien moins qu'à l'anéantissement complet de la nation française, qu'à la désintégration totale de sa vie même et de son avenir. Par toutes sortes de moyens sournois et féroces, il complote et s'emploie à assécher à jamais les sources de la culture si raffinée de la France et de l'inspiration que celle-ci ne laisse pas d'être pour le monde. Toute l'Europe, s'il parvient à ses fins, sera transformée en une Bochie uniforme, destinée à être exploitée, pillée et maltraitée par ses bandits nazis. Vous m'excuserez de parler de manière si franche, mais ce n'est

time to mince words. It is not defeat that France will now be made to suffer at German hands, but the doom of complete obliteration. Army, Navy, Air Force, religion, law, language, culture, institutions, literature, history, tradition – all are to be effaced by the brute strength of a triumphant Army and the scientific low cunning of a ruthless Police Force.

Frenchmen – rearm your spirits before it is too late. Remember how Napoleon said before one of his battles: "These same Prussians who are so boastful today were three to one at Jena, and six to one at Montmirail." Never will I believe that the soul of France is dead. Never will I believe that her place amongst the greatest nations of the world has been lost for ever! All these schemes and crimes of Herr Hitler's are bringing upon him and upon all who belong to his system a retribution which many of us will live to see. The story is not yet finished, but it will not be so long. We are on his track, and so are our friends across the Atlantic Ocean, and your friends across the Atlantic Ocean. If he cannot destroy us, we will surely destroy him and all his gang, and all their works. Therefore, have hope and faith, for all will come right.

Now, what is it we British ask of you in this present hard and bitter time? What we ask at this moment in our struggle to win the victory which we will share with you, is that if you cannot help us, at least you will not hinder us. Presently you will be able to weight the arm that strikes for you, and you ought to do so. But even now we believe that Frenchmen, wherever they may be, feel their hearts warm and a proud blood tingle in their veins when we have

pas le moment de mâcher ses mots. Ce ne sont plus seulement les conséquences de la défaite que la France subira des mains des Allemands, mais un destin d'anéantissement total. L'armée, la marine, l'aviation, la religion, le droit, la langue, la culture, les institutions, la littérature, l'histoire et les traditions – tout est voué à être détruit par la force brutale d'une armée triomphante et par la ruse scientifique et abjecte d'une police impitoyable.

Français, reprenez vos esprits avant qu'il ne soit trop tard ! Souvenez-vous de ce que Napoléon a dit avant une de ses batailles : « Ces mêmes Prussiens qui sont aujourd'hui si vantards étaient à trois contre un à Iéna, et à six contre un à Montmirail. » Jamais je ne croirai que l'âme de la France est morte. Jamais je ne croirai qu'elle a perdu pour toujours sa place parmi les plus grandes nations du monde. Tous les complots et tous les crimes de Herr Hitler attirent sur sa tête et sur celle de tous ceux qui participent à son régime, un châtiment que beaucoup parmi nous verront de leur vivant. L'histoire n'est pas encore finie, mais elle ne sera pas si longue. Nous le traquons, comme le font nos amis de l'autre côté de l'Atlantique, et vos amis de l'autre côté de l'Atlantique. S'il ne peut pas nous détruire, nous sommes sûrs de les détruire, lui et sa bande, ainsi que toute leur œuvre. Aussi ayez confiance, et gardez espoir : tout rentrera dans l'ordre.

Maintenant, nous autres Britanniques, que pouvons-nous vous demander en ces temps de dureté et d'amertume ? Ce que nous demandons, à ce moment de notre lutte pour cette victoire que vous partagerez avec nous, c'est qu'au moins, si vous ne pouvez pas nous aider, que vous ne nous fassiez pas obstacle. Bientôt, vous serez en mesure de renforcer le bras qui frappe pour vous, et vous n'y manquerez pas. Mais même maintenant, nous sommes sûrs que les Français, où qu'ils soient, sentent leur cœur se réchauffer et un sang fier bondir dans leurs veines, à chaque fois que nous remportons

some success in the air or on the sea, or presently – for that will come – upon the land.

Remember we shall never stop, never weary, and never give in, and that our whole people and Empire have vowed themselves to the task of cleansing Europe from the Nazi pestilence and saving the world from the new Dark Ages. Do not imagine, as the German-controlled wireless tells you, that we English seek to take your ships and colonies. We seek to beat the life and soul out of Hitler and Hitlerism. That alone, that all the time, that to the end. We do not covet anything from any nation except their respect. Those French who are in the French Empire, and those who are in so-called unoccupied France, may see their way from time to time to useful action. I will not go into details. Hostile ears are listening. As for those to whom English hearts go out in full, because they see them under the sharp discipline, oppression, and spying of the Hun – as to those Frenchmen in the occupied regions – to them I say, when they think of the future let them remember the words which Thiers, that great Frenchman, uttered after 1870 about the future of France and what was to come: "Think of it always: speak of it never."

Good night, then: sleep to gather strength for the morning. For the morning will come. Brightly will it shine on the brave and true, kindly upon all who suffer for the cause, glorious upon the tombs of heroes. Thus will shine the dawn. *Vive la France!*

un succès dans les airs, sur les mers et bientôt – car cela viendra – sur terre.

N'oubliez pas que nous ne nous arrêterons jamais, que nous ne nous lasserons jamais, que nous ne renoncerons jamais, et que notre peuple tout entier et notre Empire ont juré de nettoyer l'Europe de la pestilence nazie, et de sauver le monde d'un nouvel âge sombre. Ne vous imaginez pas, comme vous le dit la radio sous contrôle allemand, que nous autres Anglais cherchons à mettre la main sur vos bateaux et sur vos colonies. Nous cherchons à anéantir, corps et âme, Hitler et l'hitlérisme. Cela seulement, cela depuis toujours et cela jusqu'à la fin. Nous ne convoitons rien d'autres des nations que leur respect. Ces Français habitant dans l'Empire, et ceux de la zone prétendument non occupée, pourront sans doute trouver de temps à autre l'occasion d'agir utilement. Je ne rentrerai pas dans les détails. Des oreilles ennemies nous écoutent. Aux autres, vers qui l'affection anglaise se porte d'un seul mouvement, parce qu'ils vivent sous la dure discipline, l'oppression et l'espionnage du Hun, à ces Français des régions occupées, je dis : quand vous songez à l'avenir, rappelez-vous ces mots que Thiers, ce grand Français, prononça après 1870 au sujet de l'avenir de la France et de ce qui allait se produire : « Y penser toujours. N'en parler jamais[1]. »

Et maintenant, bonne nuit. Dormez pour refaire vos forces en prévision de l'aube. Car l'aube viendra. Elle se lèvera, éblouissante pour les braves et pour les fidèles, douce pour tous ceux qui auront souffert au service de la cause, glorieuse sur les tombes des héros. Ainsi brillera l'aube. *Vive la France !*

---

1. Churchill attribue à Thiers les mots dits par Gambetta au sujet de l'Alsace-Lorraine. (NdT)

11

9 FÉVRIER 1941

Après cinq mois de silence, Winston Churchill s'adresse par radio au peuple et à l'Empire britanniques. Depuis son dernier discours au micro de la BBC, la situation a substantiellement – et favorablement – évolué dans plusieurs domaines. Les bombardements des villes britanniques se poursuivent. Mais le pire est passé. Malgré des pertes terribles[1], les voies maritimes d'approvisionnement, qui demeurent vitales pour la Grande-Bretagne, ne sont pas coupées. L'industrie britannique tourne à plein régime, presque tout entière consacrée au service de la guerre. Sur le champ de bataille, le sort des armes n'est plus exclusivement favorable aux forces de l'Axe. Le 28 octobre 1940, Mussolini a lancé ses troupes contre la Grèce. Mais celle-ci a fait mieux que résister : le 9 novembre, l'ordre de retraite a été donné par le commandement italien ; à partir du 17 novembre, les troupes du Duce ont commencé à refluer vers l'Albanie.

Par ailleurs, après avoir conquis la Somalie britannique durant l'été 1940, les Italiens du maréchal Graziani se sont lancés à l'assaut de l'Égypte le 13 septembre. D'abord

1. En 1941, quelque 2,5 millions de tonnes seront envoyées par le fond.

couronnée de succès, leur offensive a rapidement tourné au fiasco. En Méditerranée, la flotte italienne n'est pas parvenue à s'opposer aux entreprises de la Royal Navy[1]. Surtout, le 9 décembre 1940, le général Wavell a lancé une offensive en Libye. Après Tobrouk, le port de Benghazi est tombé le 7 février. En deux mois, les Britanniques ont avancé de 850 kilomètres, détruit près de 400 chars et 850 canons, capturé quelque 130 000 hommes et 6 000 véhicules de toutes sortes. En outre, depuis le 19 janvier, des forces britanniques et françaises libres ont lancé une offensive victorieuse contre les Italiens en Érythrée.

Enfin, Winston Churchill a su profiter de la réélection de Franklin D. Roosevelt pour provoquer un infléchissement de la politique étrangère américaine. Réélu pour la deuxième fois le 4 novembre 1940, Roosevelt s'en est trouvé plus libre de brusquer l'isolationnisme de ses compatriotes. Lettre après lettre, Churchill n'a cessé de l'adjurer d'accroître l'aide que son pays apportait à la Grande-Bretagne. Dans le même temps, il a multiplié les efforts de propagande en direction des États-Unis. En ce début de mois de février 1941, le Premier Ministre a de bonnes raisons de penser que ses efforts ont payé : au mois de décembre précédent, le président américain a plusieurs fois exprimé publiquement sa conviction que, s'ils veulent préserver leur neutralité, les USA ont intérêt à soutenir davantage les pays qui résistent

1. Convoi après convoi, des renforts sont acheminés vers l'Égypte afin d'y former une armée susceptible de contre attaquer en Libye, voire d'opérer au Moyen-Orient. Le 28 mars 1941, la bataille navale du cap Matapan ruinera les derniers espoirs italiens.

à l'Axe ; en outre, Churchill sait que le projet de loi « prêt-bail » est en préparation à Washington[1].

Aussi le Premier Ministre britannique peut-il envisager l'avenir avec confiance, et ses compatriotes avec lui. C'est en tout cas ce qu'il s'efforce de leur expliquer le 9 février dans un discours flamboyant qui connaîtra un retentissement considérable. La Grande-Bretagne a tenu bon au fort du désastre du printemps 1940, leur rappelle-t-il. Unie tout entière et adossée à son Empire, elle a gagné la bataille du ciel et résisté au Blitz. En Afrique du Nord et en Afrique orientale, ses armées vont de succès en succès. Surtout, souligne-t-il, des signaux très favorables arrivent d'outre-Atlantique. Bien sûr, la guerre n'est pas finie, loin de là. Plus que jamais convaincu que le Reich tournera ses appétits vers l'est et vers le sud-est, Churchill lui prédit d'inévitables succès. Mais, conclut-il, avec l'appui américain, la Grande-Bretagne et son Empire feront mieux que résister. Ils repousseront l'ennemi nazi puis le traqueront sans relâche, toujours et partout, jusqu'à la victoire finale. Soucieux de tout faire pour s'attirer les bonnes grâces de Roosevelt, Churchill prend la peine de citer, à la fin de son discours, les vers du poète Longfellow que le président des États-Unis vient de lui adresser dans une lettre. Une sorte d'ultime perche tendue publiquement…

1. Signée le 11 mars 1941, la loi « *Lend-Lease* » (« prêt-bail ») autorisera le Président des États-Unis à « vendre, céder, échanger, louer, ou doter par d'autres moyens » tout matériel de défense à tout gouvernement « dont le Président estime[ra] la défense vitale à la défense des États-Unis ».

"GIVE US THE TOOLS"

9 February 1941, Broadcast (BBC), London

Five months have passed since I spoke to the British nation and the Empire on the broadcast. In wartime there is a lot to be said for the motto: "Deeds, not words." All the same, it is a good thing to look around from time to time and take stock, and certainly our affairs have prospered in several directions during these last four or five months, far better than most of us would have ventured to hope.

We stood our ground and faced the two Dictators in the hour of what seemed their overwhelming triumph, and we have shown ourselves capable, so far, of standing up against them alone. After the heavy defeats of the German Air Force by our fighters in August and September, Herr Hitler did not dare attempt the invasion of this Island, although he had every need to do so and although he had made vast preparations. Baffled in this mighty project, he sought to break the spirit of the British nation by the bombing, first of London, and afterwards of our great cities. It has now been proved, to the admiration of the world, and of our friends in the United States, that this form of blackmail by murder and terrorism, so far from weakening the spirit of the British nation,

« DONNEZ-NOUS LES OUTILS »

9 février 1941, radiodiffusé (BBC), Londres

Cinq mois se sont écoulés depuis que je me suis adressé par radio à la Nation britannique et à l'Empire. En temps de guerre, on ne saurait trop s'inspirer de l'adage : « Des actes plutôt que des paroles ». Quoi qu'il en soit, il est bon d'accomplir de temps à autre un tour d'horizon, de faire le point. Sans aucun doute, nos affaires se sont arrangées à bien des égards au cours de ces quatre ou cinq derniers mois, bien plus d'ailleurs que ce que la plupart d'entre nous se seraient risqué à espérer.

Nous avons maintenu nos positions et tenu tête aux deux dictateurs, à l'heure même de ce qui paraissait leur triomphe irrésistible, et nous nous sommes montrés capables, jusqu'à présent, de leur résister seuls. Après les lourdes défaites infligées par nos chasseurs à l'aviation allemande en août et septembre, Herr Hitler n'a pas osé tenter une invasion de cette Île, quoique la nécessité l'en pressât et qu'il eût entrepris à cette fin de vastes préparatifs. Frustré de ce gigantesque projet, il a tenté de briser le moral de la nation britannique en bombardant d'abord Londres, puis nos grandes villes. Il est désormais prouvé, à l'admiration du monde et de nos amis américains, que cette forme de chantage au meurtre et au terrorisme, loin d'affaiblir le moral de la nation britannique,

has only roused it to a more intense and universal flame than was ever seen before in any modern community.

The whole British Empire has been proud of the Mother Country, and they long to be with us over here in even larger numbers. We have been deeply conscious of the love for us which has flowed from the Dominions of the Crown across the broad ocean spaces. *There* is the first of our war aims: to be worthy of that love, and to preserve it.

All through these dark winter months the enemy has had the power to drop three or four tons of bombs upon us for every ton we could send to Germany in return. We are arranging so that presently this will be rather the other way round; but meanwhile, London and our big cities have had to stand their pounding. They remind me of the British squares at Waterloo. They are not squares of soldiers; they do not wear scarlet coats. They are just ordinary English, Scottish and Welsh folk – men, women and children – standing steadfastly together. But their spirit is the same, their glory is the same; and, in the end, their victory will be greater than far-famed Waterloo.

All honour to the Civil Defence Services of all kinds – emergency and regular, volunteer and professional – who have helped our people through this formidable ordeal, the like of which no civilized community has ever been called upon to undergo. If I mention only one of these services here, namely the Police, it is because many tributes have been paid already to the others. But the Police have been in it everywhere, all the time, and, as a working woman wrote to me: "What gentlemen they are!"

l'a au contraire renforcé, jusqu'à faire jaillir la flamme la plus intense et la plus universelle que l'on ait jamais vue dans une communauté du monde moderne.

L'Empire britannique tout entier est fier de la Mère Patrie, et ses citoyens n'ont qu'un seul désir, celui de nous rejoindre ici toujours plus nombreux. À travers les mers et les océans, nous avons senti venir jusqu'à nous le puissant flot de l'amour des *Dominions* de la Couronne. *Là* est le premier de nos buts de guerre : être digne de cet amour et le conserver.

Au cours de ces sombres mois d'hiver, l'ennemi est parvenu à déverser sur nous trois ou quatre tonnes de bombes pour chaque tonne que nous larguions en retour sur l'Allemagne. Nous faisons tout pour que les rôles soient plutôt inversés ; mais en attendant, Londres et nos grandes villes continuent de subir le déluge de ces bombes. Leurs habitants me rappellent les carrés britanniques à Waterloo. Ils ne sont pas soldats ; ils ne portent pas la tunique rouge. Ce sont des Anglais, des Écossais et des Gallois ordinaires – des hommes, des femmes et des enfants – qui tiennent en se serrant les coudes. Mais leur esprit est le même, leur gloire est la même ; et à la fin, leur victoire sera plus grande encore que celle, si célèbre, de Waterloo.

Rendons honneur aux services en tout genre de la Défense civile – services d'urgence ou services réguliers, volontaires ou professionnels – qui ont secouru notre peuple dans cette épreuve plus formidable encore que toutes celles subies jusqu'à ce jour par une société civilisée. Si je ne mentionne ici, ce soir, qu'un seul de ces services, celui de la Police, c'est parce que de nombreux hommages ont déjà été rendus aux autres. Mais nos agents de police ont été partout et tout le temps sur la brèche, et comme me l'a écrit une ouvrière : « Quels gentlemen ! »

More than two-thirds of the winter has now gone, and so far we have had no serious epidemic; indeed, there is no increase of illness in spite of the improvised conditions of the shelters. [...]

There is another thing which surprised me when I asked about it. In spite of all these new wartime offences and prosecutions of all kinds; in spite of all the opportunities for looting and disorder, there has been less crime this winter and there are now fewer prisoners in our gaols than in the years of peace.

[...]

So, if our first victory was the repulse of the invader, our second was the frustration of his acts of terror and torture against our people at home.

[...]

It is just exactly two months ago, to a day, that I was waiting anxiously, but also eagerly, for the news of the great counter-stroke which had been planned against the Italian invaders of Egypt. The secret had been well kept. The preparations had been well made. But to leap across those seventy miles of desert, and attack an army of ten or eleven divisions, equipped with all the appliances of modern war, who had been fortifying themselves for three months, that was a most hazardous adventure.

When the brilliant decisive victory at Sidi Barrani, with its tens of thousands of prisoners, proved that we had quality, manœuvring power and weapons superior to the enemy, who had boasted so much of his virility and his military virtues, it was evident that all the other Italian forces in Eastern Libya were in great danger. They could not easily beat a retreat along the coastal road without running the risk of being caught in the open by our armoured divisions and brigades

Plus des deux tiers de l'hiver se sont maintenant écoulés, et nous n'avons connu pour l'heure aucune épidémie sérieuse. De fait, en dépit des conditions précaires de nos abris improvisés, le nombre des malades n'a pas augmenté. [...]

Il est une autre chose qui m'a surpris quand on m'en a parlé. Malgré l'allongement, du fait de la guerre, de la liste des délits répréhensibles, malgré toutes les possibilités de pillage et de désordre, le nombre d'infractions et de crimes commis cet hiver a diminué, et nous avons dans nos prisons moins de détenus qu'en temps de paix.

[...]

Ainsi, si notre première victoire a été de repousser l'envahisseur, la seconde a été de déjouer son entreprise de terreur et de torture contre notre peuple chez lui.

[...]

Il y a tout juste deux mois, à un jour près, j'attendais avec anxiété, mais aussi avec impatience, les premières nouvelles de la puissante contre-offensive qui avait été préparée contre les envahisseurs italiens de l'Égypte. Le secret en avait été bien gardé, et les préparatifs bien menés. Pourtant, franchir d'un bond ces cent kilomètres de désert, et attaquer une armée de dix ou onze divisions dotées de tous les équipements de la guerre moderne et qui avaient pu se renforcer au cours des trois mois précédents, c'était une aventure des plus périlleuses.

Lorsque la victoire éclatante et décisive de Sidi Barrani, avec ses dizaines de milliers de prisonniers, eut prouvé que notre qualité, notre capacité de manœuvre et nos armements étaient supérieurs à ceux de l'ennemi – qui s'était tellement vanté de sa virilité et de ses vertus martiales –, il devint évident que le restant des forces italiennes stationnées en Libye orientale couraient un grand danger. Il leur était difficile de battre en retraite le long de la route côtière sans prendre le risque d'être surprises à découvert par nos divisions et brigades

ranging far out into the desert in tremendous swoops and scoops. They had to expose themselves to being attacked piecemeal.

General Wavell – nay, all our leaders, and all their lithe, active, ardent men, British, Australian, Indian, in the Imperial Army, saw their opportunity. At that time I ventured to draw General Wavell's attention to the seventh chapter of the Gospel of St Matthew, at the seventh verse, where, as you all know – or ought to know – it is written: "Ask, and it shall be given; seek, and ye shall find; knock, and it shall be opened unto you." The Army of the Nile has asked, and it was given; they sought, and they have found; they knocked, and it has been opened unto them. In barely eight weeks, by a campaign which will long be studied as a model of the military art. [...] The entire province of Cyrenaica – nearly as big as England and Wales – has been conquered. [...]

Egypt and the Suez Canal are safe, and the port, the base and the airfields of Benghazi constitute a strategic point of high consequence to the whole of the war in the Eastern Mediterranean.

[...]

The events in Libya are only part of the story: they are only part of the story of the decline and fall of the Italian Empire, that will not take a future Gibbon so long to write as the original work. Fifteen hundred miles away to the southward a strong British and Indian army, having driven the invaders out of the Sudan, is marching steadily forward through the

blindées qui se déployaient au loin dans le désert en lançant de gigantesques coups de filet et de puissantes attaques. Ces forces italiennes n'eurent pas d'autre choix que de se diviser, prenant le risque de se faire attaquer en groupes dispersés.

Le général Wavell – pas seulement lui d'ailleurs, mais tous nos chefs, et tous leurs hommes habiles, entreprenants et fougueux, britanniques, australiens, indiens, soldats de l'armée impériale – y virent une chance à saisir. À ce moment-là, je pris la liberté d'attirer l'attention du général Wavell sur le septième chapitre de l'Évangile de Matthieu, septième verset, où il est écrit comme vous le savez tous – ou comme vous devriez tous le savoir – : « Demandez, et vous recevrez ; cherchez et vous trouverez : frappez, et l'on vous ouvrira. » L'armée du Nil a demandé, et elle a reçu ; elle a cherché, et elle a trouvé ; elle a frappé, et on lui a ouvert. En à peine huit semaines, au terme d'une campagne qui sera longtemps étudiée comme un modèle d'art militaire [...], toute la province de Cyrénaïque, un territoire presque aussi étendu que l'Angleterre et le pays de Galles réunis, a été conquise. [...]

L'Égypte et le canal de Suez ne sont plus menacés, et le port, la base et les aérodromes de Benghazi constituent un atout stratégique de la plus haute importance, pour tout l'ensemble de la guerre en Méditerranée orientale.

[...]

Les événements de Libye ne sont qu'un chapitre de l'histoire du déclin et de la chute de l'Empire italien, qui certes ne sera pas aussi longue à écrire, pour le futur Gibbon[1], que l'œuvre originale. À quelque deux mille kilomètres au sud, une puissante armée britannique et indienne, après avoir chassé les envahisseurs du Soudan, s'avance d'un pas ferme

1. Edward Gibbon (1737-1794), historien britannique dont l'œuvre la plus connue est l'*Histoire de la décadence et de la chute de l'empire romain.*

Italian colony of Eritrea, thus seeking to complete the isolation of all the Italian troops in Abyssinia. Other British forces are entering Abyssinia from the west. [...]

Distinguished Americans have come over to see things here at the front, and to find out how the United States can help us best and soonest. In Mr. Hopkins, who has been my frequent companion during the last three weeks, we have the Envoy of the President, a President who has been newly re-elected to his august office. In Mr. Wendell Willkie we have welcomed the champion of the great Republican Party. We may be sure that they will both tell the truth about what they have seen over here, and more than that we do not ask. The rest we leave with good confidence to the judgement of the President, the Congress and the people of the United States.

[...]

But after all, the fate of this war is going to be settled by what happens on the oceans, in the air, and – above all – in this island. It seems now to be certain that the Government and people of the United States intend to supply us with all that is necessary for victory. In the last war the United States sent two million men across the Atlantic. But this is not a war of vast armies, firing immense masses of shells at one another. We do not need the gallant armies which are forming throughout the American Union. We do not need them this year, nor next year; nor any year that I can foresee. But we do need most urgently an immense and continuous supply of war materials and technical apparatus of all kinds.

à travers la colonie italienne d'Érythrée, afin d'isoler définitivement l'ensemble des troupes italiennes d'Abyssinie. [...]

D'éminents Américains ont traversé l'Atlantique pour se rendre ici, sur le front, et pour trouver par eux-mêmes la manière dont les États-Unis pourraient au mieux, et dans les plus brefs délais, nous venir en aide. En M. Hopkins, qui pendant ces trois dernières semaines a été fréquemment à mes côtés, nous avons l'envoyé du Président, un Président qui vient d'être réélu dans ses augustes fonctions. En M. Wendell Wilkie, nous avons accueilli le champion du grand parti républicain[1]. Nous pouvons être assurés que tous deux diront la vérité sur ce qu'ils ont vu ici, et nous n'en demandons pas davantage. Le reste, nous l'abandonnons avec confiance au jugement du Président, du Congrès et du peuple des États-Unis.

[...]

Toutefois, en fin de compte, le sort de cette guerre sera réglé par ce qui arrivera sur les océans et dans les airs, et plus encore, de ce qui arrivera dans cette île. Il semble maintenant certain que le Gouvernement et le peuple des États-Unis ont l'intention de nous fournir tout ce qui sera nécessaire à la victoire ; au cours de la dernière guerre, les États-Unis ont envoyé deux millions d'hommes au-delà de l'Atlantique. Mais cette guerre-ci n'est pas une guerre où de vastes armées combattent à coups de gigantesques canonnades de part et d'autre du front. Nous n'avons pas besoin des vaillantes armées qui se forment partout aux États-Unis. Nous n'en avons besoin ni cette année, ni la suivante ni aucune de celles à propos desquelles je peux établir des prévisions. Mais nous avons un besoin extrêmement urgent de recevoir en quantités massives et de manière ininterrompue du matériel de guerre et des appareillages techniques de toutes sortes.

1. Wendell Wilkie (1892-1944), candidat républicain battu par FDR à l'élection présidentielle de novembre 1940.

We need them here and we need to bring them here. We shall need a great mass of shipping in 1942, far more than we can build ourselves, if we are to maintain and augment our war effort in the West and in the East.

[...]

In order to win the war Hitler must destroy Great Britain. He may carry havoc into the Balkan States; he may tear great provinces out of Russia; he may march to the Caspian; he may march to the gates of India. All this will avail him nothing. It may spread his curse more widely throughout Europe and Asia, but it will not avert his doom. With every month that passes the many proud and once happy countries he is now holding down by brute force and vile intrigue are learning to hate the Prussian yoke and the Nazi name as nothing has ever been hated so fiercely and so widely among men before. And all the time, masters of the sea and air, the British Empire – nay, in a certain sense, the whole English-speaking world – will be on his track, bearing with them the swords of justice.

The other day, President Roosevelt gave his opponent in the late Presidential Election a letter of introduction to me, and in it he wrote out a verse, in his own handwriting, from Longfellow, which he said, "applies to you people as it does to us". Here is the verse:

> *... Sail on, O Ship of State!*
> *Sail on, O Union, strong and great!*

Il nous les faut ici, et il faut que nous les transportions jusqu'à nous. Si nous voulons maintenir et accroître notre effort de guerre à l'Ouest et à l'Est, nous aurons besoin d'un grand nombre de navires de transports en 1942, bien davantage que ce que nous pourrons produire nous-mêmes.

[…]

Pour gagner la guerre, Hitler doit détruire la Grande-Bretagne. Il peut bien ravager les États balkaniques ; il peut bien arracher à la Russie de vastes provinces ; il peut bien avancer jusqu'à la mer Caspienne ; il peut bien marcher jusqu'aux portes de l'Inde. Tout cela ne lui servira de rien. Sa malédiction pénétrera peut-être encore plus profondément en Europe et en Asie, mais cela n'empêchera pas sa ruine. Chaque mois qui passe, les nombreux pays fiers et jadis heureux qu'il tient maintenant asservis par sa force brutale et ses viles intrigues apprennent à haïr la domination prussienne et le nom nazi, comme jamais autant d'hommes n'avaient haï si violemment par le passé. Et toujours et sans relâche, maître de la mer et maître des airs, l'Empire britannique – que dis-je, d'une certaine façon, tout le monde anglophone – le traqueront, armé de l'épée de justice.

L'autre jour, le Président Roosevelt a donné à son adversaire lors de la dernière élection présidentielle, une lettre d'introduction auprès de moi, où il avait écrit de sa propre main ces vers de Longfellow[1] qui, me disait-il, « s'appliquent à votre peuple autant qu'au nôtre » : les voici :

Vogue, ô navire de l'État !
Vogue, Union, pleine de force et de grandeur !

1. Henry Wadsorth Longfellow (1807-1882), poète et linguiste américain.

Humanity with all its fears,
With all the hopes of future years,
Is hanging breathless on thy fate!

What is the answer that I shall give, in your name, to this great man, the thrice-chosen head of a nation of 130 million? Here is the answer which I will give to President Roosevelt: Put your confidence in us. Give us your faith and your blessing, and, under Providence, all will be well.

We shall not fail or falter; we shall not weaken or tire. Neither the sudden shock of battle, nor the long-drawn trials of vigilance and exertion will wear us down. Give us the tools, and we will finish the job.

L'humanité, avec toutes ses peurs,
Avec tout son espoir en des temps meilleurs
Haletante, suspend son sort à ton destin.

Quelle réponse donnerai-je, en votre nom, à ce grand homme, que 130 millions d'âmes ont choisi à trois reprises pour conduire leur nation ? Cette réponse que je veux adresser au Président Roosevelt la voici : Ayez confiance en nous. Donnez-nous votre foi et votre bénédiction, et, avec l'aide de la Providence, tout ira bien.

Nous ne faillirons pas, nous ne faiblirons pas ; nous ne nous lasserons pas, nous ne lâcherons pas. Ni le choc soudain de la bataille, ni la longue épreuve d'un effort et d'une vigilance de tous les instants ne sauront nous abattre. Donnez-nous les outils, et nous achèverons l'ouvrage.

12

27 AVRIL 1941

À la fin du mois d'avril 1941, tandis que la bataille de l'Atlantique fait rage et que les pertes britanniques ne cessent de s'alourdir, les nouvelles en provenance des Balkans et d'Afrique du Nord sont particulièrement mauvaises.

Régent du royaume de Yougoslavie depuis l'assassinat, à Marseille, du roi Alexandre Ier[1], le prince Paul vient d'adhérer au pacte tripartite[2] lorsque, le 27 mars 1941, il est renversé par un coup d'État militaire. Lancé à l'initiative du général Simovic, ce coup d'État est placé sous l'autorité du jeune roi Pierre II qui s'est montré favorable à un rapprochement avec les Alliés. Le 6 avril, la Wehrmacht envahit la Yougoslavie depuis l'Autriche, la Hongrie, la Roumanie et la Bulgarie[3]. En quelques jours, le sort de la Yougoslavie est scellé. Le 10 avril, les Allemands sont à Zagreb ; la Croatie proclame son indépendance. Le 12, Belgrade est prise tandis qu'à son tour, la Slovénie se déclare indépendante. Dans le même

---

1. Le 9 octobre 1934.

2. Signé le 27 septembre 1940 par l'Allemagne, l'Italie et le Japon.

3. Le 1er mars 1941, le gouvernement de Sofia a adhéré au pacte tripartite.

temps, une armée allemande provenant de Bulgarie et deux armées italiennes venant d'Albanie s'abattent sur la Grèce. Rapidement renforcées par les colonnes blindées de la Wehrmacht qui viennent de prendre Skopje, elles entrent dans Athènes le 27 avril et forcent leur passage vers le sud de la péninsule hellénique, malgré la résistance désespérée des armées grecques et du corps expéditionnaire britannique[1]. Les trois quarts de ce dernier[2] parviennent à embarquer sur des navires de la Royal Navy et à se replier sur la Crète. Mais le désastre est complet. Dans leur retraite, les Britanniques ont dû abandonner la quasi-totalité de leur matériel. L'ensemble du Sud-Est européen se trouve désormais aux mains de l'Axe ou soumis à son influence. Par ailleurs, en Libye, depuis la mi-février, les premiers éléments de l'*Afrika Korps* commandé par le général Rommel ont fait merveille et rapidement reconquis le terrain perdu par les Italiens[3]. En cette fin avril, les forces de l'Axe sont aux portes de l'Égypte tandis que seule Tobrouk résiste encore[4].

De retour d'une série de visites en province qu'il a effectuées en compagnie du représentant personnel de Roosevelt, Averell Harriman, Winston Churchill s'adresse à ses compatriotes *via* le micro de la BBC. Bien sûr, leur dit-il clairement, l'heure est grave. Mais, par nature, la conduite d'une

---

1. Dont les premiers éléments ont débarqué en Grèce au cours du mois de janvier précédent.

2. Environ 45 000 combattants.

3. Durant la seule seconde quinzaine de février 1941, les Britanniques reculèrent en Cyrénaïque de quelque 650 kilomètres.

4. Seul bon port en eau profonde d'Afrique du Nord entre l'Égypte et la Tunisie, Tobrouk fut assiégée en vain par les forces de l'Axe de la mi-avril à la fin novembre 1941.

guerre est aléatoire et peut être source de déceptions. À ceux qui douteraient, le Premier Ministre conseille un salutaire voyage sur le front de l'intérieur, façon pour lui de rendre hommage au courage et à la détermination de celles et ceux qu'un peu partout en Grande-Bretagne il vient de rencontrer. Il en vient alors aux tragiques événements des Balkans et de Libye, liés à ses yeux. L'honneur commandait de venir en aide aux Grecs, mais il a fallu pour cela dégarnir le front libyen et l'exposer aux coups germano-italiens. Au final, le bilan n'est certes pas fameux. Lucide – ou bien informé… – sur les diverses possibilités stratégiques qui s'étaient offertes au maître du Reich à l'automne 1940 et qui s'offrent encore à lui en ce printemps de tous les dangers, Churchill rappelle ensuite à ses auditeurs que l'Allemagne nazie ne pourra vaincre sans réduire la Grande-Bretagne à merci. Or, un débarquement dans les îles Britanniques est moins probable que jamais. Le sort de la bataille se joue donc dans l'Atlantique. Et le Premier Ministre de conclure sur une note malgré tout positive : le géant américain commence à s'ébrouer ; lorsqu'il entrera en action, il sera irrésistible. Tendu dans cette attente et tout entier tourné vers l'Ouest, Churchill appelle alors, une nouvelle fois, ses compatriotes à tenir bon et conclut en citant le poète Arthur Hugh Clough : « À l'ouest aussi, voyez, la terre est radieuse »…

"WESTWARD, LOOK, THE LAND IS BRIGHT"

27 April 1941, Broadcast (BBC), London

I was asked last week whether I was aware of some uneasiness which it was said existed in the country on account of the gravity, as it was described, of the war situation. So I thought it would be a good thing to go and see for myself what this 'uneasiness' amounted to, and I went to some of our great cities and seaports which had been most heavily bombed, and to some of the places where the poorest people had got it worst. I have come back not only reassured, but refreshed. To leave the offices in Whitehall with their ceaseless hum of activity and stress, and go out to the front, by which I mean the streets and wharves of London or Liverpool, Manchester, Cardiff, Swansea or Bristol, is like going out of a hothouse on to the bridge of a fighting ship. It is a tonic which I should recommend any who are suffering from fretfulness to take in strong doses when they have need of it.

[...]

The British nation is stirred and moved as it has never been at any time in its long, eventful, famous history, and it is no hackneyed trope of speech to say that they mean to conquer or to die.

« À L'OUEST AUSSI, VOYEZ, LA TERRE EST RADIEUSE »

27 avril 1941, radiodiffusé (BBC), Londres

On m'a demandé la semaine dernière si j'étais conscient d'un malaise qui existerait dans le pays en raison de la gravité – c'est ce que l'on disait – de la situation militaire. J'ai donc pensé qu'il serait opportun que j'aille constater par moi-même l'étendue de ce « malaise », et je me suis rendu dans certains des plus grands ports et villes les plus sévèrement bombardés et dans les localités où les plus humbles avaient le plus souffert. J'en suis revenu non seulement rassuré, mais revigoré. Quitter les bureaux de Whitehall, avec leur bourdonnement incessant d'activité fébrile, pour se rendre au front – j'entends par là les rues et les quais de Londres ou de Liverpool, de Manchester, de Cardiff, de Swansea ou de Bristol –, c'est un peu quitter une serre chaude pour le pont d'un navire de guerre. C'est un fortifiant que je recommanderais à tous ceux qui souffrent d'anxiété, à prendre à haute dose dès qu'ils en ont besoin.

[...]

La nation britannique est soulevée et bouleversée comme elle ne l'a jamais été à aucun moment de sa longue, riche et glorieuse histoire, et ce n'est pas une figure de rhétorique rebattue que de dire qu'elle est prête à conquérir ou à périr.

What a triumph the life of these battered cities is, over the worst that fire and bomb can do. What a vindication of the civilized and decent way of living we have been trying to work for and work towards in our Island. What a proof of the virtues of free institutions. What a test of the quality of our local authorities, and of institutions and customs and societies so steadily built. This ordeal by fire has even in a certain sense exhilarated the manhood and womanhood of Britain. [...] This is indeed the grand heroic period of our history, and the light of glory shines on all.

You may imagine how deeply I feel my own responsibility to all these people; my responsibility to bear my part in bringing them safely out of this long, stern, scowling valley through which we are marching, and not to demand from them the sacrifices and exertions in vain.

I have thought in this difficult period, when so much fighting and so many critical and complicated manœuvres are going on, that it is above all things important that our policy and conduct should be upon the highest level, and that honour should be our guide. [...] When we reached Benghazi, and what was left of Mussolini's legions scurried back along the dusty road to Tripoli, a call was made upon us which we could not resist. Let me tell you about that call.

[...]

While nearly all the Greek troops were busy beating the Italians, the tremendous German military machine suddenly towered up on their other frontier. In their mortal peril the Greeks turned to us for succour. Strained as were our own resources, we could not say them nay. [...] Military defeat or miscalculation can be redeemed.

Quel triomphe que la vie de ces cités ravagées, sur les horreurs des incendies et des bombes ! Quelle justification du mode de vie civilisé et décent qui fait l'objet de nos réalisations et de nos efforts ! Quelle preuve des vertus des institutions libres ! Quelle démonstration de la qualité de nos autorités locales, de nos institutions, coutumes et sociétés si assidûment renforcées ! L'épreuve du feu a d'une certaine manière revivifié les hommes et les femmes de Grande-Bretagne. [...] Ceci est en vérité la grande période héroïque de notre histoire et la lumière de la gloire brille sur nous tous.

Vous pouvez imaginer combien je ressens la profondeur de ma propre responsabilité envers ces gens : responsabilité pour les acheminer sains et saufs jusqu'à la sortie de cette longue, austère et sinistre vallée que nous traversons, sans leur demander ni sacrifices ni efforts inutiles.

J'ai pensé que dans cette période difficile, tandis que se déroulent tant de combats et tant de manœuvres décisives et complexes, il importait par-dessus tout que notre politique et notre conduite se maintinssent au niveau le plus élevé, et que l'honneur fût notre guide. [...] Quand nous avons atteint Benghazi et que les débris des légions de Mussolini fuyaient en débandade sur la route poussiéreuse de Tripoli, nous avons entendu un appel au secours auquel nous ne pouvions pas résister. Permettez-moi de vous parler de cet appel.

[...]

Alors que la quasi totalité des troupes grecques était occupée à combattre les Italiens, la formidable machine militaire allemande pénétra en Grèce sur un autre point de son territoire. En situation de péril mortel, les Grecs nous lancèrent un appel au secours, et si limitées que fussent nos ressources, nous n'avons pas pu leur dire non. [...] On peut racheter une défaite militaire et rattraper une erreur de calcul.

The fortunes of war are fickle and changing. But an act of shame would deprive us of the respect which we now enjoy throughout the world, and this would sap the vitals of our strength.

During the last year we have gained by our bearing and conduct a potent hold upon the sentiments of the people of the United States. [...] But in the long run – believe me, for I know – the action of the United States will be dictated, not by methodical calculations of profit and loss, but by moral sentiment, and by that gleaming flash of resolve which lifts the hearts of men and nations, and springs from the spiritual foundations of human life itself.

We, for our part, were of course bound to hearken to the Greek appeal to the utmost limit of our strength. [...]

Let us see what has happened. We knew, of course, that the forces we could send to Greece would not by themselves alone be sufficient to stem the German tide of invasion. But there was a very real hope that the neighbours of Greece would by our intervention be drawn to stand in line together with her while time remained. How nearly that came off will be known some day. The tragedy of Yugoslavia has been that these brave people had a government who hoped to purchase an ignoble immunity by submission to the Nazi will. Thus when at last the people of Yugoslovia found out where they were being taken, and rose in one spontaneous surge of revolt, they saved the soul and future of their country: but it was already too late to save its territory. They had no time to mobilize their armies. They were struck down by the ruthless and highly mechanized Hun before they could even bring their armies into the field. Great disasters have occurred in the Balkans. Yugoslavia has been beaten down.

Le sort de la guerre est incertain et changeant. Mais un acte honteux nous priverait du respect dont nous jouissons partout dans le monde, et cela ruinerait les fondements vitaux de notre force.

Au cours de l'année dernière, notre attitude et notre conduite nous ont gagné une puissante influence sur les sentiments du peuple américain. [...] À long terme – croyez-moi, car je sais cela – l'action des États-Unis sera dictée non par des calculs méthodiques de profits et pertes, mais par le sentiment moral, et par cette résolution fulgurante qui soulève le cœur des hommes et des nations, et jaillit des fondements spirituels de l'existence humaine.

Quant à nous, nous étions évidemment tenus de répondre à l'appel des Grecs jusqu'à la limite extrême de nos forces. [...]

Voyons ce qui s'est passé. Nous savions bien sûr que les forces que nous pouvions envoyer en Grèce ne suffiraient pas à elles seules à endiguer le flot de l'invasion allemande. Toutefois, nous pouvions espérer que notre intervention amènerait les voisins de la Grèce à s'aligner contre l'ennemi commun tant qu'il en était encore temps. On saura un jour à quel point cette possibilité fut proche. La tragédie yougoslave a été pour ce peuple si brave d'avoir un gouvernement qui espérait acheter une ignoble immunité en se soumettant à la volonté des nazis. Quand enfin le peuple de Yougoslavie comprit où on voulait les mener et qu'il se souleva dans un élan spontané de révolte, il sauva ainsi l'âme et l'avenir de son pays : mais il était déjà trop tard pour sauver son territoire. Il n'avait plus le temps de mobiliser son armée. Il fut écrasé par l'impitoyable force mécanique des Huns, avant même d'avoir pu amener son armée sur le champ de bataille. De grands désastres ont eu lieu dans les Balkans. La Yougoslavie a été vaincue.

Only in the mountains can she continue her resistance. The Greeks have been overwhelmed. Their victorious Albanian army has been cut off and forced to surrender, and it has been left to the Anzacs and their British comrades to fight their way back to the sea, leaving their mark on all who hindered them.

I turn aside from the stony path we have to tread, to indulge a moment of lighter relief. I dare say you have read in the newspapers that, by a special proclamation, the Italian Dictator has congratulated the Italian army in Albania on the glorious laurels they have gained by their victory over the Greeks. Here surely is the world's record in the domain of the ridiculous and the contemptible. This whipped jackal, Mussolini, who to save his own skin has made all Italy a vassal state of Hitler's Empire, comes frisking up at the side of the German tiger with yelpings not only of appetite – that can be understood – but even of triumph. [...]

While these grievous events were taking place in the Balkan Peninsula and in Greece, our forces in Libya have sustained a vexatious and damaging defeat. [...]

We must now expect the war in the Mediterranean on the sea, in the desert, and above all in the air, to become very fierce, varied and widespread. We had cleaned the Italians out of Cyrenaica, and it now lies with us to purge that province of the Germans. [...] Taught by experience, I make it a rule not to prophesy about battles which have yet to be fought out. [...] It is certain that fresh dangers besides those which threaten Egypt may come upon us in the Mediterranean. The war may spread to Spain and Morocco. It may spread eastward to Turkey and Russia. The Huns may lay their hands for a time upon the granaries

Elle ne peut continuer à résister que dans les montagnes. Les Grecs ont été submergés. Leur armée victorieuse en Albanie a été isolée et obligée de se rendre, et il est revenu aux Anzacs et à leurs camarades britanniques de se frayer en combattant une route vers la mer, en laissant des souvenirs cuisants à tout ceux qui s'opposait à eux.

Je m'écarte un moment du chemin ardu que nous avons à suivre pour me permettre une légère détente. Vous avez probablement lu dans les journaux que, dans une proclamation spéciale, le dictateur italien a félicité l'armée italienne d'Albanie pour les glorieux lauriers qu'elle a remportés par sa victoire contre les Grecs. On atteint ici le record mondial dans le domaine du ridicule et du méprisable. Mussolini, ce chacal peureux qui, pour sauver sa peau, a fait de l'Italie un État vassal dans l'empire d'Hitler, vient batifoler aux côtés du tigre allemand avec des glapissements non seulement d'appétit – ce qui pourrait se comprendre – mais aussi de triomphe. […]

Tandis que ces événements douloureux se déroulaient dans la péninsule balkanique et en Grèce, nos forces en Libye ont subi une fâcheuse et pénible défaite. […]

Nous devons désormais nous attendre à ce que la guerre en Méditerranée, sur la mer, dans le désert, et surtout dans les airs, devienne particulièrement féroce, multiforme et générale. Nous avions débarrassé la Cyrénaïque des Italiens, et nous devons maintenant purger cette province des Allemands. […] Instruit par l'expérience, j'ai adopté pour règle de ne jamais prédire l'issue des batailles qui sont encore à livrer. […] Il est certain que de nouveaux dangers, outre ceux qui menacent l'Égypte, peuvent nous atteindre en Méditerranée. La guerre peut s'étendre à l'Espagne et au Maroc, ou bien à l'Est, vers la Turquie et la Russie. Les Huns peuvent mettre temporairement la main sur les greniers

of the Ukraine and the oil-wells of the Caucasus. They may dominate the Black Sea. They may dominate the Caspian. Who can tell? We shall do our best to meet them and fight them wherever they go. But there is one thing which is certain. There is one thing which rises out of the vast welter which is sure and solid, and which no one in his senses can mistake. Hitler cannot find safety from avenging justice in the East, in the Middle East, or in the Far East. In order to win this war, he must either conquer this Island by invasion, or he must cut the ocean life-line which joins us to the United States.

Let us look into these alternatives, if you will bear with me for a few minutes longer. When I spoke to you last, early in February, many people believed the Nazi boastings that the invasion of Britain was about to begin. It has not begun yet, and with every week that passes we grow stronger on the sea, in the air, and in the numbers, quality, training and equipment of the great Armies that now guard our Island. [...] More than that it would be boastful to say. Less than that it would be foolish to believe.

[...]

In February, as you may remember, that bad man in one of his raving outbursts threatened us with a terrifying increase in the numbers and activities of his U-boats and in his air-attack. [...] We have taken and are taking all possible measures to meet this deadly attack, and we are now fighting against it with might and main. That is what is called the Battle of the Atlantic, which in order to survive we have got to win on salt water just as decisively as we had to win the Battle of Britain last August and September in the air.

d'Ukraine ou sur les champs pétrolifères du Caucase. Ils peuvent dominer la mer Noire. Ils peuvent dominer la Caspienne. Qui pourrait le dire ? Nous ferons de notre mieux pour leur faire face et pour les combattre, où qu'ils aillent. Mais une chose est certaine. De ce chaos, une chose émerge, sûre, solide et évidente pour tout homme sensé. Ce n'est ni en Orient, ni au Moyen Orient, ni en Extrême Orient qu'Hitler parviendra à échapper à son châtiment. Pour gagner la guerre, il doit conquérir cette île par un débarquement, ou couper la ligne maritime vitale qui nous rattache aux États-Unis.

Étudions ces alternatives, si vous voulez bien m'accorder quelques minutes encore. Lorsque je me suis adressé à vous début février, beaucoup croyaient encore les nazis quand ils se vantaient que l'invasion de l'Angleterre était imminente. Elle n'a toujours pas débuté, et avec les semaines qui passent, nous devenons plus forts sur les mers, dans les airs, et dans le nombre, la qualité, l'entraînement et l'équipement des grandes armées qui protègent aujourd'hui notre Île. [...] En dire plus serait de la vantardise, mais en attendre moins serait stupide.

[...]

Que va-t-il se passer à présent ? En février, vous vous souvenez, cet épouvantable individu, dans l'une de ses folles divagations, nous avait menacés d'accroître d'une manière terrifiante le nombre et l'activité de ses sous-marins et de ses attaques aériennes [...] contre nos navires de transport, jusque très loin dans l'Atlantique. Nous avons pris et nous prenons toutes les mesures possibles pour faire face à cette attaque mortelle, et nous la combattons maintenant de toutes nos forces. C'est ce qu'on appelle la « bataille de l'Atlantique » – bataille que, pour survivre, nous devons remporter sur les mers de manière aussi décisive que nous devions remporter la « bataille d'Angleterre », en août et septembre, dans les airs.

[...]

It is the Battle of the Atlantic which holds the first place in the thoughts of those upon whom rests the responsibility for procuring the victory?

It was therefore with indescribable relief that I learned of the tremendous decisions lately taken by the President and people of the United States. The American Fleet and flying boats have been ordered to patrol the wide waters of the Western Hemisphere, and to warn the peaceful shipping of all nations outside the combat zone of the presence of lurking U-boats or raiding cruisers belonging to the two aggressor nations. We British shall therefore be able to concentrate our protecting forces far more upon the routes nearer home, and to take a far heavier toll of the U-boats there. [...] When you come to think of it, the United States are very closely bound up with us now, and have engaged themselves deeply in giving us moral, material, and, within the limits I have mentioned, naval support.

It is worth while therefore to take a look on both sides of the ocean at the forces which are facing each other in this awful struggle, from which there can be no drawing back. No prudent and far-seeing man can doubt that the eventual and total defeat of Hitler and Mussolini is certain, in view of the respective declared resolves of the British and American democracies. There are less than seventy million malignant Huns – some of whom are curable and others killable – many of whom are already engaged in holding down Austrians, Czechs, Poles, French, and the many other ancient races they now bully and pillage. The peoples of the British Empire and of the United States number nearly two hundred millions in their homelands and in the British

[...]

C'est la bataille de l'Atlantique qui figure au premier plan des préoccupations de ceux qui ont la responsabilité de nous procurer la victoire.

C'est donc avec un soulagement indescriptible que j'ai appris la décision, d'une portée incalculable, prise récemment par le Président et par le peuple des États-Unis. La flotte et les hydravions américains ont reçu l'ordre d'effectuer des patrouilles sur toute l'étendue de l'hémisphère occidental et d'avertir les navires pacifiques de toutes les nations, en dehors de la zone des combats, de la présence de sous-marins en maraude ou de cuirassés pirates appartenant aux deux pays agresseurs. Nous autres Anglais pourrons donc concentrer nos forces de protection sur les routes maritimes plus près de nos côtes, et y couler ainsi davantage de sous-marins. [...] Si l'on y réfléchit, les États-Unis sont désormais étroitement associés à nous, et se sont profondément engagés à nous apporter un soutien moral, matériel et – dans les limites que j'ai mentionnées – naval.

Par conséquent, il peut être intéressant d'observer de deux côtés de l'océan les forces en présence dans cette lutte impitoyable et irréversible. Aucun homme sage et perspicace ne saurait douter que la défaite d'Hitler et de Mussolini est certaine, au vu des résolutions adoptées par les démocraties britannique et américaine. On compte moins de 70 millions de Huns malintentionnés – certains peuvent être guéris, les autres tués – dont une grande partie est déjà occupée à maintenir sous leur joug les Autrichiens, les Tchèques, les Polonais, les Français et bien d'autres races anciennes qu'ils brutalisent et pillent aujourd'hui. Les peuples de l'Empire britannique et des États-Unis s'élèvent à près de deux cents millions d'âmes dans les métropoles et

Dominions alone. They possess the unchallengeable command of the oceans, and will soon obtain decisive superiority in the air. They have more wealth, more technical resources, and they make more steel, than the whole of the rest of the world put together. They are determined that the cause of freedom shall not be trampled down, nor the tide of world progress turned backwards, by the criminal Dictators.

While therefore we naturally view with sorrow and anxiety much that is happening in Europe and in Africa, and may happen in Asia, we must not lose our sense of proportion and thus become discouraged or alarmed. When we face with a steady eye the difficulties which lie before us, we may derive new confidence from remembering those we have already overcome. Nothing that is happening now is comparable in gravity with the dangers through which we passed last year. Nothing that can happen in the East is comparable with what is happening in the West.

Last time I spoke to you I quoted the lines of Longfellow which President Roosevelt had written out for me in his own hand. I have some other lines which are less well known but which seem apt and appropriate to our fortunes tonight, and I believe they will be so judged wherever the English language is spoken or the flag of freedom flies:

For while the tired waves, vainly breaking,
Seem here no painful inch to gain,
Far back, through creeks and inlets making,
Comes silent, flooding in, the main.

les *Dominions.* Ils détiennent une maîtrise des mers qui ne saurait leur être disputée et obtiendront bientôt la supériorité décisive dans les airs. Ils ont plus de richesses, plus de ressources techniques, fabriquent plus d'acier que le reste du monde réuni. Ils sont résolus à empêcher que la cause de la liberté soit foulée aux pieds ou que le courant du progrès mondial soit inversé par les dictateurs criminels.

Tout en considérant naturellement avec inquiétude et tristesse les événements qui se déroulent en Europe et en Afrique, et peut-être en Asie, nous ne devons pas perdre notre sens des proportions, ni nous décourager ou nous alarmer. Si nous envisageons d'un œil résolu les difficultés qui nous font face, nous pouvons puiser une confiance nouvelle dans le souvenir des épreuves que nous avons déjà surmontées. Rien de ce qui se passe maintenant n'est comparable en gravité aux dangers que nous avons traversés l'an passé. Rien de ce qui se passe à l'Est n'est comparable avec ce qui se passe à l'Ouest.

La dernière fois que je vous ai parlé, j'ai cité ces vers de Longfellow que le Président Roosevelt avait recopiés de sa main dans une lettre qui m'était adressée. J'ai ici d'autres vers qui, s'ils sont moins connus, me semblent pertinents et appropriés pour décrire notre sort ce soir, et je crois qu'ils seront considérés comme tels partout où l'on parle anglais, et où flotte le drapeau de la liberté :

Alors que vainement la vague a déferlé,
Sans un gain d'un seul pouce en l'effort ensablé,
Du fond de l'horizon, par îlots et par anses,
Voici venir les flots de l'Océan silence.

And not by eastern windows only,
When daylight comes, comes in the light;
In front the sun climbs slow, how slowly,
But westward, look, the land is bright[1].

---

1. Arthur Hugh Clough (1819-1861), *Say not the Struggle Naught Availeth.*

« À L'OUEST AUSSI, VOYEZ, LA TERRE EST RADIEUSE »

Ce n'est pas seulement aux baies de l'Orient
Que le jour apporte sa clarté lumineuse ;
S'il monte devant nous, le soleil lent, si lent,
À l'ouest aussi, voyez, la terre est radieuse.

13

12 JUIN 1941

Le 25 avril 1941, bien décidé à ne pas laisser la Crète[1] aux mains des Britanniques, Hitler donne l'ordre de lancer l'opération *Merkur* de conquête de l'île. Celle-ci est défendue par quelque 42 000 combattants britanniques commandés par le général anglais Freyberg et pour la plupart rescapés de Grèce. L'attaque allemande débute le 20 mai par d'intenses bombardements et un lâcher de parachutistes sur l'aérodrome de Malène et sur La Canée. Très vite, les forces britanniques se trouvent dans une situation intenable. Une large partie d'entre elles est évacuée du 28 mai au 1er juin à partir du port de Sfakion sur la côte Sud[2]. Pendant ce temps,

---

1. Remarquable base stratégique en Méditerranée orientale, son contrôle permet d'améliorer la protection des convois qui se dirigent vers l'Égypte ou vers la Libye.

2. Au final, la Royal Navy perdit 2 000 marins, 2 croiseurs et 6 destroyers, tandis que ses cuirassés *Warspite* et *Valiant* et son porte-avions *Formidable* étaient endommagés ; de son côté, l'armée britannique eut à déplorer 3 600 tués et blessés et 11 800 prisonniers. Côté allemand, le bilan fut également lourd. Sur les 22 000 hommes engagés, 4 000 furent tués et 2 000 blessés, cependant que 271 avions de transport et 180 chasseurs étaient détruits. La Crète fut réputée « tombeau des parachutistes allemands ».

sur et sous l'Atlantique, la bataille se poursuit, plus rude que jamais. Mais, le 27 mai, le cuirassé allemand *Bismarck*, véritable terreur des mers, est finalement envoyé par le fond au large de Brest. Enfin, dans la nuit du 7 au 8 juin, pressé par Churchill pour qui le soulèvement irakien et la chute de la Crète font peser de graves menaces sur les intérêts alliés au Moyen Orient, le général Wilson entre en Syrie à la tête de 20 000 hommes dont 5 000 Français libres. C'est le début de la campagne du Levant[1].

Le 12 juin à Londres, dans le vieux Palais Saint-James, Winston Churchill prend la parole devant les ministres représentant les gouvernements européens en exil, les hauts-commissaires des dominions et les représentants de l'Empire britannique. Il s'agit pour lui, une nouvelle fois, de rassurer alliés et soutiens, mais plus particulièrement l'Amérique « dont la puissance de l'autre côté des mers ne cesse de s'accroître », sur la fermeté britannique. Il ne cache rien des souffrances supportées par son pays ni de celles, bien pires encore, subies par l'Europe continentale asservie, spoliée et partiellement détruite. Au passage, il jette l'opprobre sur les tenants de la politique de collaboration avec l'Allemagne nazie, en accordant une attention particulière à l'amiral Darlan[2] qui vient de signer avec le Reich les

1. Elle durera jusqu'à l'armistice du 12 juillet conclu entre Français vichystes, d'une part, Britanniques et Français libres, d'autre part.

2. François Darlan (1881-1942). Devenu chef d'état-major général de la marine le 1er janvier 1937, l'amiral Darlan se rallia à l'armistice en juin 1940. Nommé vice-président du Conseil et ministre des Affaires étrangères du régime de Vichy le 9 février 1941, il accentua encore la politique de collaboration avec l'Allemagne nazie.

« protocoles de Paris[1] ». Mais, souligne-t-il, et c'est là l'objectif premier de son discours, en dépit des revers subis au cours du printemps qui s'achève, la situation est bien meilleure qu'une année auparavant. La Grande-Bretagne se dresse plus solide et vaillante que jamais face au régime nazi. Celui-ci pourra tenter ce qu'il voudra, où et quand il le souhaitera, il ne vaincra pas l'« île forteresse ».

---

1. Le 5 mai 1941, à la suite de la révolte de Rachid Ali contre l'arrivée des Anglais en Irak (2 mai), l'amiral Darlan ouvrit des pourparlers avec Otto Abetz, ambassadeur du IIIe Reich à Paris. Au cours de ces entretiens, l'Amiral apporta l'accord de principe de Pétain à l'atterrissage d'avions allemands sur les aérodromes syriens et à la fourniture d'armes à l'Irak, moyennant un certain nombre de compensations pour la France. Le 11 mai, à Berchtesgaden, Darlan confirma à Hitler la promesse d'ouvrir la Tunisie et la Syrie aux Allemands. Au terme de trois semaines de négociations, l'ensemble de ces accords furent consignés dans les « Protocoles de Paris » des 27-28 mai 1941.

"OUR SOLID, STUBBORN STRENGTH"

12 June 1941, Dominion High Commissioners and Allied Countries' Ministers Conference, London

In the twenty-second month of the war against Nazism we meet here in this old Palace of St James's, itself not unscarred by the fire of the enemy, in order to proclaim the high purposes and resolves of the lawful constitutional Governments of Europe whose countries have been overrun; and we meet here also to cheer the hopes of free men and free peoples throughout the world. Here before us on the table lie the title-deeds of ten nations or States whose soil has been invaded and polluted, and whose men, women, and children lie prostrate or writhing under the Hitler yoke. But here also, duly authorized by the Parliament and democracy of Britain, are gathered the servants of the ancient British Monarchy and the accredited representatives of the British Dominions beyond the seas, of Canada, Australia, New Zealand, and South Africa, of the Empire of India, of Burma, and of our Colonies in every quarter of the globe. They have drawn their swords in this cause. They will never let them fall till life is gone or victory is won. Here we meet, while from across the Atlantic Ocean the hammers and lathes of the

« NOTRE FORCE, CERTAINE ET RÉSOLUE »

12 juin 1941, conférence ministérielle interalliée, Londres

En ce vingt-deuxième mois de la guerre contre le nazisme, nous voici réunis dans ce vieux Palais de Saint-James, qui n'a pas été épargné par les feux de l'ennemi, afin de proclamer les nobles intentions et les résolutions communes des gouvernements légaux et constitutionnels des pays d'Europe qui ont été envahis ; et nous sommes aussi réunis en ce lieu pour ranimer les espérances des hommes et des peuples libres à travers le monde. Sur cette table devant nous sont déposés les titres de dix nations ou États dont le sol a été envahi et souillé, et dont les hommes, femmes et enfants gisent prostrés – ou tentant au contraire de se dégager – sous le joug d'Hitler. Ici aussi, dûment autorisés par le Parlement et la démocratie britannique, sont assemblés les serviteurs de l'ancienne monarchie britannique, ainsi que les représentants accrédités des *Dominions* britanniques au-delà des mers, le Canada, l'Australie, la Nouvelle-Zélande et l'Afrique du Sud, et les représentants de l'Empire d'Inde, de Birmanie ainsi que de nos colonies du monde entier. Ils ont tiré l'épée pour défendre cette cause. Jamais ils ne l'abandonneront, jusqu'à ce que mort s'ensuive ou que la victoire soit remportée. Ici nous nous retrouvons, tandis que de l'autre côté de l'océan Atlantique, les marteaux et les tours

United States signal in a rising hum their message of encouragement and their promise of swift and even growing aid.

What tragedies, what horrors, what crimes have Hitler and all that Hitler stands for brought upon Europe and the world! The ruins of Warsaw, of Rotterdam, of Belgrade are monuments which will long recall to future generations the outrage of the unopposed air bombing applied with calculated scientific cruelty to helpless populations. Here in London and throughout the cities of our Island, and in Ireland, there may also be seen the marks of devastation. They are being repaid, and presently they will be more than repaid.

But far worse than these visible injuries is the misery of the conquered peoples. We see them hounded, terrorized, exploited. Their manhood by the million is forced to work under conditions indistinguishable in many cases from actual slavery. Their goods and chattels are pillaged, or filched for worthless money. Their homes their daily life are pried into and spied upon by the all-pervading system of secret political police which, having reduced the Germans themselves to abject docility, now stalk the streets and byways of a dozen lands. Their religious faiths are affronted, persecuted, or oppressed in the interests of a fantastic paganism devised to perpetuate the worship and sustain the tyranny of one abominable creature. Their traditions, their culture, their laws, their institutions, social and political alike, are suppressed by force or undermined by subtle, coldly-planned intrigue.

The prisons of the Continent no longer suffice. The concentration camps are overcrowded. Every dawn the German volleys crack, Czechs, Poles, Dutchmen,

américains font retentir un bourdonnement qui s'élève comme un encouragement et comme la promesse d'une aide prompte et toujours croissante.

Que de tragédies, que d'horreurs, que de crimes Hitler et tous ceux qui le représentent n'ont-ils pas causées en Europe et à travers le monde ! Les ruines de Varsovie, de Rotterdam et de Belgrade sont des monuments qui rappelleront longtemps aux générations futures l'outrage de bombardements réalisés avec une cruauté scientifique contre des populations sans défense. Ici même à Londres, et dans les villes de notre Île ainsi qu'en Irlande, les marques de la dévastation sont visibles. Nous les réparons, et nous ferons plus que les réparer.

Mais ces blessures visibles ne sont rien en comparaison des souffrances endurées par les peuples conquis. Ils sont traqués, terrorisés, exploités. Par millions des hommes sont contraints de travailler dans des conditions à bien des égards voisines de l'esclavage. On pille leurs productions et leurs biens, ou l'on s'en empare contre de l'argent sans valeur. Leurs maisons, leur vie quotidienne sont infiltrées et espionnées par un système de police politique secrète, qui, après avoir réduit les Allemands eux-mêmes à une abjecte docilité, arpente les rues et chemins d'une douzaine de pays. Leurs convictions religieuses sont insultées. Ils sont persécutés et opprimés au nom d'un paganisme de pacotille voué à perpétuer le culte d'un être abominable et destiné à entretenir sa tyrannie. Leurs traditions, leur culture, leurs lois, leurs institutions, tant sociales que politiques, sont abolies par la force ou minées par de subtiles intrigues.

Les prisons du continent ne suffisent plus. Les camps de concentration sont surpeuplés. Chaque aube qui se lève entend claquer les salves d'exécution allemandes. Tchèques,

Norwegians, Yugoslavs and Greeks, Frenchmen, Belgians, Luxembourgers, make the great sacrifice for faith and country. A vile race of quislings[1] – to use the new word which will carry the scorn of mankind down the centuries – is hired to fawn upon the conqueror, to collaborate in his designs, and to enforce his rule upon their fellow-countrymen, while grovelling low themselves. Such is the plight of once glorious Europe, and such are the atrocities against which we are in arms.

It is upon this foundation that Hitler, with his tattered lackey Mussolini at his tail and Admiral Darlan frisking by his side, pretends to build out of hatred, appetite, and racial assertion a new order for Europe. Never did so mocking a fantasy obsess the mind of mortal man. We cannot tell what the course of this fell war will be as it spreads remorselessly through ever-wider regions. We know it will be hard, we expect it will be long; we cannot predict or measure its episodes or its tribulations. But one thing is certain, one thing is sure, one thing stands out stark and undeniable, massive and unassailable, for all the world to see.

It will not be by German hands that the structure of Europe will be built or the union of the European family achieved. In every country into which the German armies

1. Du nom de Vidkun Quisling (1887-1945). Homme politique norvégien, fondateur en 1933 du Parti d'Union Nationale calqué sur le NSDAP hitlérien. Après l'invasion de la Norvège par l'Allemagne (8 avril 1940), Quisling se proclama chef du gouvernement. L'hostilité de la population norvégienne conduisit Hitler à le renvoyer quelques jours plus tard. Réinstallé au pouvoir en février 1942, Quisling collabora activement avec l'occupant nazi. Arrêté au moment de la capitulation allemande, jugé et reconnu coupable de haute trahison, il fut fusillé le 24 octobre 1945 à Oslo. Aux yeux de Churchill, Quisling incarne donc le collaborateur type. (NdT.).

Polonais, Danois, Norvégiens, Yougoslaves, Grecs, Français, Belges, Luxembourgeois se sacrifient pour leur foi et pour leur pays. Une vile race de quisling[1] – pour employer ce mot nouveau qui bientôt signifiera pour des siècles l'opprobre de l'humanité – s'est engagée pour flatter le conquérant, pour collaborer à ses desseins et pour imposer la loi de l'ennemi à ses compatriotes, alors qu'ils rampent eux-mêmes. Tel est le sort d'une Europe autrefois glorieuse, et telles sont les atrocités contre lesquelles nous combattons.

C'est sur ces bases qu'Hitler, suivi par le laquais déguenillé Mussolini et l'amiral Darlan gambadant à ses côtés, prétend établir, par la haine, la soif de pouvoir et le racisme un nouvel ordre pour l'Europe. Jamais fantaisie plus ridicule n'avait obsédé l'esprit d'un mortel. Nous ignorons, certes, l'issue de cette guerre cruelle qui s'étend impitoyablement sur des régions de plus en plus vastes Nous savons qu'elle sera pénible, nous nous attendons à ce qu'elle soit longue, et nous ne pouvons prédire ni appréhender ses épisodes et ses rebondissements. Mais une chose est certaine, une chose est sûre qui se révèle évidente et indéniable, massive et inattaquable, aux yeux du monde entier.

Ce ne sont pas des mains allemandes qui remodèleront la structure de l'Europe ou l'union de la famille européenne. Dans tous les pays où les armées allemandes

1. Voir note page précédente.

and the Nazi police have broken there has sprung up from the soil a hatred of the German name and a contempt for the Nazi creed which the passage of hundreds of years will not efface from human memory. We cannot yet see how deliverance will come, or when it will come, but nothing more certain than that every trace of Hitler's footsteps, every stain of his infected and corroding fingers will be sponged and purged and, if need be, blasted from the surface of the earth.

We are here to affirm and fortify our union in that ceaseless and unwearying effort which must be made if the captive peoples are to the set free. A year ago His Majesty's Government was left alone to face the storm, and to many of our friends and enemies alike it may have seemed that our days too were numbered, and that Britain and its institutions would sink for ever beneath the verge. But I may with some pride remind your Excellencies that, even in that dark hour when our Army was disorganised and almost weaponless, when scarcely a gun or a tank remained in Britain, when almost all our stores and ammunitions had been lost in France, never for one moment did the British people dream of making peace with the conqueror, and never for a moment did they despair of the common cause. On the contrary, we proclaimed at that very time to all men, not only to ourselves, our determination not to make peace until every one of the ravaged and enslaved countries was liberated and until the Nazi domination was broken and destroyed.

See how far we have travelled since those breathless days of June a year ago. Our solid, stubborn strength has stood the awful test. We are masters of our own air, and now reach out in ever-growing retribution upon the enemy. The Royal Navy holds the seas. The Italian fleet cowers diminished in harbour, the German Navy is largely crippled or sunk. The murderous raids upon our ports, cities,

et la police nazie ont pénétré, le nom d'Allemand est haï, le credo nazi méprisé – ce que des centaines d'années n'effaceront pas de la mémoire des hommes. Nous ne pouvons pas encore dire comment viendra la délivrance, ni quand elle viendra, mais toute trace des pas d'Hitler, toute souillure infligée par ses doigts infectés et corrosifs sera lavée et purgée, et s'il le faut purifiée par le feu.

Nous sommes ici pour affirmer et pour fortifier notre union dans l'effort constant et assidu qu'il faut faire pour libérer les peuples captifs. Il y a un an, le gouvernement de Sa Majesté se dressait seul face à l'orage, et pour beaucoup de nos amis comme de nos ennemis, il semblait que nos jours étaient comptés, et que l'Angleterre avec ses institutions était à deux doigts de disparaître à jamais. Mais je me permets, non sans fierté, de rappeler à vos Excellences que même aux heures les plus noires, quand notre armée était désorganisée et presque désarmée, quand il ne restait presque plus aucun fusil ni tank en Angleterre, quand presque tous nos équipements et nos munitions avaient été perdus en France, à aucun moment le peuple britannique n'a envisagé de faire la paix avec le conquérant, et jamais il n'a désespéré de notre cause commune. Tout au contraire, c'est à ce moment-là que nous avons proclamé à tous les hommes, pas seulement à nous-mêmes, notre détermination de ne pas faire la paix avant d'avoir libéré les pays ravagés et réduits en esclavage, avant d'avoir abattu et brisé la domination nazie.

Voyez comme la situation a changé depuis ces jours d'angoisse du mois de juin de l'année dernière. Notre force, certaine et résolue, a tenu bon face à cette terrible épreuve. Nous sommes les maîtres de notre ciel, et nous gagnons maintenant celui de l'ennemi pour lui infliger des dégâts toujours croissants. La Royal Navy règne sur les mers. La flotte italienne, diminuée, se blottit dans les ports, la Marine allemande est largement hors de combat, ou coulée. Les raids meurtriers contre nos ports, nos villes et nos usines

and factories have been powerless to quench the spirit of the British nation, to stop our national life, or check the immense expansion of our war industry. The food and arms from across the oceans are coming safely in. Full provision to replace all sunken tonnage is being made here, and still more by our friends in the United States. We are becoming an armed community. Our land forces are being perfected in equipment and training.

Hitler may turn and trample this way and that through tortured Europe. He may spread his course far and wide, and carry his curse with him: he may break into Africa or into Asia. But it is here, in this island fortress, that he will have to reckon in the end. We shall strive to resist by land and sea. We shall be on his track wherever he goes. Our air power will continue to teach the German homeland that war is not all loot and triumph.

We shall aid and stir the people of every conquered country to resistance and revolt. We shall break up and derange every effort which Hitler makes to systematise and consolidate his subjugation. He will find no peace, no rest, no halting-place, no parley. And if, driven to desperate hazards, he attempts the invasion of the British Isles, as well he may, we shall not flinch from the supreme trial. With the help of God, of which we must all feel daily conscious, we shall continue steadfast in faith and duty till our task is done.

This, then, is the message which we send forth today to all the States and nations, bond or free, to all the men in all the lands who care for freedom's cause, to our allies and well-wishers in Europe, to our American friends and helpers drawing ever closer in their might across the ocean: this is the message – Lift up your hearts. All will come right. Out of the depths of sorrow and sacrifice will be born again the glory of mankind.

ont été incapables d'éteindre la résistance de la nation britannique, d'arrêter notre vie nationale, ou de retarder le formidable développement de notre industrie de guerre. Les provisions et les armes venues de l'autre côté de l'Océan nous parviennent sans encombres. Nous prenons toutes les mesures ici, et nos amis Américains encore plus, pour remplacer tous les tonnages coulés en mer. Nous devenons une communauté en armes, et l'équipement comme l'entraînement de nos forces terrestres progressent.

Hitler peut se retourner et porter ses pas à travers l'Europe torturée. Il peut prolonger sa course très loin, et sa malédiction à la main, pénétrer en Afrique ou en Asie mais c'est ici, face à notre Île forteresse, qu'il devra rendre finalement des comptes. Nous ferons tous nos efforts pour résister, sur terre et sur les mers. Où qu'il aille nous serons sur ses traces. Notre force aérienne continuera à montrer à la patrie allemande que la guerre n'est pas simplement pillage et triomphe.

Nous apporterons notre aide et nos encouragements à tous les peuples des pays conquis pour qu'ils résistent et se révoltent. Nous gênerons et nous empêcherons tous les efforts que fera Hitler pour systématiser et consolider son système de subjugation. Il ne trouvera ni paix, ni repos, ni refuge, ni accommodement. Et si, dans un effort désespéré, il tentait – comme il le fera peut-être – d'envahir les îles Britanniques, cette ultime épreuve ne nous verra pas faiblir. Avec l'aide de Dieu, qu'il faut avoir chaque jour à l'esprit, nous accomplirons notre tâche jusqu'au bout, fidèles à notre devoir et à notre foi.

Voici le message que nous adressons aujourd'hui à tous les États et à toutes les nations, libres ou enchaînés, à tous les hommes de tous les pays attachés à la cause de la liberté, à nos alliés et à nos amis en Europe, à nos amis et soutiens américains, dont la puissance de l'autre côté des mers ne cesse de s'accroître : hauts les cœurs ! Tout ira bien. Des abîmes de la peine et du sacrifice renaîtra la gloire de l'humanité.

14

22 JUIN 1941

Le 22 juin 1941 au petit matin, au mépris de tous les accords passés, l'Allemagne nazie jette plus de 3 millions d'hommes, 3 500 chars, plus de 7 000 canons et 2 800 avions contre l'Union soviétique[1]. À Londres, la première réaction est le soulagement : tant qu'il sera occupé à l'Est, Hitler se fera moins pressant contre la Grande-Bretagne. Les plus lucides voient dans cette attaque un véritable tournant de la guerre. Ainsi de Winston Churchill qui, dans la soirée, s'adresse par radio à ses compatriotes : après l'écroulement de la France, la victoire de la Royal Air Force dans le ciel d'Angleterre et le vote de la « loi prêt-bail » par le Congrès américain, cette invasion de l'URSS par le IIIe Reich est, quoi qu'il en advienne, un événement clé. Le Premier Ministre choisit ensuite de mettre en sourdine son anticommunisme pourtant viscéral et farouche. Car, derrière le régime soviétique, il voit des enfants, des femmes et des hommes plongés à leur tour dans une guerre atroce, il voit la Russie immémoriale sauvagement agressée par la barbarie nazie. Aussi, explique-t-il, puisque « tout homme ou État qui combat le nazisme » est, de fait, l'ami de la

1. Opération « Barbarossa ».

Grande-Bretagne, celle-ci fournira toute l'aide possible[1] « à la Russie et au peuple russe » et enjoindra ses alliés à faire de même[2]. Elle le fera parce qu'elle est engagée dans une guerre à mort contre l'hydre nazie, mais aussi parce qu'il en va de sa survie : si Hitler parvenait à vaincre à l'Est, il aurait alors les mains libres pour tourner sa formidable puissance contre la Grande-Bretagne[3]. L'union de tous les alliés, anciens et nouveaux, est donc plus que jamais vitale.

---

1. Elle sera dans un premier temps bien réduite car la Grande-Bretagne est toujours aux abois et enregistre de surcroît d'inquiétants signaux en provenance du Japon et de l'Asie du sud-est. Conformément au traité d'assistance mutuelle signé le 12 juillet 1941, Londres fera parvenir à l'URSS le peu dont elle disposera : une escadre et deux escadrilles de Hurricane afin de défendre Mourmansk.

2. Churchill songeait à une extension de la « loi prêt-bail » à l'URSS. L'idée n'était *a priori* pas évidente tant l'entrée d'un régime dictatorial dans le concert des démocraties alliées risquait de faire tache.

3. À cette époque, les généraux britanniques pensaient encore que le Reich pourrait tenter un débarquement à l'automne 1941, lorsque la Wehrmacht aurait taillé en pièces les armées soviétiques.

ALLIANCE WITH RUSSIA

22 June 1941, Broadcast (BBC), London

I have taken occasion to speak to you tonight because we have reached one of the climacterics of the war. The first of these intense turning-points was a year ago when France fell prostrate under the German hammer, and when we had to face the storm alone. The second was when the Royal Air Force beat the Hun raiders out of the daylight air, and thus warded off the Nazi invasion of our island while we were still ill-armed and ill-prepared. The third turning-point was when the President and Congress of the United States passed the Lease-and-Lend enactment, devoting nearly 2,000 million sterling of wealth of the New World to help us to defend our liberties and their own. Those were the three climacterics. The fourth is now upon us.

At four o'clock this morning Hitler attacked and invaded Russia. [...]

So now this bloodthirsty guttersnipe must launch his mechanised armies upon new fields of slaughter, pillage and devastation. Poor as are the Russian peasants, workmen and soldiers, he must steal from them their daily bread; he must devour their harvests; he must rob them of the oil which drives their ploughs; and

L'ALLIANCE AVEC LA RUSSIE

22 juin 1941, radiodiffusé (BBC), Londres

J'ai tenu à m'adresser à vous ce soir parce que nous avons atteint un des tournants cruciaux de la guerre. Le premier de ces tournants a eu lieu il y a un an, quand la France a succombé au déferlement des Allemands et qu'il nous a fallu affronter seuls l'orage. Le second fut la victoire au grand jour de la Royal Air Force sur les avions pirates des Huns, qui repoussa l'invasion de notre Île par les nazis, alors même que nous étions encore peu armés et mal préparés. Le troisième, ce fut la loi *Lease-and-Lend* adoptée par le Président et par le Congrès des États-Unis, qui a mis presque deux milliards de livres sterling issues des richesses du Nouveau Monde pour nous aider à défendre nos libertés et les leurs. Tels ont été les trois premiers tournants. Le quatrième est imminent.

À quatre heures ce matin, Hitler a attaqué et envahi la Russie. [...]

Ce voyou assoiffé de sang doit à présent lancer ses armées mécanisées vers de nouveaux champs de massacre, de pillage et de dévastation. Si pauvres que soient les paysans, les ouvriers et les soldats russes, il faut qu'il leur arrache encore leur pain quotidien ; il faut qu'il dévore leurs récoltes ; il faut qu'il leur vole le pétrole indispensable à leurs tracteurs, et

thus produce a famine without example in human history. And even the carnage and ruin which his victory, should he gain it – he has not gained it yet – will bring upon the Russian people, will itself be only a stepping-stone to the attempt to plunge the four or five hundred millions who live in China, and the three hundred and fifty millions who live in India, into that bottomless pit of human degradation over which the diabolic emblem of the Swastika flaunts itself. It is not too much to say here this summer evening that the lives and happiness of a thousand million additional people are now menaced with brutal Nazi violence. That is enough to make us hold our breath. But presently I shall show you something else that lies behind, and something that touches very nearly the life of Britain and of the United States.

The Nazi régime is indistinguishable from the worst features of communism. It is devoid of all theme and principle except appetite and racial domination. It excels all forms of human wickedness in the efficiency of its cruelty and ferocious aggression. No one has been a more consistent opponent of Communism than I have for the last twenty-five years. I will unsay no word that I have spoken about it. But all this fades away before the spectacle which is now unfolding. The past with its crimes, its follies and its tragedies, flashes away. I see the Russian soldiers standing on the threshold of their native and, guarding the fields which their fathers have tilled from time immemorial. I see them guarding their homes where mothers and wives pray – ah yes, for there are times when all pray – for the safety their loved ones, the return of the breadwinner, of their champion, their protector. I see the ten thousand villages of Russia, where the means of existence was wrung so hardly from the soil,

produire ainsi une famine sans précédent dans l'histoire de l'humanité. Et même le carnage et la ruine que sa victoire, s'il devait la remporter – mais il ne l'a pas encore remportée –, ferait subir au peuple russe, ne serait que le prélude à une nouvelle tentative, pour plonger cette fois les quatre à cinq cent millions d'hommes qui vivent en Chine et les trois cent cinquante millions qui vivent en Inde dans les abîmes sans fond de la dégradation humaine, que surmonte l'emblème diabolique de la croix gammée. Il n'y a aucune exagération, ce soir d'été, à le dire : la barbarie nazie menace à présent la vie et le bonheur de millions d'hommes supplémentaires. Ceci est assez pour nous faire retenir notre souffle, mais je vais vous montrer que derrière ces desseins se cache quelque chose d'autre, quelque chose qui menace l'existence même de la Grande-Bretagne et des États-Unis.

Le régime nazi se confond avec les pires caractéristiques du communisme. Il n'a d'autres raisons ni principes que l'assouvissement de sa faim et la domination raciale. Il surpasse par l'efficacité de ses attaques féroces et cruelles toutes les formes de malignité humaine. Personne n'a combattu le communisme avec autant de constance que moi pendant les vingt-cinq dernières années. Je ne retirerai rien de ce que j'ai dit à son encontre. Mais tout cela disparaît devant le spectacle qui se déroule à présent sous nos yeux. Le passé avec ses crimes, ses folies et ses tragédies, s'efface brusquement. Je vois les soldats russes, aux frontières de leur patrie, défendant les terres que leurs pères ont cultivées depuis des temps immémoriaux. Je les vois qui protègent les foyers où leurs mères et leurs épouses prient – oh oui, car il y a des heures où tout le monde prie – pour le salut des êtres chers, pour le retour du chef de leur famille, le retour de leur héros et de leur protecteur. Je vois ces milliers de villages de Russie où les moyens de subsister sont tirés du sol avec tant de peine,

but where there are still primordial human joys, where maidens laugh and children play. I see advancing upon all this in hideous onslaught the Nazi war machine, with its clanking, heel-clicking, dandified Prussian officers, its crafty expert agents fresh from the cowing and tying-town of a dozen countries. I see also the dull, drilled, docile, brutish masses of the Hun soldiery plodding on like a swarm of crawling locusts. I see the German bombers and fighters in the sky, still smarting from many a British whipping, delighted to find what they believe is an easier and a safer prey.

[...]

But now I have to declare the decision of His Majesty's Government – and I feel sure it is a decision in which the great Dominions will, in due course, concur – for we must speak out now at once, without a day's delay. I have to make the declaration, but can you doubt what our policy will be? We have but one aim and one single, irrevocable purpose. We are resolved to destroy Hitler and every vestige of the Nazi régime. From this nothing will turn us – nothing. We will never parley, we will never negotiate with Hitler or any of his gang. We shall fight him by land, we shall fight him by sea, we shall fight him in the air, until with God's help we have rid the earth of his shadow and liberated its peoples from his yoke. Any man or state who fights on against Nazidom will have our aid. Any man or state who marches with Hitler is our foe. This applies not only to organised states but to all representatives of that vile race of quislings who make themselves the tools and agents of the Nazi régime against their fellow-countrymen and the lands of their

mais où les joies primordiales de l'homme n'en existent pas moins, ces villages où les jeunes filles rient et où les enfants jouent. Je vois qui s'avance vers eux, pour les massacrer, la machine de guerre nazie, avec ses élégants officiers prussiens cliquetant et claquant des talons, avec ses experts fraîchement entraînés par le pillage et l'asservissement d'une douzaine de pays. Je vois également la masse sinistre, abrutie, soumise et brutale de la soldatesque hun qui s'abat lourdement comme un essaim de sauterelles. Et je vois dans le ciel – encore sonnés par les raclées anglaises – les bombardiers et les avions de chasse allemands, excités de trouver une proie qu'ils imaginent plus facile et moins dangereuse.

[…]

Mais je dois annoncer maintenant la décision du gouvernement de Sa Majesté – et je suis sûr que les *Dominions* en temps voulu l'approuveront aussi – car il faut la faire connaître tout de suite et sans délai. Je dois faire connaître cette décision mais pouvez-vous douter un seul instant de ce que sera notre politique ? Nous n'avons qu'un seul et irrévocable but : abattre Hitler et toute trace du régime nazi. Rien ne pourra nous détourner de cet objectif. Nous n'engagerons jamais aucun pourparlers, aucune négociation ni avec Hitler ni avec aucun membre de sa bande. Nous le combattrons, avec l'aide de Dieu, sur terre, sur mer et dans les airs jusqu'à défaire le monde de son ombre et jusqu'à affranchir les peuples de son joug. Tout homme ou État qui combat le nazisme recevra notre aide. Tout homme ou État qui combat avec Hitler est notre ennemi. Ceci ne vaut pas que pour les États, mais pour tous les représentants de la vile race des quisling[1] qui se font, contre leur patrie et contre leurs compatriotes,

1. Voir note page 222.

birth. They – these quislings – like the Nazi leaders themselves, if not disposed of by their fellow-countrymen, which would save trouble, will be delivered by us on the morrow of victory to the justice of the Allied tribunals. That is our policy and that is our declaration. It follows, therefore, that we shall give whatever help we can to Russia and the Russian people. We shall appeal to all our friends and allies in every part of the world to take the same course and pursue it, as we shall, faithfully and steadfastly to the end.

[...]

This is no class war, but a war in which the whole British Empire and Commonwealth of Nations is engaged without distinction of race, creed or party. It is not for me to speak of the action of the United States, but this I will say: if Hitler imagines that his attack on Soviet Russia will cause the slightest division of aims or slackening of effort in the great Democracies who are resolved upon his doom, he as woefully mistaken. On the contrary, we shall be fortified and encouraged in our efforts to rescue mankind from his tyranny. We shall be strengthened and not weakened in determination and in resources.

This is no time to moralise on the follies of countries and governments which have allowed themselves to be struck down one by one, when by united action they could have saved themselves and saved the world from this catastrophe. But when I spoke a few minutes ago of Hitler's blood-lust and the hateful appetites which have impelled or lured him on his Russian adventure, I said there was one deeper motive behind his outrage. He wishes to destroy the Russian power because he hopes that if he succeeds in this,

les agents et les instruments du régime nazi. Ces hommes, comme les chefs nazis, s'ils ne sont pas éliminés par leurs compatriotes, ce qui rendrait la chose plus aisée, seront traduits par nous, le lendemain de la victoire, devant des tribunaux alliés. Telle est notre politique, et ceci notre déclaration. Nous fournirons, par conséquent, toute l'aide que nous pourrons à la Russie et au peuple russe. Nous ferons appel à tous nos amis et à nos alliés aux quatre coins du globe pour qu'ils s'engagent dans la même voie et poursuivent avec nous, fidèlement, sans faillir et jusqu'au bout, le même but.

[...]

Cette guerre n'est pas une guerre de classes, c'est une guerre dans laquelle tout l'Empire et tout le Commonwealth des nations sont engagés, sans distinction de race, de croyance ou de parti. Il ne m'appartient pas de dire ce que feront les États-Unis, mais je dirai ceci : si Hitler s'imagine que son attaque contre la Russie soviétique provoquera chez les grandes démocraties qui ont juré sa perte la moindre divergence ou le moindre relâchement de leur effort de guerre, il se trompe lourdement. Au contraire, nous serons fortifiés et encouragés dans nos efforts pour sauver l'humanité de sa tyrannie. Nous ne serons pas affaiblis, nous serons plus forts, en détermination comme en ressources.

Il n'est plus temps de moraliser sur la folie des pays et des gouvernements qui se sont laissés terrasser un par un, alors que l'union les aurait sauvés, et le monde avec eux, de cette catastrophe. En évoquant il y a quelques minutes la soif de sang et la cupidité haineuse qui ont poussé ou attiré Hitler dans son aventure en Russie, j'ai suggéré qu'il y avait derrière son crime un mobile plus profond. Hitler souhaite abattre la puissance russe parce qu'il espère, en y

he will be able to bring back the main strength of his army and air force from the East and hurl it upon this Island, which he knows he must conquer or suffer the penalty of his crimes. His invasion of Russia is no more than a prelude to an attempted invasion of the British Isles. He hopes, no doubt, that all this may be accomplished before the winter comes, and that he can overwhelm Great Britain before the fleet and air power of the United States may intervene. He hopes that he may once again repeat, upon a greater scale than ever before, that process of destroying his enemies one by one, by which he has so long thrived and prospered, and that then the scene will be clear for the final act, without which all his conquests would be in vain – namely, the subjugation of the Western Hemisphere to his will and to his system.

The Russian danger is therefore our danger, and the danger of the United States, just as the cause of any Russian fighting for his hearth and home is the cause of free men and free peoples in every quarter of the globe. Let us learn the lessons already taught by such cruel experience. Let us redouble our exertions, and strike with united strength while life and power remain.

parvenant, qu'il pourra ensuite ramener vers l'ouest le gros de ses forces et les lancer ensuite contre cette île, dont la conquête est impérative s'il ne veut pas encourir le châtiment de ses crimes. Son invasion de la Russie n'est rien de plus que le prélude à une invasion des îles Britanniques. Nul doute qu'il espère accomplir tout ceci avant l'hiver, et subjuguer l'Angleterre avant que la flotte et l'aviation ne puissent intervenir. Il espère une fois de plus employer, et sur une échelle plus grande que jamais auparavant, le procédé qui jusqu'ici lui a si bien réussi, et qui consiste à détruire ses ennemis un par un : la scène serait libre alors pour le dernier acte sans lequel toutes ses conquêtes auraient été vaines : j'ai nommé l'asservissement de l'hémisphère occidental à son système et à sa volonté.

Le danger encouru par la Russie est nôtre, et c'est aussi un danger pour les États-Unis, tout comme la cause que défend chaque soldat russe en combattant pour sa patrie et pour son foyer est la cause des hommes libres et des peuples libres partout sur cette terre. Tirons les leçons que nous a enseignées déjà notre cruelle expérience. Redoublons d'efforts, et frappons ensemble tant que la vie nous en laisse le pouvoir.

15

9 SEPTEMBRE 1941

Le 14 août 1941 au large de Terre-Neuve, Winston Churchill et Franklin D. Roosevelt signent la Charte de l'Atlantique. Celle-ci établit les principes qui, à l'avenir, régiront la politique commune des Britanniques et des Américains. Elle fixe les conditions de l'établissement d'un monde meilleur : liberté des peuples à disposer d'eux-mêmes ; libre circulation des hommes et des marchandises ; collaboration de tous les pays au service du progrès économique et social ; rétablissement de la paix, renonciation à l'emploi de la force et création d'un système de sécurité collective ; refus de tout agrandissement territorial et de toute modification de frontière si les populations intéressées n'y ont pas librement consenti, etc. Par ailleurs, Roosevelt s'engage à assurer la protection des navires de commerce jusqu'à l'Islande et à défendre les Philippines. Mais, avec ses chefs d'état-major, il refuse de mettre en garde le Japon contre toute atteinte aux intérêts britanniques en Asie du Sud-Est, de s'intéresser à la guerre en Afrique du Nord et, *last but not least*, de s'impliquer dans le ravitaillement de l'URSS[1].

1. Le président américain finira néanmoins par se laisser fléchir par Churchill et par accepter de faire profiter l'URSS

Par-delà le considérable retentissement de la Charte de l'Atlantique, le bilan pour Churchill est donc médiocre. Mais, en cette fin d'été 1941, le tableau n'est pas uniment sombre. Car, à l'Est, malgré de terribles revers[1] et la perte d'innombrables combattants[2], l'Armée rouge résiste tant bien que mal[3]. Hitler semble donc avoir perdu son pari de l'emporter rapidement par une nouvelle « guerre éclair ». Plus encore, ses armées subissent des pertes qui, à terme, pourraient les fragiliser. En Méditerranée, en dépit des raids incessants de la Luftwaffe et de la marine de guerre allemande, Malte tient bon et avec elle, la sauvegarde des convois britanniques. Avec l'aide américaine, les voies de ravitaillement de l'Atlantique Nord résistent elles aussi. Enfin, toujours impuissant à prendre Tobrouk, Rommel ne parvient pas à s'enfoncer profondément en Égypte

Dans ce contexte malgré tout délicat, Churchill se présente devant la Chambre des communes le 9 septembre. C'est en historien plus qu'en homme politique qu'il s'efforce de rassurer les parlementaires britanniques. Si les combattants soviétiques parviennent à tenir jusqu'à la fin de

---

de la « loi prêt-bail ». Le 1er octobre, l'Américain Harriman, l'Anglais Beaverbrook et le Soviétique Molotov signeront un accord tripartite prévoyant la fourniture régulière de matériel de guerre à l'Armée rouge, au rythme mensuel théorique de 400 avions et 500 chars de combat.

1. Fin septembre, les forces soviétiques auront reculé de plus de 650 kilomètres, et perdu quelque 3 500 avions et d'énormes quantités de matériel.

2. Dont des centaines de milliers de prisonniers.

3. De la mi-août à la troisième semaine de septembre, notamment, elle plie dangereusement, mais ne rompt pas, en Ukraine.

l'automne, affirme-t-il, le redoutable hiver russe fera son œuvre. Tout comme l'immensité du front qui oblige la Wehrmacht à étirer à l'extrême ses lignes de communication et de ravitaillement, et la rend d'autant plus vulnérable à des contre-attaques. Le renfort des « masses soviétiques » ravitaillées par les alliés anglo-saxons autorise donc les Britanniques à un optimisme raisonnable. À condition de ne pas commettre d'erreur, la Grande-Bretagne, son Empire et leurs alliés tiennent plus que jamais leur destin entre leurs mains.

"WE ARE STILL CAPTAIN OF OUR SOULS"

9 September 1941, House of Commons

The magnificent resistance of the Russian Armies and the skilful manner in which their vast front is being withdrawn in the teeth of Nazi invasion make it certain that Hitler's hopes of a short war with Russia will be dispelled. Already in three months he has lost more German blood than was shed in any single year of the last war. Already he faces the certainty of having to maintain his armies on the whole front from the Arctic to the Black Sea, at the end of long, inadequate, assailed and precarious lines of communication, through all the severity of a Russian winter, with the vigorous counter-strokes which may be expected from the Russian Armies. From the moment, now nearly 80 days ago, when Russia was attacked, we have cast about for every means of giving the most speedy and effective help to our new Ally. I am not prepared to discuss the military projects which have been examined. Such a discussion would be harmful to our interests, both by what was said and by what was not said. Nor will it be possible for anyone representing the Government to enter upon any argument on such questions. In the field of supply more can be said. I agreed with President Roosevelt upon the message which was sent to

« NOUS SOMMES TOUJOURS LES MAÎTRES DE NOTRE ÂME »

9 septembre 1941, Chambre des communes

La magnifique résistance des armées russes et l'habileté avec laquelle leur front immense recule devant l'invasion nazie nous donnent l'assurance que les espoirs d'Hitler d'une guerre éclair contre la Russie seront déçus. Il a déjà fait couler, en trois mois, plus de sang allemand que pendant toute une année de la guerre précédente. Ses armées vont devoir stationner, dans le redoutable hiver russe, le long d'un front qui s'étend de l'Arctique à la mer Noire, à l'extrémité de lignes de communications inadaptées, menacées et fragiles, et faire face aux contre-attaques vigoureuses auxquelles on peut s'attendre de la part de l'Armée rouge. Au moment même où la Russie fut attaquée, il y a près de 80 jours maintenant, nous avons mis en œuvre tous les moyens possibles pour fournir à notre alliée l'aide la plus rapide et la plus efficace. Je ne suis pas prêt à discuter des projets militaires qui ont été examinés. Une telle discussion nuirait à nos intérêts, par ce qui s'y dirait comme aussi par ce qui ne s'y dirait pas, et aucun membre du gouvernement ne sera autorisé à évoquer ces sujets. Pour ce qui est du ravitaillement, nous pouvons en parler davantage. Je suis tombé d'accord avec le Président Roosevelt sur le message envoyé à

Premier Stalin, the terms of which have already been made public. The need is urgent, and the scale heavy. A considerable part of the munition industry and the iron and steel production of Russia has fallen into the hands of the enemy. On the other hand, the Soviet Union disposes of anything from ten to fifteen million soldiers, for nearly all of whom they have equipment and arms. To aid in the supply of these masses, to enable them to realise their long-continuing force, and to organise the operation of their supply, will be the task of the Anglo-American-Russian Conference. [...]

Thus far then have we travelled along the terrible road we chose at the call of duty. The mood of Britain is wisely and rightly averse from every form of shallow or premature exultation. This is no time for boasts or glowing prophecies, but there is this – a year ago our position looked forlorn and well nigh desperate to all eyes but our own. Today we may say aloud before an awe-struck world, "We are still masters of our fate. We are still captain of our souls."

Staline, dont les termes ont déjà été rendus publics. Leurs besoins sont urgents et d'une vaste échelle. Une part considérable des industries d'armement, de la production de fer et d'acier de la Russie est tombée aux mains de l'ennemi. Néanmoins, l'Union Soviétique dispose de quelque dix à quinze millions de soldats, presque tous équipés et armés. Ce sera la tâche de la conférence anglo-américano-russe que de contribuer au ravitaillement de ces masses, de permettre leur résistance, et d'organiser l'acheminement de leur ravitaillement. [...]

Nous avons donc emprunté, jusqu'à présent, le sentier redoutable du devoir que nous avions choisi de suivre. L'Angleterre, à raison, est prudemment hostile à tout sentiment, qui serait faux ou prématuré, d'exultation. L'heure n'est pas à la vantardise, ni aux prophéties délirantes, mais rappelons-nous ceci : il y a tout juste un an, notre position semblait intenable et passait pour désespérée aux yeux de tous, sauf des nôtres. Aujourd'hui nous pouvons clamer au monde étonné : « Nous sommes toujours les maîtres de notre destinée. Nous sommes toujours les maîtres de notre âme. »

16

29 OCTOBRE 1941

Fondée en 1572 et installée au nord-ouest de Londres, la prestigieuse Harrow School est une école privée réservée aux garçons. Elle est caractérisée par l'excellent niveau de ses élèves et par son souci d'éduquer ces derniers également hors des salles de classe. Winston Churchill y séjourna à partir du printemps 1888 et pendant quatre années et demie. Il y acheva ses études secondaires avant d'entrer à l'académie militaire de Sandhurst[1].

Le 29 octobre 1941, il se présente pour la seconde fois devant les élèves de l'École en tant que Premier Ministre[2]. Son discours lui donne l'occasion de faire œuvre de pédagogie. Pas davantage que lors de sa première visite, ses jeunes compatriotes ne doivent se laisser duper par les apparences. Si la situation semble meilleure qu'au tournant de 1940-1941, l'Angleterre n'est pas pour autant tirée d'affaire, loin s'en faut. Nul ne sait ce que l'avenir lui réserve. Aussi Churchill livre-t-il son seul et unique credo aux jeunes Anglais qui l'écoutent et, pour qu'ils le répètent à l'envie, aux journalistes qui l'accompagnent : quoi qu'il arrive, ne

1. À son troisième essai, en juin 1893.
2. Il est venu quelque dix mois plus tôt.

jamais céder sauf si « l'honneur et la raison l'exigent ». Et le vieux lion de saisir le prétexte d'une chanson modifiée en son honneur[1] pour aller plus loin encore : l'épreuve que traverse la Grande-Bretagne doit être vécue comme une chance car elle offre à chacune et à chacun, Premier Ministre en tête, une occasion inespérée de donner sa pleine mesure.

---

1. Une des traditions de Harrow est le chant. Si beaucoup de chansons ont été écrites par des professeurs au sujet de la vie à Harrow dans la seconde moitié du XIXe siècle, il arrive que de nouveaux chants soient écrits ou que certains anciens textes soient complétés à l'occasion de la venue d'un invité de marque. En l'occurrence, ce 29 octobre, des vers avaient été ajoutés à la chanson « Stet Fortuna Domus » : « Nor less we praise in darker days / The leader of our nation, / And Churchill's name shall win acclaim / From each new generation. / For you have power in danger's hour / Our freedom to defend, Sir ! / Though long the fight we know that right / Will triumph in the end, Sir ! » C'est le premier de ces nouveaux vers que Churchill s'empressa de modifier en remplaçant « darker » par « sterner ».

NEVER GIVE IN!

29 October 1941, Harrow School

Almost a year has passed since I came down here at your Head Master's king invitation in order to cheer myself and cheer the hearts of a few of my friends by singing some of our own songs. The ten months that have passed have seen very terrible catastrophic events in the world – ups and downs, misfortunes – but can anyone sitting here this afternoon, this October afternoon, not feel deeply thankful for what has happened in the time that has passed and for the very great improvement in the position of our country and of our home? Why, when I was here last time we were quite alone, desperately alone, and we had been so for five or six months. We were poorly armed. We are not so poorly armed today; but then we were very poorly armed. We had the unmeasured menace of the enemy and their air attack still beating upon us, and you yourselves had had experience of this attack; and I expect you are beginning to feel impatient that there has been this long lull with nothing particular turning up!

But we must learn to be equally good at what is short and sharp and what is long and tough. It is generally said that the British are often better at the last.

N'ABANDONNEZ JAMAIS !

29 octobre 1941, Harrow School

Presque un an s'est écoulé depuis que je suis venu ici, à l'aimable invitation de votre directeur, pour me réjouir et réchauffer le cœur de quelques-uns de mes amis en chantant certaines de vos chansons. Les dix mois qui viennent de s'écouler ont vu le monde bouleversé par des événements terribles – des hauts et des bas, et des revers – mais qui, prenant place ici cet après-midi, cet après-midi d'octobre, ne rendrait pas grâces de ce qui s'est passé depuis et de l'amélioration qu'a connue la position de notre patrie et de notre sol ? Tout simplement parce que la dernière fois que j'étais ici, nous étions presque seuls, désespérément seuls, et ce depuis cinq ou six mois. Nous étions pauvrement armés. Nous ne sommes plus aussi mal armés aujourd'hui, mais à ce moment-là notre armement était vraiment des plus pauvres. Nous étions exposés à la menace inégalée de l'ennemi et victimes de ses attaques aériennes, et vous-mêmes avez connu cette expérience : et je compte bien que cette accalmie prolongée où rien ne se passe commence à vous peser !

Nous devons apprendre, pourtant, à tenir bon dans l'épreuve, qu'elle soit brève et aiguë ou prolongée et ardue. On dit souvent que les Anglais sont plus faits pour la seconde.

They do not expect to move from crisis to crisis; they do not always expect that each day will bring up some noble chance of war; but when they very slowly make up their minds that the thing has to be done and the job put through and finished, then, even if it takes months – if it takes years – they do it.

Another lesson I think we may take, just throwing our minds back to our meeting here ten months ago and now, is that appearances are often very deceptive, and as Kipling well says, we must

> *... meet with Triumph and Disaster*
> *And treat those two impostors just the same.*

You cannot tell from appearances how things will go. Sometimes imagination makes things out far worse than they are; yet without imagination not much can be done. Those people who are imagination see many more dangers than perhaps exist, certainly many more than will happen; but then they must also pray to be given that extra courage to carry this far-reaching imagination. But for everyone, surely, what we have gone through in this period – I am addressing myself to the School – surely from this period of ten months this is the lesson: never give in, never give in, *never, never, never, never* – in nothing, great or small, large or petty – never give in except to convictions of honour and good sense. Never yield to force; never yield to the apparently overwhelming might of the enemy. We stood all alone a year ago, and to many countries it seemed that our account was closed, we were finished. All this tradition of ours, our songs, our School history, this part of

On dit qu'ils ne s'attendent pas à passer d'une crise à une autre, qu'ils ne font pas de chaque jour une chance de combattre, mais on dit aussi que lorsqu'ils ont décidé enfin qu'il faut agir et que le travail doit être achevé : peu importe le temps que cela peut prendre – des mois, voire des années – ils le font.

En nous reportant à notre dernière rencontre il y a dix mois, nous pouvons tirer de la comparaison entre notre situation d'alors et l'actuelle cette autre leçon, que les apparences sont souvent trompeuses et, comme le dit si bien Kipling, que nous devons :

> *… affronter le Triomphe et le Désastre*
> *Et recevoir ces deux menteurs d'un même front.*

Les apparences ne nous permettent pas de prédire l'avenir. L'imagination, parfois, exagère le mauvais côté des choses, mais rien ne peut se faire sans elle. Les personnes imaginatives se figurent plus de dangers qu'il n'y en a, certainement bien plus que ceux qui surgiront : c'est pour cela qu'elles doivent implorer le courage de faire face aux effets de leur imagination excessive. Mais pour tout le monde, j'en suis certain, nous tirons des épreuves traversées au cours de cette période – et je m'adresse plus particulièrement à l'École – cette leçon : n'abandonnez jamais, n'abandonnez jamais, *jamais, jamais, jamais, jamais* – n'abandonnez rien, ni de grand ni de petit, rien d'important ni rien d'insignifiant – n'abandonnez rien sauf quand l'honneur et la raison l'exigent. Ne cédez jamais à la force, ne cédez jamais à la force apparemment irrésistible d'un ennemi. Il y a un an nous étions seuls à faire face, et pour beaucoup de pays, il semblait que tout fut joué et que nous fussions condamnés. Nos traditions, nos chansons,

the history of this country, were gone and finished and liquidated.

Very different is the mood today. Britain, other nations thought had drawn a sponge across her slate. But instead our country stood in the gap. There was no flinching and no thought of giving in; and by what seemed almost a miracle to those outside these Islands though we ourselves never doubted it, we now find ourselves in a position where I say that we can be sure that we have only to persevere to conquer.

You sang here a verse of a School Song; you sang that extra verso written in my honour, which I was very greatly complimented by and which you have repeated today. But there is one word in it I want to alter – I wanted to do so last year, but I did not venture to. It is the line –

Nor less we praise in darker days.

I have obtained the Head Master's permission to alter "darker" to "sterner":

Nor less we praise in sterner days.

Do not let us speak of darker days; let us speak rather of sterner days. These are not dark days: these are great days – the greatest day our country has ever lived; and we must all thank God that we have been allowed, each of us according to our stations, to play a part in making these days memorable in the history of our race.

toute l'histoire de notre École, cette page de l'histoire de notre pays étaient parties, englouties et liquidées.

Les avis sont tout autres aujourd'hui. L'Angleterre, estimaient certains, finira par jeter l'éponge. Mais notre pays a tenu bon. Nous n'avons pas fléchi, nous n'avons pas même songé à nous avouer vaincus, et ce qui a paru aux observateurs étrangers à nos îles comme un miracle, dont nous n'avions jamais douté, fait que nous nous trouvons à présent dans une situation qui me permet de dire qu'il ne nous faut plus que persévérer pour vaincre.

Vous avez chanté la dernière fois le couplet d'une chanson de l'École, et vous avez chanté à nouveau aujourd'hui ce vers écrit pour moi qui m'avait tant fait plaisir, mais il y a un mot dans ce couplet que je souhaiterais changer – j'avais souhaité le changer l'année dernière, mais je n'avais pas osé :

En ces jours sombres pourtant nous louons Dieu.

Votre directeur m'a autorisé à remplacer « sombres » par « austères » :

En ces jours austères pourtant nous louons Dieu.

Ne parlons pas de jours sombres, parlons plutôt de jours austères. Ces jours ne sont pas des jours sombres, ce sont des jours glorieux, les jours les plus glorieux que notre pays ait jamais connus ; et nous devons tous rendre grâces à Dieu, là où nous nous trouvons, de nous permettre de jouer notre rôle dans ces jours qui sont entrés dans l'histoire de notre race.

17

29 JANVIER 1942

Le 7 décembre 1941 au petit matin, l'aviation japonaise attaque la base navale américaine de Pearl Harbor. Le lendemain, Franklin D. Roosevelt prononce un bref discours devant le Congrès américain au terme duquel il demande que l'état de guerre soit reconnu. Sa proposition est approuvée par le Sénat à l'unanimité et par la Chambre des représentants à l'unanimité moins une voix. Le 10 décembre, les Japonais coulent deux cuirassés britanniques, le *Prince of Wales* et le croiseur de bataille *Repulse,* que Churchill vient d'envoyer vers Singapour afin de dissuader le Japon de s'en prendre aux intérêts britanniques dans le Pacifique. Le même jour, la garnison américaine de Guam capitule face aux Japonais. Le 11, l'Allemagne et l'Italie déclarent la guerre aux États-Unis par solidarité avec le Japon ; les États-Unis, à leur tour, leur déclarent la guerre. Le 16, les Japonais envahissent Bornéo. Le 18, ils débarquent à Hongkong[1]. Vient ensuite le tour de la Birmanie[2], de la Malaisie[3], des Philippines[4] et de Sumatra. Depuis le 31 décembre précédent, les forces japonaises assiègent Singapour[5].

---

1. Qui sera prise le 25.
2. À partir du 11 janvier 1942.
3. Kuala Lumpur tombe le 12 janvier 1942.
4. Les Japonais entrent à Manille le 2 janvier 1942.
5. Qui tombera le 15 février 1942. 100 000 combattants britanniques seront faits prisonniers à cette occasion.

Sur les théâtres d'opération nord-africain et est-européen, le tableau est plus contrasté. Le 10 décembre 1941, les forces britanniques reprennent Tobrouk. En dépit d'une tentative de contre-attaque de Rommel, elles repoussent l'*Afrika Korps* jusqu'à El-Agheila, à l'extrême ouest de la Cyrénaïque. Comme d'habitude sur ce front particulièrement mouvant, elles ont étiré leurs lignes à l'extrême. En outre, il a fallu prélever sur elles des contingents destinés à combattre en Extrême-Orient. Rommel en profite alors pour passer à son tour à l'offensive le 21 janvier 1942… Par ailleurs, au fort de l'hiver russe, l'Armée rouge fait mieux que contenir la Wehrmacht. Le 1er décembre 1941, l'offensive allemande vers Moscou s'arrête, à bout de forces. Le 6 décembre, 88 divisions soviétiques lancent une vaste contre-offensive. Le 20, les Allemands commencent à battre en retraite devant Moscou. Il s'en faut de peu que, dans un froid épouvantable, ce recul ne se transforme en débandade. Le 9 janvier 1942, les Soviétiques percent en direction de Smolensk. Le 18, ils récidivent au sud de Kharkov. C'en est fini du mythe de l'invincibilité de la Wehrmacht.

Dans ce contexte extrêmement labile, Winston Churchill décide de partir pour les États-Unis afin de définir une stratégie commune directement avec le président américain. Parvenu à Washington le 22 décembre, il se jette à corps perdu dans des négociations qui débouchent notamment sur la constitution dans la capitale américaine d'un « Comité des chefs d'états-majors combinés » anglo-américains, la définition d'une stratégie concernant aussi bien l'Europe et le Pacifique que l'Extrême-Orient, l'organisation de convois de ravitaillement à l'intention de l'URSS, l'accord sur un programme commun de recherche atomique, et la rédaction d'une « Déclaration des Nations unies » qui sera signée le 1er janvier 1942 à Washington par 26 pays. Le 26 décembre, Churchill prononce un important discours devant le Congrès

américain. Le 30, c'est au tour du Parlement canadien de l'entendre. Entre-temps, cet homme de 67 ans fait une thrombose coronaire qui va le contraindre à prendre un peu de repos avant de regagner l'Angleterre.

À peine arrivé à Londres, Churchill juge indispensable de solliciter la confiance de la Chambre des communes. C'est que, engagée dans une guerre totale, une guerre à mort, la Grande-Bretagne n'en demeure pas moins une démocratie dans laquelle le pouvoir exécutif doit rendre régulièrement des comptes aux parlementaires élus du peuple. Or, ceux-ci sont littéralement effarés par la série de catastrophes qui viennent de s'abattre sur leur pays et ses alliés. Le 27 janvier aux Communes, le Premier Ministre parle pendant deux heures, sans parvenir à convaincre ses détracteurs. Le 29, alors que les débats touchent à leur terme, il prononce un nouveau discours. Après avoir rappelé que voter la censure imposerait à la Chambre de soutenir la formation d'un autre gouvernement, il revient sur les faits qui ont conduit au dépôt de la motion en insistant sur leur interdépendance. C'est en tentant de préserver l'essentiel qu'une Grande-Bretagne assaillie de toutes parts a dû sacrifier ce qui n'était pas absolument vital. Aussi déclare-t-il fermement et avec assurance assumer pleinement l'ensemble des décisions qu'il a prises[1] et toutes les conséquences qui en ont découlé. Bien meilleur que celui du 27 janvier, ce discours emporte la décision. Churchill obtient finalement la confiance par 464 voix contre une. Outre les arguments qu'il a présentés, l'idée a également surgi qu'il serait peut-être déraisonnable de tenter de poursuivre la guerre sans le vieux lion aux commandes…

1. Y compris l'envoi du *Prince of Wales* et du *Repulse* vers Singapour…

"I OFFER NO EXCUSES"

29 January 1942, House of Commons

No one can say that this has not been a full and free Debate. No one can say that criticism has been hampered or stifled. No one can say that it has not been a necessary Debate. Many will think it has been a valuable Debate. But I think there will be very few who upon reflection will doubt that a Debate of this far-reaching character and memorable importance, in times of hard and anxious war, with the state of the world what it is, our relationships to other countries being what they are, and our own safety so deeply involved – very few people will doubt that it should not close without a solemn and formal expression of the opinion of the House in relation both to the Government and to the prosecution of the war.

In no country in the world at the present time could a Government conducting a war be exposed to such a stress. No dictator country fighting for its life would dare allow such a discussion. They do not even allow the free transmission of news to their peoples, or even the reception of foreign broadcasts, to which we are all now so hardily inured. Even in the great democracy of the United States the Executive does not stand in the same direct,

« JE NE PRÉSENTE AUCUNE EXCUSE »

29 janvier 1942, Chambre des communes

Nul ne peut dire que ce débat n'a pas été libre et exhaustif. Nul ne peut dire que les critiques ont été empêchées ou étouffées. Nul ne peut dire que ce débat n'était pas nécessaire. Beaucoup penseront que ce fut au contraire un débat précieux. Mais je crois que très rares seront ceux qui douteront, après mûre réflexion, qu'un débat d'une telle ampleur et d'une importance si mémorable, alors que nous traversons une guerre difficile et angoissante, dans l'état du monde tel qu'il est, dans l'état de nos relations avec les autres pays telles qu'elles sont, avec notre sécurité si profondément engagée – très rares seront ceux qui douteront que ce débat doive se clore sans une déclaration formelle et solennelle de l'opinion de la Chambre sur le présent gouvernement et sur sa conduite de la guerre.

Dans aucun pays du monde actuel, un gouvernement menant la guerre ne saurait être exposé à une telle pression. Aucun pays dictatorial combattant pour sa survie n'oserait autoriser une telle discussion. Ils n'autorisent même pas la libre retransmission des nouvelles à leurs peuples, ni même la réception de radios étrangères auxquelles nous commençons à peine à nous habituer. Même dans la grande démocratie des États-Unis, l'exécutif n'a pas cette relation directe,

immediate, day-to-day relation to the Legislative body as we do. The President, in many vital respects independent of the Legislature, Commander-in-Chief of all the Forces of the Republic, has a fixed term of office, during which his authority can scarcely be impugned. But here in this country the House of Commons is master all the time of the life of the Administration. Against its decisions there is only one appeal, the appeal to the nation, an appeal it is very difficult to make under the conditions of a war like this, with a register like this, with air raids and invasion always hanging over us.

Therefore, I say that the House of Commons has a great responsibility. It owes it to itself and it owes it to the people and the whole Empire, and to the world cause, either to produce an effective, alternative Administration by which the King's Government can be carried on, or to sustain that Government in the enormous tasks and trials which it has to endure. [...]

I was forced to inflict upon the House two days ago a very lengthy statement, which cost me a great deal of time and trouble, in the intervals of busy days and nights, to prepare. I do not desire to add to it to any important extent. It would not be possible for me to answer all the criticisms and inquiries which have been made during this Debate. I have several times pointed out to the House the disadvantage. I lie under, compared with the leaders of other countries who are charged with general war direction, in having to make so many public statements, and the danger that in explaining fully our position to our friends we may also be stating it rather too fully to our enemies. Moreover, the Lord Privy Seal, in his excellent speech yesterday, has already replied to a number of the controversial issues which were raised. There are therefore

immédiate, quotidienne qui est la nôtre avec le législatif. Indépendant du pouvoir législatif à bien des égards, le Président, commandant suprême de toutes les forces de la République, gouverne pour un terme fixé pendant lequel son autorité peut difficilement être contestée. Mais ici, dans ce pays, la chambre des communes est maîtresse, à tout moment, de la vie de l'administration. Contre ses décisions, il n'est qu'un seul appel, l'appel à la nation, très difficile à réaliser dans les conditions de guerre que nous traversons, avec autant d'électeurs, avec les raids aériens et la menace d'une invasion qui pèsent toujours sur nous.

C'est pourquoi je rappelle que la Chambre des communes détient une grande responsabilité. Elle se doit à elle-même et elle doit au peuple de l'Empire tout entier, et à la cause du monde, soit de proposer une administration de remplacement efficace par laquelle le gouvernement du Roi pourra être dirigé, soit de soutenir le présent gouvernement dans les tâches et les épreuves écrasantes qu'il doit affronter. [...]

Il y a deux jours, j'ai dû infliger à la Chambre une très longue déclaration qui m'a coûté beaucoup de temps et de peine à préparer, dans les intervalles de mes jours et nuits de travail. Je ne souhaite pas y ajouter quoi que ce soit. Je ne pourrais pas répondre à toutes les critiques, pas plus qu'à toutes les questions qui ont été formulées au cours de ce débat. J'ai fait remarquer à la Chambre, à plusieurs reprises, le désavantage de ma position comparée à celle des dirigeants des autres pays chargés eux aussi de la conduite de la guerre, en étant obligé de faire tant de déclarations publiques, et le danger de dévoiler entièrement notre position à nos amis, mais peut-être aussi trop ouvertement à nos ennemis. De plus, dans son remarquable discours d'hier, le chancelier du Petit Sceau a répondu à certaines des questions les plus controversées qui avaient été posées. Par conséquent,

only a few points with which I wish to deal today, but they are important points.

The first is the advantage, not only to Britain but to the Empire, of the arrival of powerful American Army and Air Forces in the United Kingdom. [...]

The course of this Debate has mainly turned upon the admitted inadequacy of our preparations to meet the full onslaught of the new and mighty military opponent who has launched against us his whole force, his whole energies and fury in Malaya and in the Far East. There is not very much I wish to add, and that only by way of illustration, to the connected argument which I deployed to the House on Tuesday. [...]

I am by no means claiming that faults have not been committed in the minor sphere, and faults for which the Government are blameworthy. But when all is said and done, the House must not be led into supposing that even if everything on the spot had gone perfectly – which is rare in war – they must not be led into supposing that this would have made any decisive difference to the heavy British and American forfeits which followed inexorably from the temporary loss of sea-power in the Pacific, combined with the fact of our being so fully extended elsewhere. [...]

If we had gone to war with Japan to stop the Japanese coming across the long ocean stretches from their own country, and establishing themselves within close striking distance of the Malay Peninsula and Singapore, we should have had to fight alone, perhaps for a long time, the whole of the Japanese attacks upon our loosely knit establishments and possessions in this vast Oriental region. As I said on Tuesday, we have never had the power, and we never could have had the power, to fight Germany, Italy and Japan single-handed at the same time. We therefore had to watch

je ne souhaite aborder aujourd'hui que quelques points, mais ce sont des points importants.

Le premier est l'avantage, non seulement pour la Grande-Bretagne, mais aussi pour l'Empire, créé par l'arrivée dans notre pays de la puissante Armée américaine et de ses forces aériennes. [...]

L'essentiel du présent débat a porté sur notre impréparation – réelle – face à l'assaut de notre nouvel et puissant ennemi qui a tourné contre nous, en Malaisie et en Extrême-Orient, l'intégralité de sa force, de son énergie et de sa fureur. Je ne souhaite pas ajouter grand-chose aux arguments que j'ai développés mardi devant la Chambre, si ce n'est pour les illustrer. [...]

Je ne prétends nullement que des erreurs n'ont pas été commises à la base, erreurs pour lesquelles le gouvernement peut être blâmé. Mais cela étant dit, la Chambre ne doit pas être amenée à croire que, même si tout s'était déroulé parfaitement – ce qui est rare dans la guerre –, cela aurait pour autant allégé le lourd tribut payé par les Britanniques et les Américains, conséquence inexorable de notre perte temporaire du contrôle du Pacifique, combinée à l'ampleur de nos engagements ailleurs. [...]

Si nous étions entrés en guerre contre le Japon, pour l'empêcher de traverser les longues distances maritimes et de s'établir à portée de la péninsule malaise et de Singapour, nous aurions dû affronter seuls, et peut-être pour longtemps, toutes les attaques japonaises contre nos bases et nos possessions, mal reliées entre elles, dans cette vaste région de l'Extrême-Orient. Comme je l'ai dit mardi, nous n'avons jamais eu les moyens de le faire, et nous n'aurions jamais eu ceux de combattre seuls l'Allemagne, l'Italie et le Japon en même temps. Nous avons donc été contraints d'observer

the march of events with an anxiety which increased with the growth of the Japanese concentrations, but at the same time was offset by the continuous approach of the United States ever nearer to the confines of the War. [...]

I have finished, and it only remains for us to act. I have tried to lay the whole position before the House as far as public interest will allow, and very fully have we gone into matters. On behalf of His Majesty's Government, I make no complaint of the Debate, I offer no apologies, I offer no excuses, I make no promises. In no way have I mitigated the sense of danger and impending misfortunes of a minor character and of a severe character which still hang over us, but at the same time I avow my confidence, never stronger than at this moment, that we shall bring this conflict to an end in a manner agreeable to the interests of our country, and in a manner agreeable to the future welfare of the world. I have finished. Let every man act now in accordance with what he thinks is his duty in harmony with his heart and conscience.

la marche des événements avec une anxiété avivée par la progression des concentrations japonaises, mais que venait apaiser, cependant, l'imminence de l'entrée en guerre des États-Unis, toujours plus proche. [...]

J'en ai terminé et il ne nous reste plus qu'à agir. J'ai tâché de présenter à la Chambre notre position dans sa globalité, autant que le permettait l'intérêt public, et nous avons débattu de ces sujets en profondeur. Au nom du Gouvernement de Sa Majesté, je ne regrette pas ce débat, je ne présente aucune excuse, je ne demande aucun pardon, je ne fais aucune promesse. Je n'ai en aucune manière minoré le danger et les malheurs à venir, secondaires ou terribles, qui nous menacent encore, mais j'avoue en même temps que jamais ma confiance n'a été aussi forte qu'en ce moment : nous mènerons ce conflit à son terme, d'une manière qui serve les intérêts de notre pays tout en garantissant à l'avenir la sécurité du monde. J'en ai terminé. Que chaque homme agisse maintenant conformément à ce qu'il pense être son devoir, en accord avec son cœur et avec sa conscience.

18

2 JUILLET 1942

De janvier à juin 1942, les forces japonaises poursuivent leur avance : elles achèvent la conquête des Indes néerlandaises[1], s'installent solidement en Birmanie et menacent l'Inde[2] ; en s'assurant des îles Salomon et en envahissant la Nouvelle-Guinée[3], elles commencent à faire peser une lourde menace sur l'Australie ; au nord, elles vont jusqu'aux îles Aléoutiennes et bombardent Dutch-Harbor. Si la bataille de la mer de Corail[4] se termine sur un demi-échec pour les Japonais, ceux-ci ne sont finalement arrêtés qu'*in extremis* à Midway au début du mois

1. Java capitule à la mi-mars 1942.

2. Dès la fin mars. Début avril, les Japonais occupent les îles Andaman, à moins de 700 milles des côtes indiennes et envoient une forte escadre en direction de Ceylan. Ils menacent également l'Inde depuis la Birmanie. Il faudra tout le printemps 1942 pour contraindre l'escadre à repasser le détroit de Sumatra et quitter l'océan indien, et pour sécuriser la frontière indo-birmane.

3. Début mars.

4. Du 4 au 8 mai 1942, au nord-est de l'Australie.

de juin[1]. Pendant ce temps, dans l'Atlantique, la guerre sous-marine cause des pertes épouvantables aux alliés[1]. Sur le front de l'Est, la Wehrmacht est parvenue à surmonter la crise de l'hiver et, fin avril, à stopper les contre-offensives soviétiques. Elle met à profit le printemps 1942 pour compenser ses pertes[2], commencer à moderniser ses forces blindées et se réorganiser partiellement. Fin mai, une offensive soviétique lancée en direction de Kharkov et du bassin du Donetz tourne au désastre[3]. Fin juin, en Crimée, les Allemands s'assurent de la presqu'île de Kertch et prennent Sébastopol. Le 28 juin, ils lancent une offensive de grande envergure vers Voronej[4] à l'est, Stalingrad au sud-est et le Caucase au sud[5]. De son côté, le général Rommel vole de succès en succès en Afrique du Nord. Avec l'aide de la IIe flotte aérienne du maréchal Kesselring

1. Au cours de la bataille navale de Midway (4 et 5 juin 1942), les Japonais perdirent 4 porte-avions, un croiseur lourd et 322 avions tandis que les Américains perdaient un porte-avions, un destroyer et 147 avions. La flotte japonaise avait échoué dans sa tentative de sécuriser à son profit le Pacifique central. Surtout, le mythe de l'invincibilité japonaise avait vécu.

2. 680 000 tonnes coulées en février, 750 000 tonnes en mars…

2. Plus d'un million d'hommes et 3 500 chars, tandis que les effectifs des escadrilles de la Luftwaffe ont été réduits de 25 à 45 %.

3. L'Armée rouge abandonne 240 000 prisonniers, 1 200 chars et 2 000 camions.

4. À environ 450 kilomètres au sud de Moscou. Voronej tombera le 3 juillet.

5. Objectif ultime de cette offensive : les puits de pétrole d'Irak et d'Iran.

basée en Méditerranée centrale, il a repris l'offensive le 21 janvier 1942. Après s'être arrêté un temps à l'ouest d'Aïn El-Gazala[1], il repart à l'assaut à partir du 26 mai. Son plan consiste à contourner les lignes de défense britanniques par le sud en forçant le verrou de Bir Hakeim tenu par la 1re Brigade française libre (BFL) du général Koenig. En le retardant, la farouche résistance de la BFL[2] l'empêche de mener son entreprise à son terme et donne le temps aux Britanniques de se replier. Mais Tobrouk tombe le 21 juin[3]. Le 29, Rommel est à Marsa Matrouh[4]. Il est finalement arrêté le 1er juillet par une nouvelle ligne de défense établie par les Britanniques vers le sud à partir d'El-Alamein[5]. Mais l'alerte a été très chaude[6]. Depuis les terribles semaines de mai-juin et d'août-septembre 1940, le printemps 1942 est donc probablement le pire moment de la guerre pour la Grande-Bretagne.

Au cours de ces mois très difficiles, et tandis que les néophytes américains élaborent des plans militaires impraticables, Winston Churchill met son légendaire dynamisme au service d'un activisme brouillon en matière militaire[7].

---

1. À l'extrême nord-est de la Libye.
2. Du 6 au 11 juin.
3. 33 000 combattants britanniques sont faits prisonniers et 10 000 tonnes de carburant sont saisies par les forces germano-italiennes.
4. Sur la côte égyptienne à quelque 300 kilomètres à l'ouest d'Alexandrie.
5. El-Alamein se trouve à proximité de la côte égyptienne, à une centaine de kilomètres au sud-ouest d'Alexandrie.
6. Les forces germano-italiennes se sont approchées à environ 150 kilomètres du Caire.
7. Pour en juger, on lira avec profit François Kersaudy, *Op. cit.* p. 470-478.

L'impression est désastreuse. Plus encore, cette activité désordonnée fait naître de sérieux doutes sur sa capacité à tenir les commandes. Fin juin-début juillet, de retour d'un bref mais fructueux séjour aux États-Unis[1], il doit affronter une nouvelle motion de censure tout entière concentrée sur sa conduite de la guerre. Sir Leslie Hoare Belisha[2], l'un de ses plus rudes opposants, va jusqu'à s'interroger publiquement : « En cent jours, nous avons perdu notre Empire en Extrême-Orient. Que va-t-il se produire dans les cent prochains jours ?… » Le 2 juillet à la Chambre des communes, à l'issue de longs et difficiles débats, le Premier Ministre prend la parole. Il commence par se féliciter du bon fonctionnement des institutions parlementaires britanniques, vivant exemple de ce qu'une démocratie peut continuer à fonctionner tout en livrant une guerre à mort. Mais il souligne qu'à trop afficher leurs désaccords, les parlementaires ont pris le risque de miner la confiance du peuple, de l'Empire et des alliés de la Grande-Bretagne, pour le plus grand bénéfice de l'ennemi. Il en vient alors à l'enjeu des débats qui s'achèvent : faut-il ou non confier la conduite de la guerre à une personnalité qui ne serait pas le

---

1. Arrivé à Washington le 19 juin 1942, le Premier Ministre britannique a proposé au président et aux responsables militaires américains l'idée d'un débarquement en Afrique du Nord ; celle-ci fera son chemin au cours de l'été. C'est également au cours de ce séjour qu'ont été conclus les accords dits de « Hyde Park » selon lesquels Britanniques et Américains travailleront de conserve en matière de recherche atomique tandis que les installations et usines idoines seront implantées aux USA.

2. Il a notamment été ministre de la Guerre dans le gouvernement Chamberlain avant le Second conflit mondial.

Premier ministre ? Il montre les possibles dérives d'un tel système et indique fermement que lui, Churchill, ne saurait le cautionner. Plus sûr de lui et de l'œuvre accomplie que jamais, il en appelle à la responsabilité des élus : en censurant le gouvernement d'union nationale, ils feraient prendre un risque mortel au pays ; en renouvelant leur confiance au gouvernement, ils adresseront un message fort au peuple britannique, à ses alliés et, enfin, aux « tyrans » qu'il s'agit toujours d'abattre. À la suite de ce discours, la motion de censure est rejetée par 475 voix contre 25. Après ce succès, la position de Churchill ne sera plus remise en cause par les parlementaires jusqu'à la fin de la Seconde Guerre mondiale en Europe.

MOTION OF CENSURE

2 July 1942, House of Commons

This long Debate has now reached its final stage. What a remarkable example it has been of the unbridled freedom of our Parliamentary institutions in time of war! Everything that could be thought of or raked up has been used to weaken confidence in the Government, has been used to prove that Ministers are incompetent and to weaken their confidence in themselves, to make the Army distrust the backing it is getting from the civil power, to make the workmen lose confidence in the weapons they are striving so hard to make, to present the Government as a set of nonentities over whom the Prime Minister towers, and then to undermine him in his own heart And, if possible, before the eyes of the nation. All this poured out by cable and radio to all parts of the world, to the distress of all our friends and to the delight of all our foes. I am in favour of this freedom, which no other country would use, or dare to use, in times of mortal peril such as those through which we are passing. But the story must not end there, and I make now my appeal to the House of Commons to make sure that it does not end there.

Although I have done my best, my utmost, to prepare a full and considered statement for the House, I must confess

MOTION DE CENSURE

2 juillet 1942, Chambre des communes

Ce long débat se termine enfin. Quel exemple remarquable de la liberté infrangible de nos institutions parlementaires en temps de guerre ! Tout ce qui pouvait être imaginé ou inventé a été employé pour affaiblir la confiance dans le gouvernement ; pour démontrer l'incompétence des ministres ; pour miner leur confiance en eux et pour pousser l'Armée à se défier du soutien qu'elle reçoit du pouvoir civil ; pour faire perdre confiance aux travailleurs de l'armement ; pour présenter ce gouvernement comme la réunion de personnages insignifiants dominés par le Premier Ministre ; et pour l'atteindre au cœur et le perdre à ses yeux et si possible aux yeux de la nation. Tout cela a été diffusé, par le câble et par la radio, partout dans le monde, au désespoir de tous nos amis et pour la plus grande joie de tous nos ennemis. Je suis partisan de cette liberté, cette liberté qu'aucun autre pays n'utiliserait – ou n'oserait utiliser – en ces temps de péril mortel que nous traversons aujourd'hui. Mais l'histoire ne doit pas s'arrêter là, et j'en appelle à la Chambre des communes précisément pour qu'elle ne s'arrête pas là.

J'ai fait de mon mieux, du mieux que je pouvais, pour soumettre à la Chambre une déclaration complète et

that I have found it very difficult, even during the bitter animosity of the diatribe of the hon. Member for Ebbw Vale [Mr Bevan], with all its carefully aimed and calculated hostility, to concentrate my thoughts upon this Debate and to withdraw them from the tremendous and most critical battle now raging in Egypt. [...]

The mover of this Vote of Censure has proposed that I should be stripped of my responsibilities for Defence in order that some military figure or some other unnamed personage should assume the general conduct of the war, that he should have complete control of the Armed Forces of the Crown, that he should be the Chief of the Chiefs of the Staff, that he should nominate or dismiss the generals on the admirals, that he should always be ready to resign, that is to say to match himself against his political colleagues, if colleagues they could be considered, if he did not get all he wanted, that he should have under him a Royal Duke as Commander-in-Chief of the Army and finally, I presume, though this was not mentioned, that this unnamed personage should find an appendage in the Prime Minister to make the necessary explanations, excuses and apologies to Parliament when things go wrong, they often do and often will. That is at any rate a policy. It is a system very different from the Parliamentary system under which we live. It might easily amount to or be converted into a dictatorship. I wish to make it perfectly clear that as far as I am concerned I shall take no part in such a system.

Sir J. Wardlaw-Milne: I hope that my right hon. Friend has not forgotten the original sentence, which was "subject to the War Cabinet?"

Mr Churchill: Subject to the War Cabinet, against which this all powerful potentate is not to hesitate to resign

nuancée, mais je dois vous avouer qu'il m'a été très difficile, même en subissant l'animosité de la diatribe de l'honorable député d'Ebbw Vale [M. Bevan], d'une hostilité si soigneusement ciblée et calculée, de ramener mes pensées à ce débat et, surtout, de les arracher à cette bataille formidable, essentielle, qui se joue en ce moment en Égypte. [...]

Celui qui a déclenché ce vote de censure a proposé que je sois démis de mes responsabilités dans la Défense de ce pays, afin qu'une personnalité militaire, ou quelque autre personnage inconnu, assume la conduite générale de la guerre ; qu'il dispose du contrôle total des forces armées de la Couronne ; qu'il soit le chef des chefs de l'État-Major ; qu'il puisse nommer et démettre généraux et amiraux ; qu'il soit toujours prêt à démissionner, autrement dit à s'exposer à ses « collègues » politiques – si tant est que ces derniers méritent ce nom – s'il n'obtenait pas tout ce qu'il voulait ; qu'il ait sous son commandement le Duc royal comme commandant en chef de l'Armée ; et finalement, je présume, bien que cela ne soit pas mentionné, que ce personnage trouve en notre Premier Ministre un porte-parole prêt à produire devant le Parlement les explications, les excuses et l'absolution nécessaires si, comme il arrive souvent, les événements tournaient mal. Enfin bref, c'est une politique. Mais c'est un système très différent du système parlementaire qui est le nôtre. Il pourrait facilement équivaloir à ou être transformé en dictature. Je souhaite qu'il soit parfaitement clair que pour ma part, je ne cautionnerai pas un tel système.

Sir J. Wardlaw-Milne : J'espère que mon honorable Ami n'a pas oublié la phrase d'origine, qui était « subordonné au Cabinet de guerre » ?

Mr Churchill : « Subordonné au Cabinet de guerre », contre lequel ce potentat ayant tous les pouvoirs ne doit pas

on every occasion if he could not get his way. It is a plan, but it is not a plan in which I should personally be interested to take part, and I do not think that it is one which would commend itself to this House. The setting down of this Vote of Censure by Members of all parties is a considerable event. Do not, I beg you, let the House underrate the gravity of what has been done. It has been trumpeted all round the world to our disparagement, and when every nation, friend and foe, is waiting to see what is the true resolve and conviction of the House of Commons, it must go forward to the end. All over the world, throughout the United States, as I can testify, in Russia, far away in China, and throughout every subjugated country, all our friends are waiting to know whether there is a strong, solid Government in Britain and whether its national leadership is to be challenged or not. Every vote counts. If those who have assailed us are reduced to contemptible proportions and their Vote of Censure on the National Government is converted to a vote of censure upon its authors, make no mistake, a cheer will go up from every friend of Britain and every faithful servant of our cause, and the knell of disappointment will ring in the ears of the tyrants we are striving to overthrow.

hésiter à rendre sa démission à toute occasion, s'il n'obtenait pas ce qu'il voulait. Ceci est un programme, mais ce n'est pas un programme que je souhaite soutenir, et je ne pense pas qu'il faille le recommander à la Chambre. Ce vote de censure par les membres de tous les partis constitue un événement considérable. Je demande instamment que la Chambre ne sous-estime pas la gravité de ce qui a été fait. Cela a été claironné dans le monde entier à notre grand désespoir, et quand chaque nation, amie ou ennemie, attend de connaître la résolution et la conviction réelles de la Chambre des communes, il faut que celle-ci aille jusqu'au bout. Dans le monde entier, aux États-Unis comme je peux en attester, en Russie, dans la lointaine Chine, et à travers l'ensemble des pays dominés, tous nos amis attendent de savoir s'il existe en Grande-Bretagne un gouvernement stable et fort, et si sa conduite de la nation doit ou non être remise en cause. Chaque vote compte. Ne vous y trompez pas : si ceux qui nous ont attaqués en sont réduits à des quotités négligeables, et si le vote de censure qu'ils ont réclamé contre le gouvernement d'union nationale se transforme en un vote de censure contre eux-mêmes, tous les amis de la Grande-Bretagne et tous les fidèles serviteurs de notre cause pousseront des acclamations, et le glas de la déception résonnera aux oreilles des tyrans que nous nous efforçons d'abattre.

19

10 NOVEMBRE 1942

En août 1942, le général Montgomery prend le commandement de la 8e armée britannique en Égypte. En dépit des attentes de Churchill et de la presse anglaise qui souhaiteraient le voir passer immédiatement à l'offensive contre des forces de l'Axe qui menacent encore Alexandrie, Le Caire et le canal de Suez, il prend le temps de se renforcer. À la mi-octobre, il dispose de 195 000 hommes[1], 1 030 chars, 2 600 canons et 750 avions, soit un peu plus du double des forces placées sous le commandement du maréchal Rommel[2]. Le 23 octobre dans la soirée, Montgomery déclenche une première offensive à El-Alamein[3]. Celle-ci est rapidement stoppée par Rommel. Le 28 octobre, nouvelle

1. Parmi lesquels les Français libres des Forces françaises du *Western Desert* commandées par le général de Larminat (1re et 2e divisions légères françaises libres respectivement commandées par le général Koenig et par le lieutenant-colonel Alessandri).

2. Celui-ci a gagné son bâton de maréchal à la fin du mois de juin précédent en prenant Tobrouk.

3. Petite station de chemin de fer proche de la côte méditerranéenne.

offensive britannique[1] qui, à nouveau s'essouffle très vite. Mais, à ce jeu, et même à pertes égales, les forces de l'Axe s'affaiblissent davantage. Le 2 novembre, les Britanniques attaquent derechef et obligent Rommel à épuiser ses dernières réserves pour tenir le front. Le 3, le maréchal allemand se résout au repli quand tombe l'ordre d'Hitler de tenir coûte que coûte à El-Alamein. Le 4, trois divisions blindées britanniques percent à la jonction des forces allemandes et italiennes. Cette fois, le sort de la bataille est joué. Toutefois la trop grande prudence des Britanniques, qui craignent une contre-attaque, laisse le temps à Rommel de se replier[2] vers l'ouest. Celui-ci a échappé à l'écrasement. Mais il a perdu plus du tiers de ses effectifs et une quantité importante de matériel.

Dans la nuit du 7 au 8 novembre 1942, les Anglo-Saxons lancent l'opération « *Torch* » de débarquement en Algérie et au Maroc. Malgré les soutiens dont ils disposent au sein de l'état-major de l'armée française d'Afrique du Nord, cette dernière réplique et les Américains doivent débarquer de vive force. Au terme de combats qui, au total, ont fait quelque 6 000 morts ou blessés, un cessez-le-feu est finalement conclu le 10 novembre. Présent par hasard à Alger lors du déclenchement de « *Torch* », l'amiral Darlan devient, avec la bénédiction américaine, « Haut-Commissaire de France en Afrique », tandis que le général Giraud[3],

1. En direction de la côte.

2. Dans de moins bonnes conditions toutefois que s'il avait pu s'esquiver le 3 novembre.

3. Évadé d'Allemagne fin avril 1942 et exfiltré de France par les services secrets britanniques aidés du réseau de résistance Alliance dans la nuit du 5 au 6 novembre.

lui, devient commandant en chef des forces terrestres et aériennes françaises en Afrique du Nord.

Sur le front de l'est, la progression de la Wehrmacht achève de s'essouffler. Les Soviétiques parviennent à stabiliser le front dans le Caucase et sur la Volga, autour de Stalingrad. Ils lancent même des contre-offensives sur le front central[1] et celui du nord[2]. Enfin, depuis le 7 août 1942, les Américains ont entrepris de reconquérir les îles Salomon, dans le Pacifique-Ouest. S'ils piétinent à Guadalcanal[3], et si la bataille navale des îles Santa Cruz[4] leur cause des pertes terribles, ils n'en sont pas moins repassés à l'offensive.

Le 10 novembre 1942, lors d'un déjeuner officiel offert par le lord-maire de Londres[5] à la Mansion House[6], Winston Churchill ne peut cacher sa joie. À ses yeux, les derniers événements le prouvent, « ce n'est pas la fin », « ce n'est même pas le commencement de la fin », mais « c'est – peut-être – la fin du commencement ». Car, explique-t-il, à El-Alamein, les forces allemandes ont été vaincues par les éléments mêmes qui, dans le passé, leur ont donné la victoire : les blindés, les avions et les canons[7]. En d'autres termes, elles ont commencé à subir ce que, depuis la fin

1. Contre le saillant de Rjev.

2. Au sud de Leningrad.

3. Où les combats sont terribles. L'île ne sera définitivement reconquise que début février 1943.

4. 26 octobre 1942.

5. Le maire de la cité de Londres – la *City* – et le chef de la Corporation de Londres. Il ne doit pas être confondu avec le maire de Londres

6. Résidence officiel du lord-maire de Londres.

7. Churchill se garde bien de signaler que les troupes de Rommel ont combattu à un contre deux…

de l'automne 1939, elles ont infligé à leurs adversaires successifs. Churchill évoque ensuite le débarquement anglo-saxon en Afrique du Nord. Pour rapides qu'ils soient sur cette question, ses propos n'en sont pas moins révélateurs. Lucide sur la formidable puissance américaine et sur l'état de fatigue de son propre pays, le Premier Ministre se décrit comme « le lieutenant actif et ardent » du président Roosevelt. La suite de son discours est tout entière tournée vers l'avenir de la France et de son empire. Depuis le mois d'août 1942, les relations entre de Gaulle et lui n'ont cessé de s'envenimer. L'opération « *Torch* »[1] et ses suites n'ont rien arrangé, au point que ministres, hommes politiques, presse et opinion publique britanniques commencent à très sérieusement s'émouvoir. Churchill cherche donc à calmer les esprits[2] et à rassurer les Français sur ses intentions. Mais qu'on ne s'y trompe pas : il est et demeurera le gardien sourcilleux des intérêts britanniques dans le monde.

---

1. Dont de Gaulle a été soigneusement tenu à l'écart.

2. Il cite les généraux de Gaulle et Giraud, il loue la France combattante, mais il n'évoque pas l'amiral Darlan dont l'arrivée au pouvoir à Alger l'a indigné. Courant novembre puis décembre, excédé par ses heurts incessants et violents avec de Gaulle, il évoluera dans ses positions au point de considérer l'« expédient provisoire » – selon l'expression de Roosevelt désignant Darlan – comme une sorte de moindre mal...

"THE BRIGHT GLEAM OF VICTORY"

10 November 1942, the Lord Mayor's Luncheon, Mansion House, London

I have never promised anything but blood, tears, toil, and sweat. Now, however, we have a new experience. We have victory – a remarkable and definite victory. The bright gleam has caught the helmets of our soldiers, and warmed and cheered all our hearts.

The late M. Venizelos observed that in all her wars England – he should have said Britain, of course – always wins one battle – the last. It would seem to have begun rather earlier this time. General Alexander, with his brilliant comrade and lieutenant, General Montgomery, has gained a glorious and decisive victory in what I think should be called the Battle of Egypt. Rommel's army has been defeated. It has been routed. It has been very largely destroyed as a fighting force.

« LA FIN DU COMMENCEMENT »

10 novembre 1942, demeure du lord-maire, Londres

Je n'ai jamais promis autre chose que du sang, des larmes, du labeur et de la sueur. Mais voici que nous avons maintenant une expérience nouvelle. Nous avons la victoire – une victoire remarquable et définitive. Son brillant éclat illumine les casques de nos soldats, et il réchauffe et réjouit tous nos cœurs.

Feu M. Vénizélos observait un jour que pendant toutes ses guerres, l'Angleterre – il aurait dû dire la Grande-Bretagne, bien sûr – gagne toujours une bataille : la dernière. Il semblerait cette fois que nous avons commencé un peu plus tôt. Le général Alexander[1] ainsi que son brillant camarade et lieutenant le général Montgomery, ont remporté lors de ce qu'il faudra désormais nommer la bataille d'Égypte, une victoire aussi glorieuse que décisive. L'armée de Rommel a été défaite. Elle a été mise en déroute. Elle a été très largement détruite en tant que force combattante.

---

1. Harold Alexander (1891-1969). Après avoir commandé une divisions d'infanterie pendant la campagne de France, le général Alexander exerça divers commandement en Grande-Bretagne (juin 1940-février 1942) puis fut envoyé en Birmanie à la tête de ce qui allait devenir la 14e armée britannique. Début août 1942, il fut nommé commandant en chef pour le *Middle East* à la place du général Auchinleck.

This battle was not fought for the sake of gaining positions or so many square miles of desert territory. General Alexander and General Montgomery fought it with one single idea. They meant to destroy the armed force of the enemy, and to destroy it at the place where the disaster would be most far-reaching and irrecoverable.

All the various elements in our line of battle played their parts Indian troops, Fighting French, the Greeks, the representatives of Czechoslovakia and the others who took part. The Americans rendered powerful and invaluable service in the air. But as it happened – as the course of the battle turned – it has been fought throughout almost entirely by men of British blood from home and from the Dominions on the one hand, and by Germans on the other. The Italians were left to perish in the waterless desert or surrender as they are doing.

The fight between the British and the Germans was intense and fierce in the extreme. It was a deadly grapple. The Germans have been outmatched and outfought with the very kind of weapons with which they had beaten down so many small peoples, and also large unprepared peoples. They have been beaten by the very technical apparatus on which they counted to gain them the domination of the world. Especially is this true of the air and of the tanks and of the artillery, which has come back into its own on the battlefield. The Germans have received back again that measure of fire and steel which they have so often meted out to others.

Now this is not the end. It is not even the beginning of the end. But it is, perhaps, the end of the beginning. Henceforth Hitler's Nazis will meet equally well armed, and perhaps better-armed troops. Hence forth they will have to face in many theatres of war that superiority in the air which they have so often used without mercy against others, of which they

Cette bataille n'a pas été livrée pour conquérir des positions ou tant de kilomètres carrés de désert. Le général Alexander et le général Montgomery l'ont menée avec une seule idée en tête. Ils voulaient détruire la force armée de l'ennemi, et la détruire à l'endroit même où le désastre serait pour elle le plus étendu et le plus irrémédiable.

Les différents éléments de notre ligne de front ont joué leur rôle dans cette bataille – les troupes indiennes, celles de la France combattante, les Grecs, les représentants de la Tchécoslovaquie et tous les autres participants. Les Américains ont rendu des services inestimables dans les airs. Mais le cours de la bataille a voulu qu'elle opposât presque uniquement des hommes britanniques de la métropole et des *Dominions* d'un côté, des Allemands de l'autre. Les Italiens ont été abandonnés dans le désert aride, condamnés à périr ou à se rendre, comme ils sont en train de le faire à présent.

Le combat entre Britanniques et Allemands a été d'une intensité et d'une férocité extrêmes. Ce fut en vérité une lutte à mort. Les Allemands ont été dominés et battus par les mêmes armes qu'ils avaient eux-mêmes employées pour écraser tant de petits peuples et aussi de grands peuples mal préparés. Ils ont été battus par la puissance technique sur laquelle ils comptaient pour assurer leur domination sur le monde. Cela est particulièrement vrai pour les avions, pour les chars et pour l'artillerie qui a repris la place qui lui revenait sur le champ de bataille. Les Allemands ont subi le même déluge de feu et d'acier qu'ils ont si souvent infligé aux autres.

Mais ce n'est pas la fin. Ce n'est pas même le commencement de la fin. En revanche, c'est – peut-être – la fin du commencement. Dorénavant, les nazis d'Hitler vont rencontrer des troupes aussi bien armées que les leurs, peut-être même mieux armées. Ainsi, ils auront à faire face sur de nombreux théâtres d'opérations à cette supériorité aérienne qu'ils ont si souvent utilisée sans pitié contre les autres, dont ils se sont

boasted all round the world, and which they intended to use as an instrument for convincing all other peoples that all resistance to them was hopeless. When I read of the coastal road crammed with fleeing German vehicles under the blasting attacks of the Royal Air Force, I could not but remember those roads of France and Flanders, crowded, not with fighting men, but with helpless refugees – women and children – fleeing with their pitiful barrows and household goods, upon whom such merciless havoc was wreaked. I have, I trust, a humane disposition, but I must say I could not help feeling that what was happening, however grievous, was only justice grimly reclaiming her rights.

It will be my duty in the near future to give to Parliament a full and particular account of these operations. All I will say of them at present is that the victory which has already been gained gives good prospect of becoming decisive and final so far as the defence of Egypt is concerned.

But this Battle of Egypt, in itself so important, was designed and timed as a prelude and counterpart of the momentous enterprise undertaken by the United States at the western end of the Mediterranean – an enterprise under United States command in which our Army, Air Force, and, above all, our Navy, are bearing an honourable and important share. Very full accounts have been published of all that is happening in Morocco, Algeria, and Tunis. The President of the United States, who is Commander-in-Chief of the armed forces of America, is the author of this mighty undertaking, and in all of it I have been his active and ardent lieutenant. [...]

At this time our thoughts turn towards France, groaning in bondage under the German heel. Many ask themselves the question: Is France finished? Is that long and famous history, adorned by so many manifestations of genius and valour, bearing with it so much that is precious to culture and civilization, and above all to the liberties of mankind – is all that now

vantés dans le monde entier et qu'ils ont souvent employée pour persuader les autres peuples que toute résistance était vaine. En lisant des descriptions de la route côtière encombrée de véhicules allemands fuyant sous les attaques continuelles de la Royal Air Force, je n'ai pu m'empêcher de songer à ces routes de France et des Flandres peuplées, non pas de combattants, mais de réfugiés sans défense – femmes et enfants – fuyant sur des charrettes pitoyables chargées de leurs objets familiers. Je pense être doué d'un certain amour pour l'humanité, mais je n'ai pu m'empêcher de penser que ce qui était arrivé, quoique cruel, n'était que justice reprenant inflexiblement ses droits.

Il sera de mon devoir, dans un avenir proche, de fournir au Parlement un rapport complet et détaillé sur ces opérations. Tout ce que je puis dire à présent, c'est que la victoire remportée a toutes les chances d'être décisive et définitive, au moins pour la défense de l'Égypte.

Reste que cette bataille d'Égypte, si importante en elle-même, a été conçue et menée comme prélude et contrepartie d'une opération capitale entreprise par les États-Unis à l'extrémité occidentale de la Méditerranée – une opération sous commandement américain, dans laquelle notre armée, notre aviation, et avant tout notre marine jouent un rôle aussi honorable qu'important. Des rapports très complets ont été publiés sur les événements au Maroc, en Algérie et en Tunisie. Le Président des États-Unis, en sa qualité de commandant en chef des forces armées des États-Unis, est l'instigateur de cette entreprise formidable ; et dans tous les aspects de celle-ci, j'ai été son lieutenant actif et ardent. [...]

À l'heure présente, nos pensées se tournent vers la France, qui gémit sous la botte allemande. Beaucoup se demandent : est-ce la fin de la France ? Cette longue et célèbre histoire, qu'illustrent tant de manifestations de génie et de courage, si précieuse pour la culture, la civilisation et surtout pour les libertés du genre humain, va-t-elle

to sink for ever into the ocean of the past, or will France rise again and resume her rightful place in the structure of what may one day be again the family of Europe? I declare to you here, on this considerable occasion, even now when misguided or suborned Frenchmen are firing upon their rescuers, I declare to you my faith that France will rise again. While there are men like General de Gaulle and all those who follow him – and they are legion throughout France – and men like General Giraud, that gallant warrior whom no prison can hold, while there are men like those to stand forward in the name and in the cause of France, my confidence in the future of France is sure.

For ourselves we have no wish but to see France free and strong, with her Empire gathered round her and with Alsace-Lorraine restored. We covet no French possession; we have no acquisitive appetites or ambitions in North Africa or any other part of the world. We have not entered this war for profit or expansion, but only for honour and to do our duty in defending the right.

Let me, however, make this clear, in case there should be any mistake about it in any quarter. We mean to hold our own. I have not become the King's First Minister in order to preside over the liquidation of the British Empire. For that task, if ever it were prescribed, someone else would have to be found, and, under democracy, I suppose the nation would have to be consulted. I am proud to be a member of that vast commonwealth and society of nations and communities gathered in and around the ancient British monarchy, without which the good cause might well have perished from the face of the earth. Here we are, and here we stand, a veritable rock of salvation in this drifting world.

sombrer à jamais dans le passé ? Ou bien la France se relèvera-t-elle et reprendra-t-elle la place qui lui revient dans la structure de ce qu'on pourra un jour appeler la famille européenne ? Je vous déclare ici, en cette occasion mémorable, au moment même où des Français égarés ou contraints tirent sur leurs sauveurs, je vous déclare que je crois au relèvement de la France. Tant qu'il y aura des hommes comme le général de Gaulle et ceux qui le suivent – et ces hommes sont légion en France – ainsi que des hommes comme le général Giraud, ce vaillant guerrier que nulle prison ne peut garder ; tant qu'il existe des hommes qui résistent au nom et pour la cause de la France, ma confiance dans l'avenir de la France demeure inébranlable.

Quant à nous, nous n'avons d'autre souhait que de revoir la France libre et forte, entourée de son Empire et réunie à l'Alsace-Lorraine restituée. Nous ne convoitons aucune des possessions françaises, nous n'avons ni appétit de conquête ni ambition en Afrique du Nord ou dans quelque autre partie du monde. Nous ne sommes pas entrés dans cette guerre dans un esprit de profit ou d'expansion, mais seulement pour l'honneur et pour faire notre devoir en défendant le droit.

Je tiens cependant à apporter une précision, pour éviter toute méprise à ce sujet où que ce soit. Nous avons l'intention de conserver ce qui nous appartient. Je ne suis pas devenu le Premier Ministre du Roi pour présider à la liquidation de l'Empire britannique. Pour cette tâche, si elle devait être ordonnée, il faudrait alors chercher un autre homme, et par conséquent, dans notre régime démocratique, la nation devrait être, je le suppose, consultée. Je suis fier d'appartenir au vaste *commonwealth* de nations, réunies autour de la vieille monarchie britannique, sans laquelle la cause de la justice aurait disparu peut-être de la surface de la terre. Nous sommes toujours là, et nous y demeurons, véritable ancrage de salut dans ce monde à la dérive.

20

29 NOVEMBRE 1942

Depuis sa défaite à El-Alamein et en dépit des renforts qu'Hitler s'est finalement décidé à lui envoyer[1], le maréchal Rommel ne cesse de reculer en Égypte puis en Libye. Fin novembre 1942, les forces allemandes et italiennes ont ainsi parcouru quelque 1 300 kilomètres, talonnées par la 8e armée britannique du général Montgomery. L'ouest de l'Égypte et la province libyenne de Cyrénaïque sont libérés. En Tunisie, les troupes de l'Axe occupent Tunis le 9 novembre puis Bizerte le 11. Mais, les 16 et 18 novembre, les forces alliées – Anglo-saxons et troupes de l'armée française d'Afrique du Nord, entrent à leur tour en Tunisie. Si une offensive britannique sur Tunis est finalement stoppée le 28 novembre, la campagne de Tunisie a bel et bien débuté[2]. Pendant ce

1. À partir du 12 novembre 1942.

2. Elle entrera dans sa phase décisive au début de février 1943. Elle s'achèvera le 13 mai par la reddition des forces allemandes et italiennes et le départ pour les camps de prisonniers de quelque 125 000 Allemands et 115 000 Italiens.

temps, à Alger, l'amiral Darlan et le général Giraud confortent leurs positions.

Le 19 novembre sur le front de l'est, le maréchal Joukov, chef d'état-major de l'Armée rouge, lance deux armées au nord et au sud de Stalingrad. Les Soviétiques progressent rapidement, bousculant tout sur leur passage. Le 23, la tenaille se referme, isolant la VIe armée allemande du général Paulus dans les ruines de Stalingrad. Hitler interdit alors à Paulus de tenter de forcer le passage vers l'ouest. Au contraire, il lui donne l'ordre de tenir la ville, dont il a fait un enjeu symbolique. Le calvaire de la VIe armée commence.

Le 29 novembre 1942, Winston Churchill se présente devant le micro de la BBC. Il s'agit pour lui de faire le point sur les derniers événements. En Égypte et en Libye, les généraux Alexander et Montgomery, des Britanniques à la tête de forces britanniques, insiste-t-il[1], vont de victoire en victoire. Au Maroc et en Algérie, en raison de « la camaraderie et la compréhension parfaites » entre Américains et Britanniques, l'opération « *Torch* » a été un succès. Mais, comme il l'a fait le 10 novembre à la Mansion House, Churchill ne cèle rien de la subordination britannique aux Américains. Il conclut en exhortant ses compatriotes à garder la tête froide malgré les bonnes nouvelles en provenance de « tous les théâtres d'opération ». Car la route est

1. Ces précisions sont essentielles à ses yeux étant donné ce qu'il va exposer ensuite : la subordination de fait des Britanniques aux Américains.

encore longue qui ménera à la victoire finale et les Alliés connaîtront fatalement des revers. Toutefois, si les uns et les autres conservent leur lucidité, le flux sera irrésistible.

"THE FRONTIERS OF DELIVERANCE"

29 November 1942, World Broadcast, London

Two Sundays ago all the bells rang to celebrate the victory of our desert Army at Alamein. Here was a martial episode in British history which deserved a special recognition. But the bells also carried with their clashing joyous peals our thanksgiving that, in spite of all our errors and shortcomings, we have been brought nearer to the frontiers of deliverance. [...]

Since we rang the bells for Alamein, the good cause has prospered. The Eighth Army has advanced nearly four hundred miles, driving before them in rout and ruin the powerful forces, or the remnants of the powerful forces, which Rommel boasted and Hitler and Mussolini believed would conquer Egypt. Another serious battle may be impending at the entrance to Tripolitania. I make it a rule not to prophesy about battles before they are fought. Everyone must try to realise the immense distances over which the North African war ranges, and the enormous labours and self-denial of the troops why press forward relentlessly, twenty,

« LES FRONTIÈRES DE LA DÉLIVRANCE »

29 novembre 1942, radiodiffusion mondiale, Londres

Voici deux dimanches, toutes nos cloches ont sonné pour célébrer la victoire de notre Armée du désert à El-Alamein. Ce fut là un épisode martial dans notre histoire britannique qui méritait une reconnaissance toute spéciale. Mais les cloches portaient aussi, dans leurs joyeux carillons, nos actions de grâce pour qu'en dépit de toutes nos erreurs et nos déficiences nous approchions enfin des frontières de la délivrance. [...]

Depuis que nous avons fait sonner les cloches pour El-Alamein, la juste cause a progressé. La Huitième armée a avancé sur près de six cents kilomètres, chassant devant elle, en déroute et dans la désolation, les puissantes forces – ou plutôt les débris des puissantes forces – dont Rommel s'enorgueillissait et grâce auxquelles Hitler et Mussolini pensaient pouvoir conquérir l'Égypte. Une autre bataille sérieuse nous attend peut-être à l'entrée de la Tripolitaine. Je me refuse, par principe, à faire des prophéties sur les batailles avant qu'elles ne soient livrées. Que chacun essaie d'imaginer les distances immenses sur lesquelles s'étend la guerre en Afrique du Nord, ainsi que le travail énorme et le sacrifice des troupes qui doivent avancer sans relâche sur parfois 30,

thirty, forty and sometimes fifty miles in a single day. I will say no more than that we may have the greatest confidence in Generals Alexander and Montgomery, and our soldiers and airmen who have at last begun to come into the own.

At the other side of Africa, a thousand miles or more to the westward, the tremendous joint undertaking of the United States and Britain which was fraught with so many hazards has also be crowned with astonishing success. To transport these large armies several hundred thousand men, with all their intricate elaborated modern apparatus, secretly across the seas and oceans, and to strike to the hour, and almost to the minute, simultaneously at a dozen points, in spite of all the U-boats and all the chances of weather, was a feat of organisation which will long be studied with respect. It was rendered possible only by one sovereign fact – namely the perfect comradeship and understanding prevailing between the British and American staffs and troops. This majestic enterprise is under direction and responsibility of the President of the United States, and our First British Army is serving under the orders of the American Commander-in-Chief, General Eisenhower, in whose military skill and burning energy we put our faith, and whose orders to attack we shall punctually and unflinchingly obey. Behind all lies the power of the Royal Navy, to which is joined a powerful American Fleet; the whole under the command of Admiral Cunningham, and all subordinated to the Allied Commander-in-Chief. [...]

The ceaseless flow of good news from every theatre of war, which has filled the whole month of November, confronts the British people with a new

50, 60, voire 80 kilomètres par jour. Je ne dirai rien de plus si ce n'est que nous pouvons avoir la plus grande confiance dans les généraux Alexander et Montgomery, ainsi qu'en nos soldats et aviateurs qui ont enfin commencé à récolter les fruits de leurs efforts.

De l'autre côté de l'Afrique, à des milliers de kilomètres ou plus, à l'ouest, la gigantesque opération menée en commun par les États-Unis et par la Grande Bretagne – et remplie de tant de dangers – a été également couronnée d'un succès éclatant. Que nous ayons réussi à transporter en secret ces grandes armées de plusieurs centaines de milliers d'hommes, avec tout leur matériel moderne et sophistiqué, à travers les mers et les océans, et que nous ayons frappé à une heure, presque à une minute près, de manière simultanée en une douzaine de lieux, malgré les sous-marins et les aléas du temps – a été un prodige d'organisation qui sera longtemps étudié avec respect. Cette réussite n'a été possible que grâce à ce fait décisif : la camaraderie et la compréhension parfaites qui prévaut entre les états-majors et les troupes britanniques et américains. Cette impressionnante entreprise est placée sous la direction et la responsabilité du Président des États-Unis, et notre Première armée sert sous les ordres du commandant en chef américain, le général Eisenhower, dans l'habileté technique et l'énergie duquel nous plaçons toute notre confiance ; nous obéirons immédiatement et sans hésitation aucune à tous ses ordres d'attaquer. Derrière tout cela se trouve la puissance de la Royal Navy à laquelle s'est jointe la puissante flotte américaine – le tout sous le commandement de l'amiral Cunningham et subordonné au commandant en chef des forces alliées. [...]

Le flot ininterrompu de bonnes nouvelles venues de tous les théâtres d'opération, qui a rempli notre mois de novembre, confronte le peuple britannique à une nouvelle

test. They have proved that they can stand defeat; they have proved that they can bear with fortitude and confidence long periods of unsatisfactory and unexplained inaction. I see no reason at all why we should not show ourselves equally resolute and active in the face of victory. I promise nothing. I predict nothing. I cannot even guarantee that more successes are not on the way. I commend to the immortal lines of Kipling:

If you can dream – and not make dreams your master;
If you can think – and not make thoughts your aim;
If you can meet with Triumph and Disaster
And treat those two impostors just the same –

Here is my text for this Sunday's sermon, though I have no licence to teach one. Do not let us be led away by any fair-seeming appearances of fortune; let us rather put our trust in those deep, low-moving tides that have borne us thus far already, and will surely bear us forward, if we know how to use them, until we reach the harbour where we would be.

épreuve. Il a prouvé qu'il savait résister à la défaite ; il a montré qu'il pouvait supporter avec courage et confiance de longues périodes d'une inaction insatisfaisante et inexpliquée. Je ne vois aucune raison pourquoi nous ne nous montrerions pas tout aussi résolus et actifs face à la victoire. Je ne promets rien. Je ne prédis rien. Je ne peux pas même garantir que nous allons remporter d'autres succès. Je me contente de vous recommander à tous ces vers de Kipling :

Si tu peux rêver – sans laisser tes rêves te dominer ;
Si tu peux penser – sans laisser tes pensées t'obnubiler ;
Si tu peux rencontrer Triomphe et puis Défaite
Et traiter ces deux imposteurs de même façon

Tel est le texte que je vous propose pour mon sermon du dimanche, bien que je n'aie aucune autorité pour en faire un. Ne nous laissons pas séduire par des apparences enjôleuses de la bonne fortune ; plaçons plutôt notre confiance dans les courants profonds et lents des marées, qui nous ont portés si loin déjà, et qui nous porteront encore, si nous savons les *utiliser*, jusqu'au havre auquel nous aspirons.

21

6 JUIN 1944

Au cours du printemps 1944, la Wehrmacht ne cesse de reculer sous les coups de boutoir de l'Armée rouge. Fin mai, elle se trouve repoussée dans les Carpates au sud, elle a évacué l'Ukraine au centre et, plus au nord, en Biélorussie, elle contient difficilement les attaques soviétiques. Dans le Pacifique, les Américains ont continûment progressé depuis l'automne 1943 ; ils s'apprêtent à lancer une grande offensive sur les îles Mariannes, point nodal des liaisons maritimes du Japon et principale défense avancée des Philippines[1]. Le 4 juin, au terme de près d'une année de rude campagne en Sicile puis en Italie[2], les forces alliées entrent dans Rome. Et, surtout, dans la nuit du 5 au 6 juin, les opérations de débarquement en Normandie débutent.

Ce 6 juin 1944, Winston Churchill informe la Chambre des communes de la prise de Rome et, plus encore, de « l'assaut libérateur » qui vient de commencer sur les côtes normandes. Il ne saurait être question pour lui de s'étendre sur des événements dont il ne sait à peu près rien du détail et dont, en tout état de cause, il ne pourrait rien dire. Aussi se contente-t-il de rappeler l'ampleur et la complexité de l'opération en cours puis de louer la « complète unité de vue » et la « fraternité » d'armes qui règnent au sein des armées alliées.

1. L'attaque sera lancée le 10 juin 1944.
2. Les Alliés débarquèrent en Sicile le 10 juillet 1943 puis en baie de Salerne le 9 septembre de la même année.

D-DAY

6 June 1944, House of Commons

The House should, I think, take formal cognisance of the liberation of Rome by the Allied Armies under the command of General Alexander, with General Clark of the United States Service and General Oliver Leese in command of the Fifth and Eighth Armies respectively. This is a memorable and glorious event, which rewards the intense fighting of the last five months in Italy. [...]

I have also to announce to the House that during the night and the early hours of this morning the first of the series of landings in force upon the European Continent has taken place. In this case the liberating assault fell upon the coast of France. An immense armada of upwards of 4,000 ships, together with several thousand smaller craft, crossed the Channel. Massed airborne landings have been successfully effected behind the enemy lines, and landings on the beaches are proceeding at various points at the present time. The fire of the shore batteries has been largely quelled. The obstacles that were constructed in the sea have not proved so difficult as was apprehended. The Anglo-American Allies are sustained by about 11,000 first-line aircraft, which can be drawn upon as may be needed for the

JOUR « J »

6 juin 1944, Chambre des communes

Je pense que la Chambre doit avoir formellement connaissance de la libération de Rome par les armées alliées, placées sous le commandement du général Alexander, assisté pour les États-Unis par les généraux Clark et Oliver Leese qui commandaient respectivement les Ve et VIIIe armées. Il s'agit d'un événement mémorable et glorieux, qui vient récompenser les combats intenses des cinq derniers mois en Italie. [...]

Je dois aussi annoncer à la Chambre que cette nuit et aux premières heures du jour, la première vague de notre débarquement en force sur le continent européen a commencé. L'assaut libérateur a eu lieu, cette fois, sur les côtes de France. Une immense armada, comprenant plus de quatre mille vaisseaux et plusieurs milliers de petites embarcations, a traversé la Manche. Des parachutages en masse ont été effectués avec succès derrière les lignes ennemies, et les débarquements sur les plages ont lieu en divers points au moment où je vous parle. Le feu des batteries côtières a été largement réduit au silence. Les obstacles qui avaient été dressés en mer n'ont pas été si ardus qu'on le craignait. Les Alliés anglo-américains sont appuyés par environ 11 000 avions de premier rang qui peuvent être mobilisés selon les

purposes of the battle. I cannot, of course, commit myself to any particular details. Reports are coming in in rapid succession. So far the commanders who are engaged report that everything is proceeding according to plan. And what a plan! This vast operation is undoubtedly the most complicated and difficult that has ever taken place. It involves tides, wind, waves, visibility, both from the air and the sea standpoint, and the combined employment of land, air and sea forces in the highest degree of intimacy and in contact with conditions which could not and cannot be fully foreseen.

There are already hopes that actual tactical surprise has been attained, and we hope to furnish the enemy with a succession of surprises during the course of the fighting. The battle that has now begun will grow constantly in scale and in intensity for many weeks to come, and I shall not attempt to speculate upon its course. This I may say, however. Complete unity prevails throughout the Allied Armies. There is a brotherhood in arms between us and our friends of the United States. There is complete confidence in the supreme commander, General Eisenhower, and his lieutenants, and also in the commander of the Expeditionary Force, General Montgomery. The ardour and spirit of the troops, as I saw myself, embarking in these last few days was splendid to witness.

nécessités et les besoins de la bataille. Je ne peux naturellement pas livrer plus de détails. Les rapports se succèdent avec rapidité. Les commandants engagés dans ce combat écrivent que tout se déroule jusqu'à présent selon le plan prévu. Et quel plan ! Cette vaste opération est sans aucun doute la plus compliquée et la plus difficile qui ait jamais eu lieu. Elle doit tenir compte des marées, des vents, des vagues, de la visibilité en mer et dans les airs, et de l'emploi combiné des forces terrestres, aériennes et navales, au plus haut degré de cohésion, face à des conditions qui ne pouvaient et qui ne peuvent pas être totalement prévues.

Nous avons d'ores et déjà l'espoir d'avoir obtenu un effet de surprise tactique, et nous espérons continuer de surprendre l'ennemi tout au long du combat. La bataille qui vient de commencer va s'étendre et s'intensifier au cours des semaines à venir, mais je ne prendrai pas le risque de spéculer sur son déroulement. J'aimerais toutefois dire ceci : une complète unité de vue prévaut au sein des armées alliées. Une même fraternité d'armes règne entre nous et nos amis des États-Unis. La confiance la plus totale est placée dans le commandant suprême, le général Eisenhower, et dans ses lieutenants, tout autant que dans le commandant de la Force expéditionnaire, le général Montgomery. L'ardeur et le moral de ces troupes, dont j'ai moi-même été témoin lors de leur embarquement ces derniers jours, offraient un spectacle splendide.

22

28 SEPTEMBRE 1944

Dans le Pacifique, les Américains prennent Saïpan le 9 juillet 1944, Tinian le 1er août et Guam le 15, s'ouvrant ainsi la route des Philippines. En Biélorussie, l'Armée rouge déclenche une offensive dans la nuit du 22 juin sur un front de près de 500 kilomètres. Fin juin, les lignes de défense allemandes sont littéralement pulvérisées. Dès lors, la progression soviétique est quasiment irrésistible. Fin juillet, l'Armée rouge est aux portes de Varsovie. Après avoir subi de vives contre-attaques de la part des blindés allemands, elle prend le temps de se renforcer et… laisse aux Allemands celui de noyer dans un bain de sang le soulèvement de la capitale polonaise[1]. Le 28 août, les forces soviétiques entrent dans Bucarest. Début septembre, elles s'emparent de la Bulgarie quasiment sans combat. La Hongrie entame alors des négociations avec Moscou en vue d'un armistice. Pendant ce temps, en Yougoslavie, la Wehrmacht recule pied à pied[2] sous la pression des partisans de Tito[3]. En Italie, après la

1. Déclenchée le 1er août 1944, l'insurrection fut définitivement écrasée par les Allemands le 2 octobre.

2. Cette résistance opiniâtre permettra aux Allemands, à la mi-décembre, de replier vers la Bosnie leurs troupes stationnées en Albanie, en Grèce et en Serbie.

3. Que Churchill rencontre secrètement le 12 août près de Naples.

prise de Rome, les armées alliées avancent de quelque 300 kilomètres en deux mois, mais août les voit piétiner dans les Appenins[1]. En septembre, ils reprennent leur progression jusqu'à atteindre Bologne, Rimini et le delta du Pô.

En Normandie, après le succès du débarquement, les Alliés avancent lentement et au prix de lourdes pertes jusqu'à la mi-juillet[2]. À partir du 25[3], la progression change de rythme. Une percée est réalisée à Avranches le 31 juillet. Les Américains sont à Rennes le 5 août. Le Mans est libéré le 9, Alençon le 12, Lisieux le 22. Le 24 août au soir, l'avant-garde[4] de la 2e division blindée (DB) du général Leclerc atteint l'Hôtel de Ville de Paris[5]. Le 25, la capitale française est presque totalement libérée. Les Alliés reprennent alors leur progression vers le nord et vers l'est. Le 21e groupe d'armées du maréchal[6] Montgomery libère Dieppe le 1er septembre, Bruxelles le 3, Anvers le 4. Le 17 septembre, une gigantesque opération aéroportée est lancée sur Arnhem[7]. Les Américains, quant à eux, progressent vers Aix-la-Chapelle et Metz. Pour sa part, Leclerc a repris sa chevauchée vers Strasbourg. Par ailleurs, le 15 août, a eu lieu le débarquement de Provence[8]. Après Toulon le 22 août et Marseille le 23, Lyon a été libérée le

1. Au grand dam de Churchill qui, sur place, ne cesse de houspiller les généraux Wilson et Alexander.

2. Caen n'est définitivement libérée que les 18 et 19 juillet.

3. Début de l'offensive de rupture américaine « Cobra ».

4. Les premiers éléments de la 9e compagnie du 3e bataillon de marche du Tchad (BMT) commandée par le capitaine Raymond Dronne. En raison du très grand nombre d'Espagnols qui y servaient, cette compagnie avait été surnommée « La Nueve ».

5. La ville est insurgée depuis le 19 août.

6. L'élévation de Montgomery au grade de maréchal date du 1er septembre 1944.

7. Elle se soldera par un échec sanglant.

8. Auquel Churchill assista depuis la mer.

3 septembre. Le 12, un peloton de spahis marocains de la 2e DB a fait sa jonction avec un peloton de fusiliers marins de la 1re division française libre (DFL) du général Brosset, qui fait partie de la 1re armée française du général de Lattre de Tassigny. Celle-ci s'apprête alors à faire campagne dans les Vosges.

De retour le 29 août d'une longue tournée d'inspection en Italie, Winston Churchill part trois jours plus tard pour Québec où va se tenir une conférence anglo-américaine d'états-majors[1]. Celle-ci doit porter sur la suite des opérations en France, sur une prochaine offensive en Birmanie et sur la participation britannique à la guerre dans le Pacifique. Elle se solde par un échec pour Churchill : la stratégie de front étroit défendue par Montgomery n'est pas retenue et c'est la stratégie de front large voulue par les Américains qui est adoptée[2] ; quant au Premier Ministre lui-même, il n'a pas réussi à faire valoir son projet d'opération amphibie dans l'Adriatique nord avec Vienne pour objectif final. Le 28 septembre, Churchill se présente devant la Chambre des communes. Après avoir récapitulé les progrès réalisés depuis sept semaines par les armées alliées sur les fronts sud et ouest, il choisit de faire contre mauvaise fortune bon cœur et de rendre hommage à la puissance économique, matérielle et logistique du puissant allié américain, puis de louer la combativité des GI's. Il salue également la contribution des autres alliés de la Grande-Bretagne à l'effort de guerre. Mais c'est pour mieux souligner qu'y compris en Normandie les forces britanniques sont partout présentes et payent un lourd tribut aux succès communs.

1. Du 10 au 15 septembre 1944.

2. Cela n'empêchera pas Montgomery d'obtenir d'Eisenhower, à l'arraché, de pouvoir lancer son offensive vers Bruxelles et Anvers.

"THE PRICE IN BLOOD […] FOR THE LIBERATION OF THE SOIL OF FRANCE"

28 September 1944, House of Commons

Little more than seven weeks have passed since we rose for the summer vacation, but this short period has completely changed the face of the war in Europe. When we separated, the Anglo-American Armies were still penned in the narrow bridgehead and strip of coast from the base of the Cherbourg Peninsula to the approaches to Caen, which they had wrested from the enemy several weeks before. The Brest Peninsula was untaken, the German Army in the West was still hopeful of preventing us from striking out into the fields of France, the Battle of Normandy, which had been raging bloodily from the date of the landing, had not reached any decisive conclusion. What a transformation now meets our eyes! Not only Paris, but practically the whole of France, has been liberated as if by enchantment. Belgium has been rescued, part of Holland is already free, and the foul enemy, who for four years inflicted his cruelties and oppression upon these countries, has fled, losing perhaps 400,000 in killed and wounded, and leaving in our hands nearly half a million prisoners. Besides this, there may well be 200,000 cut off in the

« LE PRIX DU SANG […] POUR LA LIBÉRATION DU SOL DE FRANCE »

28 septembre 1944, Chambre des communes

Un peu plus de sept semaines ont passé depuis notre séparation pour les vacances d'été, mais ce bref intervalle a suffi pour changer complètement la face de la guerre en Europe. Lorsque nous nous sommes séparés, les armées anglo-américaines étaient encore cantonnées dans une étroite tête de pont et une bande côtière allant de la base du Cotentin aux abords de Caen, prises à l'ennemi quelques semaines auparavant. La péninsule de Brest n'était pas prise, l'armée allemande dans l'Ouest espérait encore nous interdire l'accès aux plaines de France, et la bataille de Normandie – qui faisait rage de façon sanglante depuis le Débarquement – n'avait pas encore atteint d'objectif décisif. Quel changement aujourd'hui ! Ce n'est pas seulement Paris, mais pratiquement toute la France qui a été libérée comme par enchantement. La Belgique a été sauvée, une partie de la Hollande est libre déjà, et l'ignoble ennemi qui infligeait depuis quatre ans à ces pays les cruautés de son oppression, a fui, abandonnant près de 400 000 soldats, morts ou blessés, et nous livrant presque un demi-million de prisonniers. Il pourrait bien y avoir en outre 200 000 hommes coupés de leur commandement et cachés dans les

coastal fortresses or in Holland, whose destruction or capture may now be deemed highly probable. The Allied Armies have reached and in some places crossed the German frontier and the Siegfried Line.

All these operations have been conducted under the supreme command of General Eisenhower, and were the fruit of the world-famous battle of Normandy, the greatest and most decisive single battle of the entire war. Never has the exploitation of victory been carried to a higher perfection. [...]

Finally, by the largest airborne operation ever conceived or executed, a further all-important forward bound in the North has been achieved. [...]

To return to the main theme, Brest, Havre, Dieppe, Boulogne and Antwerp are already in our hands. All the Atlantic and Channel ports, from the Spanish frontier to the Hook of Holland, will presently be in our possession, yielding fine harbours and substantial masses of prisoners of war. All this has been accomplished by the joint exertions of the British and American Armies, assisted by the vehement and widespread uprising and fighting efforts of the French Maquis.

While this great operation has been taking its course, an American and French landing on the Riviera coast, actively assisted by a British airborne brigade, a British Air Force, and the Royal Navy, has led with inconceivable rapidity to the capture of Toulon and Marseilles, to the freeing of the great strip of the Riviera coast, and to the successful advance of General Patch's Army up the Rhone Valley. This army, after taking over 80,000 prisoners, joined hands with General Eisenhower, and has passed under his command. When I had the opportunity on 15th August of watching – alas, from afar – the landing at

fortifications côtières ou en Hollande, dont l'anéantissement ou la capture sont désormais plus que probables. Les armées alliées ont atteint et parfois traversé la frontière allemande, ainsi que la ligne Siegfried.

Toutes ces opérations ont été conduites sous le commandement suprême du général Eisenhower, et sont le fruit de la bataille connue dans le monde entier sous le nom de bataille de Normandie, la plus grande et la plus décisive de toutes les batailles de la guerre. Jamais l'exploitation d'une victoire n'avait été portée à un tel point de perfection. [...]

Pour finir, la plus grande opération aéroportée jamais conçue ou exécutée vient de permettre une nouvelle progression de la plus haute importance dans le Nord. [...]

Pour en revenir à notre sujet principal, Brest, Le Havre, Dieppe, Boulogne et Anvers sont d'ores et déjà entre nos mains. Tous les ports de la côte atlantique et de la Manche, de la frontière espagnole à Hoek van Holland, sont désormais en notre possession, nous offrant des ports de premier rang et une masse impressionnante de prisonniers de guerre. Tout cela résulte des efforts conjoints des armées britanniques et américaines, appuyées par le soulèvement violent et généralisé, et les engagements guerriers de la Résistance française.

Tandis que se déroulait cette vaste opération, un débarquement franco-américain sur la Riviera [française] – activement soutenu par une brigade aéroportée britannique, la Royal Air Force et la Royal Navy – a conduit avec une incroyable rapidité à la prise de Toulon et de Marseille, puis à la libération d'une grande partie du littoral de la Riviera, tandis que le général Patch, de son côté, avançait victorieusement dans la vallée du Rhône. Après avoir fait 80 000 prisonniers, cette armée a rejoint celle du général Eisenhower pour passer sous son commandement. Ayant observé le 15 août – malheureusement de loin – le débarquement à

Saint Tropez, it would have seemed audacious to hope for such swift and important results. They have, however, under the spell of the victories in the North, already been gained in superabundance, and in less than half the time prescribed and expected in the plans which were prepared beforehand. So much for the fighting in France.

Simultaneously with that, very hard and successful fighting on a major scale has also proceeded on the Italian Front. General Alexander, who commands the armies in Italy with complete operational discretion, has under him the Fifth and Eighth Armies. [...]

The largest mass of all the troops on the Italian Front comes, of course, from the United Kingdom. Not far short of half the divisions on the whole front are from this Island. Joined with them are New Zealand, Canadian, South African and Indian Divisions, or perhaps I should say British-Indian Divisions, because, as is sometimes forgotten, one-third of them are British. The British Army in Italy includes also Palestinian units; and here I would mention the announcement, which I think will be appreciated and approved, that the Government have decided to accede to the request of the Jewish Agency for Palestine that a Jewish Brigade group should be formed to take part in active operations. I know there are vast numbers of Jews serving with our Forces and the American Forces throughout all the Armies, but it seems to me indeed appropriate that a special Jewish unit, a special unit of that race which has suffered indescribable torments from the Nazis, should be represented as a distinct formation amongst the forces gathered for their final overthrow, and I have no doubt they will not only take part in the struggle but also in the occupation which will follow.

[...]

Saint-Tropez, j'aurais cru audacieux d'espérer des résultats aussi rapides et aussi concluants. Ils ont été atteints pourtant et en surabondance, sous les auspices des victoires du Nord et en deux fois moins de temps que ne le prévoyaient les plans préparés à l'avance. Voilà pour les combats en France.

Dans le même temps, des combats très durs mais couronnés de succès, à grande échelle, ont également eu lieu sur le front italien. Le général Alexander, qui commande les armées en Italie dans la plus grande prudence opérationnelle, a sous ses ordres les Ve et VIIIe armées. [...]

La grande majorité des soldats sur le front italien provient, naturellement, du Royaume-Uni : plus de la moitié des divisions viennent de chez nous. Se joignent à elles des divisions de Nouvelle-Zélande, du Canada, d'Afrique du Sud et d'Inde, ou peut-être ferais-je mieux de dire des divisions anglo-indiennes, car, on l'oublie souvent, un tiers de leurs effectifs est britannique. L'armée britannique en Italie compte aussi dans ses rangs des unités palestiniennes ; et je dois déclarer à ce sujet, sans crainte d'être désapprouvé, que le Gouvernement a accédé à la requête de l'Agence juive pour la Palestine de former une brigade juive qui prenne part aux opérations. Je sais qu'un grand nombre de Juifs servent sous notre uniforme, ou sous l'uniforme américain, dans tous les rangs de nos armées, mais j'ai trouvé légitime qu'une unité juive particulière, une unité de cette race qui a subi de la part des Nazis d'indescriptibles tourments, fût présente comme une formation distincte parmi les forces réunies pour renverser les nazis, et je ne doute pas qu'elle participera non seulement aux combats, mais aussi à l'occupation qui s'ensuivra.

[...]

All this constitutes a feat of organisation and efficiency which should excite the wonder and deserve the admiration of all military students, as well as the applause of the British and American nations and their Allies. I must pay my tribute to the United States Army, not only in their valiant and ruthless battle-worthy qualities, but also in the skill of their commanders and the excellence of their supply arrangements. When one remembers that the United States four or five years ago was a peace-loving Power, without any great body of troops or munitions, and with only a very small regular Army to draw their commanders from, the American achievement is truly amazing. After the intense training they have received for nearly three years, or more than three years in some cases, their divisions are now composed of regular professional soldiers whose military quality is out of all comparison with hurriedly-raised wartime levies. These soldiers, like our own from Great Britain who have been even longer under arms, are capable of being placed immediately on landing in the battle line, and have proved themselves more than a match for the so-called veteran troops of Germany, who, though fighting desperately, are showing themselves decidedly the worse for wear. When I think of the measureless output of ships, munitions and supplies of all kinds with which the United States has equipped herself and has sustained all the fighting Allies in generous measure, and of the mighty war she is conducting, with troops of our Australian and New Zealand Dominions, over the spaces of the Pacific Ocean, this House may indeed salute our sister nation as being at the highest pinnacle of her power and fame.

I am very glad to say that we also have been able to make a worthy contribution. Some time ago, a statement

Tout ceci relève d'un exploit en termes d'organisation et d'efficacité, qui devrait susciter l'émerveillement et qui mérite l'admiration de tous les élèves des écoles militaires, ainsi que des applaudissements pour les nations britannique et américaine et pour leurs Alliés. Ma gratitude va à l'armée américaine, non seulement pour la vaillance et l'intrépidité de ses hommes au combat, mais aussi pour les compétences de ses chefs et l'excellence de son intendance. Si l'on se rappelle qu'il y a quatre ou cinq ans, les États-Unis étaient une puissance pacifique, sans troupes ni munitions ou presque, et dotée seulement d'une armée restreinte, où se recrutaient leurs chefs, la réussite américaine est époustouflante. Après l'entraînement intense qu'ils ont subi pendant près de trois ans, et parfois plus longtemps encore, les divisions américaines sont composées désormais de soldats professionnels dont les qualités militaires n'ont aucun rapport avec les conscriptions hâtives des temps de guerre. Comme les nôtres en Angleterre, qui sont sous les drapeaux depuis plus longtemps, ils peuvent être envoyés n'importe quand sur le champ de bataille, et ils ont montré à maintes reprises qu'ils dépassent en valeur ces soi-disant vétérans des armées allemandes qui, combattant avec l'énergie du désespoir, se sont révélés les pires des barbares. Quand je pense que les États-Unis se sont équipés sans compter en bateaux, en munitions et en fournitures de toutes sortes, et qu'ils ont soutenu généreusement tous leurs Alliés en lutte ; quand je songe à la guerre qu'ils mènent en ce moment aux côtés des *Dominions* d'Australie et de Nouvelle-Zélande, à travers le vaste océan Pacifique, cette Chambre ne peut que féliciter notre nation sœur pour être aujourd'hui au faîte de sa puissance et de sa gloire.

J'ai le plaisir de déclarer que nous leur avons apporté une contribution décisive. Un sénateur a déclaré, il y a peu,

was made by a Senator to the effect that the American public would be shocked to learn that they would have to provide 80 per cent of the forces to invade the Continent. I then said that at the outset of the invasion of France the British and American Forces would be practically equal, but that thereafter the American build-up would give them steadily the lead. I am glad to say that after 120 days of fighting we still bear, in the cross-Channel troops, a proportion of two to three in personnel and of four to five-and-a-half in fighting divisions in France. Casualties have followed very closely the proportions of the numbers. In fact, these troops fight so level that the casualties almost exactly follow the numbers engaged. We have, I regret to say, lost upwards of 90,000 men, killed, wounded and missing, and the United States, including General Patch's Army, over 145,000. Such is the price in blood paid by the English-speaking democracies for the actual liberation of the soil of France.

que le peuple américain se scandaliserait d'apprendre que leur pays aurait à fournir 80 % des forces nécessaires à l'invasion du continent. Je lui ai répondu qu'au commencement de l'invasion de la France, les forces britanniques et américaines seraient quasiment à égalité, mais que par la suite la participation américaine, toujours croissante, passerait en tête. Je suis fier de dire qu'après 120 jours de combat, la proportion est toujours, en personnel, de deux Britanniques pour trois Américains, et de quatre pour cinq et demi en fait de divisions combattantes. Les pertes, de leur côté, suivent de très près ces proportions. Ces troupes combattent, en réalité, à un tel degré d'égalité que les proportions des pertes affectent presque exactement le nombre des engagés. Nous avons perdu – je regrette de devoir en faire la déclaration – plus de 90 000 hommes tués, blessés ou disparus, et les États-Unis, y compris l'armée du général Patch, plus de 145 000 hommes. Tel est le prix du sang versé par les démocraties anglophones pour la libération du sol de France.

23

18 JANVIER 1945

Dans le Pacifique, au cours de l'automne 1944 puis du début de l'hiver 1945, les Japonais ne parviennent pas à empêcher les Américains de reprendre pied aux Philippines. Au prix de lourdes pertes, les forces du général MacArthur reconquièrent les îles une à une[1]. De son côté, l'amiral Nimitz entreprend sa progression vers les îles d'Iwo Jima[2] puis d'Okinawa[3]. Dans le même temps, les Britanniques débarquent à Rangoon et commencent à repousser les Japonais dans la jungle birmane.

En Europe, sur le front ouest, les Américains prennent Aix-la-Chapelle le 21 octobre 1944. Le 21 novembre, Belfort est libérée par la 1re armée française[4]. Le 22, la 3e armée du général Patton entre dans Metz. Le 23, la 2e DB du général Leclerc libère Strasbourg. Le 26, les premières unités du général de Lattre de Tassigny entrent dans Mulhouse. À partir du

1. Elles entreront dans Manille le 4 février 1945.

2. Les Américains y débarqueront le 19 février 1945.

3. Le débarquement des Américains aura lieu le 1er avril 1945

4. Dont les premiers éléments atteignent le Rhin le lendemain.

7 décembre, de très durs combats commencent pour réduire la poche de Colmar dans laquelle des unités de la Wehrmacht se sont retranchées. Mais le 16 décembre, les Allemands jouent leur va-tout en déclenchant la contre-offensive des Ardennes. Du 1er au 5 janvier 1945, ils menacent Strasbourg. Ils sont progressivement freinés puis repoussés[1]. Sur le front est, du 12 au 15 janvier, les maréchaux Joukov et Koniev lancent 2,5 millions d'hommes, 7 000 chars et 5 000 avions contre les défenses allemandes. Celles-ci sont rapidement percées[2]. Le 20 janvier, les avant-gardes soviétiques foulent le sol allemand[3].

Tandis qu'en Italie, dans le nord de la Yougoslavie et en Hongrie une Wehrmacht qui ne se désunit pas oppose une résistance acharnée aux Anglo-saxons, aux partisans et aux Soviétiques, la Grèce est en proie à de très sérieux troubles politiques et militaires. Le 3 décembre 1944, une grève générale est déclenchée à Athènes. L'insurrection éclate et de violents combats opposent le front national de libération (EAM) et son armée populaire (ELAS) aux Britanniques. Churchill envoie des renforts et, comme souvent, paye de sa personne en se rendant sur place pour juger de la situation. Le 27 décembre, le roi de Grèce cède ses pouvoirs à un régent et le Premier ministre Papandréou s'efface devant le général républicain Plastiras. Le 11 janvier, une trêve est signée.

C'est dans ce contexte de succès quelquefois très difficiles mais généralisés qu'Américains, Anglais et Soviétiques

1. À partir du 23 janvier, leur recul sera généralisé.

2. En quelques jours, la brèche atteint 300 kilomètres de large.

3. Le 31 janvier, les blindés de Joukov atteindront l'Oder : ils ne seront plus qu'à environ 70 kilomètres de Berlin.

travaillent à préparer la conférence de Yalta[1]. Dans cette perspective, Winston Churchill se présente le 18 janvier devant la Chambre des communes. S'il s'adresse formellement aux parlementaires britanniques, son discours est d'abord destiné à l'Allemagne et au Japon. Le message tient en peu de mots : les Alliés n'accepteront de négocier qu'après que le IIIe Reich et l'Empire du Soleil Levant auront capitulé sans conditions. Il ne saurait être question d'entrer en pourparlers avec un ennemi encore partiellement sur le pied de guerre. Cela posé, et une fois ces capitulations acquises, les peuples allemands et japonais pourront compter sur l'humanité et sur la mansuétude des Alliés.

1. Qui aura lieu du 4 au 11 février 1945.

“WE DEMAND UNCONDITIONAL SURRENDER”

18 January 1945, House of Commons

I am clear that nothing should induce us to abandon the principle of unconditional surrender, or to enter into any form of negotiation with Germany or Japan, under whatever guise such suggestions may present themselves, until the act of unconditional surrender has been formally executed. But the President of the United States, and I in your name, have repeatedly declared that the enforcement of unconditional surrender upon the enemy in no way relieves the victorious Powers of their obligations to humanity, or of their duties as civilised and Christian nations. I read somewhere that when the ancient Athenians, on one occasion, overpowered a tribe in the Peloponnesus which had wrought them great injury by base, treacherous means, and when they had the hostile army herded on a beach naked for slaughter, they forgave them and set them free, and they said:

> “This was not because they were men; it was done because of the nature of Man.”

« NOUS EXIGEONS UNE CAPITULATION SANS CONDITIONS »

18 janvier 1945, Chambre des communes.

J'affirme clairement que rien ne saurait nous conduire à renoncer au principe d'une capitulation sans conditions ou à entrer de quelque manière que ce soit en pourparlers avec l'Allemagne ou le Japon, sous quelque forme que puissent se présenter leurs propositions, avant que l'acte de capitulation inconditionnelle n'ait été officiellement signé. Toutefois, le Président des Etats-Unis, et moi-même en votre nom, avons déclaré à plusieurs reprises qu'imposer à l'ennemi de capituler sans conditions ne délivrerait en aucun cas les puissances victorieuses de leurs obligations envers l'humanité, ni de leurs devoirs en tant que nations chrétiennes et civilisées. J'ai lu quelque part que les Athéniens, ayant un jour soumis une peuplade du Péloponnèse qui leur avait infligé de sérieux revers par d'ignobles traîtrises, avaient parqué l'armée ennemie sur une plage et l'avaient déshabillée en vue de la massacrer puis avaient pardonné à leurs adversaires et les avaient libérés, en disant :

> « Nous n'avons pas fait cela parce qu'ils étaient des hommes, mais nous l'avons fait en raison de la nature de l'Homme. »

Similarly, in this temper, we may now say to our foes, "We demand unconditional surrender, but you well know how strict are the moral limits within which our action is confined. We are no extirpators of nations, butchers of peoples. We make no bargain with you. We accord you nothing as a right. Abandon your resistance unconditionally. We remain bound by our customs and our nature."

There is another reason why any abrogation of the principle of unconditional surrender would be most improvident at the present time, and it is a reason by no means inconsistent with, or contradictory to, that which I have just given. We should have to discuss with the enemy, while they still remained with arms in their hands, all the painful details of the settlement which their indescribable crimes have made necessary for the future safety of Europe and of the world; and these, when recited in detail, might well become a greater obstacle to the end of the struggle than the broad generalisation which the term "unconditional surrender" implies.

The Germans know perfectly well how these matters stand in general. Several countries have already surrendered unconditionally to the victorious Allies, to Russia, to Britain and to the United States. Already there is a tolerable life appointed for their peoples. Take Finland, take Italy: these peoples have not all been massacred and enslaved. On the contrary, so far as Italy is concerned, there are moments when one has almost wondered whether it was they who had unconditionally surrendered to us, or whether we were about to surrender unconditionally to them. This, at least,

Dans le même état d'esprit, nous pouvons maintenant dire à nos ennemis : « Nous exigeons que vous capituliez sans conditions mais vous connaissez bien les strictes limites morales que nous imposons à notre action. Nous ne sommes pas des destructeurs de nations, des bouchers de peuples. Nous ne marchandons pas avec vous. Rien ne vous est accordé comme un dû. Renoncez sans condition à toute résistance. Pour notre part, nous restons tenus par nos coutumes et par notre nature. »

Mais il est une autre raison pour laquelle renoncer au principe d'une capitulation sans conditions serait particulièrement inopportun dans les circonstances actuelles, et cette raison n'est en aucune manière incompatible ou contradictoire avec celle que je viens d'avancer. Entrer en pourparlers avec l'ennemi signifierait discuter avec lui, alors qu'il est encore armé, de tous les pénibles détails de la réglementation que ses crimes inqualifiables ont rendue nécessaire pour la sécurité future de l'Europe et du monde ; et ces détails, abordés un par un, pourraient bien constituer un obstacle à la fin de l'affrontement plus grand que les considérations générales impliquées par les termes de « capitulation sans conditions ».

Les Allemands savent parfaitement bien que ces problèmes se présentent globalement. Plusieurs pays, déjà, se sont rendus sans conditions aux Alliés victorieux, à la Russie, à la Grande-Bretagne et aux États-Unis. Pour les peuples de ces pays, la vie est d'ores et déjà redevenue tolérable. Prenez la Finlande, prenez l'Italie : aucun de ces peuples n'a été massacré ou réduit en esclavage. Tout au contraire, en ce qui concerne l'Italie au moins, d'aucuns ont pu se demander par moment si les Italiens avaient capitulé sans conditions devant nous, ou si nous nous apprêtions à leur rendre inconditionnellement les armes. Voilà, à tout le

I can say on behalf of the United Nations to Germany: "If you surrender now, nothing that you will have to endure after the war will be comparable to what you are otherwise going to suffer during the year 1945."

Peace, though based on unconditional surrender, will bring to Germany and Japan an immense, immediate amelioration of the suffering and agony which now lie before them. We, the Allies, are no monsters, but faithful men trying to carry forward the light of the world, trying to raise, from the bloody welter and confusion in which mankind is now plunged, a structure of peace, of freedom, of justice and of law, which system shall be an abiding and lasting shelter for all. That is how I venture to set before the Committee today the grave issue called "unconditional surrender".

moins, ce que je puis dire au nom des Nations Unies à l'Allemagne : « Si vous capitulez maintenant, rien de ce que vous aurez à supporter après la guerre ne sera comparable à ce que vous serez amenés à endurer, sans cela, au cours de l'année 1945. »

La paix, même fondée sur une capitulation sans conditions, apportera à l'Allemagne et au Japon un soulagement immense et immédiat des souffrances et de l'agonie qui les attendent pour l'instant. Nous, les Alliés, ne sommes pas des monstres, mais des hommes dignes de foi qui s'emploient à porter la lumière du monde, qui s'efforcent d'édifier, sur les décombres sanglants et la confusion dans laquelle l'humanité est aujourd'hui plongée, une structure de paix, de liberté, de justice et de droit – système qui formera pour tous un abri vivable et durable. C'est dans cet esprit que je me risque aujourd'hui à soumettre à la Commission ce problème grave appelé « capitulation sans conditions ».

24

27 FÉVRIER 1945

Du 4 au 11 février 1945, Winston Churchill, Franklin D. Roosevelt et Joseph Staline se retrouvent dans la station balnéaire de Yalta, en Crimée, pour une conférence au sommet. Le Premier Ministre britannique est avant tout soucieux d'éviter que l'influence soviétique ne s'étende trop largement en Europe. Malade et très affaibli[1], le président américain veut obtenir du leader soviétique l'engagement que ses armées attaqueront celles du Japon dès la victoire en Europe acquise, et un accord sur le projet d'Organisation des Nations Unies. Pour sa part, Staline entend bien étendre son emprise, ou à défaut son influence, sur l'Europe centrale et orientale.

Au terme d'âpres discussions, Staline s'engage à ouvrir les hostilités contre le Japon deux à trois mois au plus après la capitulation de l'Allemagne, en échange de quoi son pays obtiendra les îles Kouriles et la partie sud de Sakhaline. En outre, l'URSS accepte de participer, à partir du 25 avril 1945, à la conférence de San Francisco dont l'objectif est de fonder une Organisation des Nations Unies dont seront membres tous les pays ayant déclaré la guerre à l'Allemagne

1. Il décédera le 12 avril 1945.

ou au Japon avant le 1er mars 1945. Le reste des résultats porte sur le redécoupage de la carte européenne. S'agissant des territoires d'Europe orientale que l'Armée rouge aura libérés, Anglais et Américains doivent se contenter de la promesse selon laquelle les peuples de ces pays pourront créer les institutions démocratiques de leur choix. Concernant la Pologne, les discussions sont particulièrement rudes. Selon l'accord final, la frontière est sera la ligne Curzon, tandis qu'au grand dam des Anglo-saxons, la frontière ouest sera la ligne Oder-Neisse ; les négociateurs américains et anglais doivent se résigner à ce que le futur gouvernement polonais procède de celui créé à Moscou et installé depuis à Varsovie par les Soviétiques[1], sous réserve que des élections libres puissent se dérouler. Un accord de même nature est trouvé à propos de la Yougoslavie : le gouvernement présidé par Tito se trouvera donc en position de force vis-à-vis des autorités yougoslaves en exil à Londres. Par ailleurs, les Soviétiques s'engagent implicitement à ne pas intervenir en Grèce. Enfin, à propos de l'Allemagne, les trois Grands se mettent d'accord sur l'idée de la dénazifier et de la démilitariser, sur le principe de sa partition[2] et sur l'obligation qui lui sera faite de verser des réparations[3].

1. Le projet était que certains membres du cabinet polonais en exil à Londres et soutenu par les Anglo-saxons intègrent le nouveau gouvernement polonais.

2. Une commission est créée afin de réfléchir à cette future partition. En attendant, des zones d'occupation sont attribuées aux États-Unis, à la Grande-Bretagne et à l'URSS ainsi qu'à la France.

3. Une autre commission est mise en place afin de déterminer les montants de ces réparations.

Le 27 février, Winston Churchill prend la parole à la Chambre des communes pour rendre compte de la conférence et solliciter l'approbation des parlementaires sur les résultats qui y ont été obtenus. Après être revenu sur l'ensemble des points débattus en Crimée, il choisit de consacrer une large part de son propos à la Pologne. Plus encore que le tracé précis des frontières, explique-il, ce qui importe est bien l'indépendance et la liberté des Polonais. À cet égard, Staline a donné les assurances les plus fermes. Après avoir invité les parlementaires à lire et relire avec attention les termes de l'accord concernant la Pologne, Churchill conclut par un paragraphe qui se veut rassurant – l'Union soviétique est de bonne foi, il faut lui faire confiance – mais n'en est pas moins prémonitoire – une rupture entre les démocraties occidentales et l'URSS serait tout simplement catastrophique pour l'avenir du monde. Au terme du débat, les Communes approuvent les accords de Yalta par 396 voix contre 25.

THE YALTA CONFERENCE

27 February 1945, House of Commons

The recent Conference of the three Powers in the Crimea faced realities and difficulties in so exceptional a manner that the result constituted an act of State, on which Parliament should formally express their opinion. His Majesty's Government feel they have the right to know where they stand with the House of Commons. A strong expression of support by the House will strengthen our position among our Allies. The intimate and sensitive connections between the Executive Government and the House of Commons will thereby also be made plain, thus showing the liveliness of our democratic institutions, and the subordination of Ministers to Parliamentary authority. The House will not shrink from its duty of pronouncing. We live in a time when equality of decision is required from all who take part in our public affairs. In this way also, the firm and tenacious character of the present Parliament, and, generally, of our Parliamentary institutions, emerging as they do fortified from the storms of the war, will be made manifest. We have therefore thought it right and necessary to place a positive Motion on the Paper, in support of which I should

LA CONFÉRENCE DE YALTA

27 février 1945, Chambre des communes

La récente conférence des trois Puissances en Crimée a dû affronter de telles réalités, de telles difficultés que les décisions qui en découlent engagent l'État, et doivent donc être discutées par le Parlement. Le gouvernement de Sa Majesté s'estime en droit de savoir quelle est la position de la Chambre des communes sur cette question. Un soutien sans réserve de la Chambre renforcera notre position parmi nos Alliés. Les profonds liens de connivence et de confiance qui existent entre le gouvernement et la Chambre des communes seront alors mis en évidence, prouvant la vitalité de nos institutions démocratiques et la subordination des ministres à l'autorité parlementaire. La Chambre n'échappera pas au devoir qui est le sien de se prononcer. Nous vivons à une époque où le pouvoir de décider doit être également partagé par tous ceux qui participent à la conduite des affaires. De cette manière aussi, la force de caractère et la ténacité du présent Parlement actuel et, plus généralement, de nos institutions parlementaires, qui sortent renforcées des épreuves de la guerre, se manifesteront clairement. Nous avons donc estimé juste et nécessaire de présenter à l'ordre du jour une motion de soutien, en faveur de laquelle je

like to submit some facts and arguments to the House at the opening of this three days' Debate.

[...]

On world organisation, there is little that I can say beyond what is contained in the Report of the Conference, and, of course, in the earlier reports which emanated from Dumbarton Oaks. [...]

Here is the difficulty which has to be faced. It is on the Great Powers that the chief burden of maintaining peace and security will fall. The new world organisation must take into account this special responsibility of the Great Powers, and must be so framed as not to compromise their unity, or their capacity for effective action if it is called for at short notice. At the same time, the world organisation cannot be based upon a dictatorship of the Great Powers. It is their duty to serve the world and not to rule it. We trust the voting procedure on which we agreed at Yalta meets these two essential points, and provides a system which is fair and acceptable, having regard to the evident difficulties, which will meet anyone who gives prolonged thought to the subject. [...]

The Crimea Conference leaves the Allies more closely united than ever before, both in the military and in the political sphere. Let Germany recognise that it is futile to hope for division among the Allies, and that nothing can avert her utter defeat. Further resistance will only be the cause of needless suffering. The Allies are resolved that Germany shall be totally disarmed, that Nazism and militarism in Germany shall be destroyed, that war criminals shall be justly and swiftly punished, that all German industry capable of military production shall be eliminated or

voudrais exposer à la Chambre quelques faits et arguments qui ouvriront ces trois jours de débat.

[...]

Sur la question de l'organisation du monde, je ne saurais ajouter grand-chose à ce que contient le rapport de la Conférence ni, bien sûr, à ce que contenaient les précédents rapports issus de Dumbarton Oaks.[...]

Voici la difficulté à laquelle nous sommes confrontés. C'est aux grandes puissances qu'incombera la lourde responsabilité de préserver la paix et la sécurité. La nouvelle organisation du monde doit prendre en compte cette responsabilité particulière des grandes puissances, et doit donc être conçue de façon à ce qu'elle ne compromette ni leur unité, ni leur capacité d'intervenir efficacement, même si une telle intervention doit être mise en œuvre rapidement. Dans le même temps, cette organisation mondiale ne saurait être fondée sur une dictature des grandes puissances. Leur devoir est de se mettre au service du monde, non de le diriger. Nous croyons que la procédure de vote sur laquelle nous nous sommes mis d'accord à Yalta est conforme à ces deux points essentiels et qu'elle donne naissance à un système juste et recevable, au regard des difficultés évidentes que chacun rencontrera s'il se donne la peine de réfléchir à ce sujet de manière approfondie. [...]

La conférence en Crimée laisse les Alliés plus étroitement unis que jamais, à la fois dans le domaine militaire et dans le domaine politique. L'Allemagne doit reconnaître que ses espoirs de diviser les Alliés sont vains, et que rien ne peut plus empêcher sa défaite absolue. Prolonger la résistance ne servirait qu'à provoquer d'inutiles souffrances. Les Alliés sont résolus à désarmer complètement l'Allemagne, à en extirper le nazisme et le militarisme, à punir équitablement et promptement les criminels de guerre, à démanteler ou à prendre le

controlled, and that Germany shall make compensation in kind to the utmost of her ability for damage done to Allied nations. On the other hand, it is not the purpose of the Allies to destroy the people of Germany, or leave them without the necessary means of subsistence. Our policy is not revenge; it is to take such measures as may be necessary to secure the future peace and safety of the world. There will be a place one day for Germans in the comity of nations, but only when all traces of Nazism and militarism have been effectively and finally extirpated. [. . .]

I now come to the most difficult and agitating part of the statement which I have to make to the House – the question of Poland. For more than a year past, and since the tide of war has turned so strongly against Germany, the Polish problem has been divided into two main issues – the frontiers of Poland and the freedom of Poland.

[...]

To establish a free Polish nation with a good home to live in has always far outweighed, in my mind, the actual tracing of the frontier line, or whether these boundaries should be shifted on both sides of Poland farther to the West. [...]

Most solemn declarations have been made by Marshal Stalin and the Soviet Union that the sovereign independence of Poland is to be maintained, and this decision is now joined in both by Great Britain and the United States. Here also, the world organisation will in due course assume a measure of responsibility. The Poles will have their future in their own hands, with the single limitation that they must honestly follow, in harmony with their

contrôle de toute industrie allemande susceptible de produire des armes et à exiger de l'Allemagne qu'elle verse autant de réparations en nature que possible pour les dommages qu'elle a infligés aux nations alliées. En revanche, il n'est pas dans l'intention des Alliés de détruire le peuple allemand, ou de le laisser dépourvu des moyens nécessaires de subsistance. Notre politique n'est pas la vengeance ; elle consiste à prendre toutes les mesures nécessaires pour garantir dans l'avenir la paix et la sécurité du monde. Dans le concert des nations, il y aura un jour une place pour les Allemands, mais seulement quand toutes les traces du nazisme et du militarisme auront réellement et définitivement disparu. [...]

J'en viens maintenant à la partie la plus délicate et la plus polémique de la déclaration que je dois faire à la Chambre : la question de la Pologne. Depuis plus d'un an, et depuis que le sort des armes s'est si nettement retourné contre l'Allemagne, le problème polonais s'est présenté sous la forme de deux questions principales : les frontières de la Pologne et la liberté de la Pologne.

[...]

Établir une nation polonaise libre avec de bonnes conditions de vie a toujours été beaucoup plus important à mes yeux que le tracé exact de la ligne frontalière, ou de savoir si les frontières de part et d'autre de la Pologne ne devaient pas être déplacées plus à l'ouest. [...]

Les déclarations les plus solennelles ont été faites par le maréchal Staline et par l'Union Soviétique sur le maintien de la souveraineté et de l'indépendance de la Pologne, et cet engagement est à présent celui et de la Grande-Bretagne et des États-Unis. Ici encore, l'organisation mondiale assumera pleinement sa part de responsabilité. Les Polonais seront maîtres de leur avenir, à la condition de mettre en œuvre honnêtement, de concert avec leurs

Allies, a policy friendly to Russia. That is surely reasonable.

[...]

Thereafter, His Majesty's Government, through their representative in Poland, will use all their influence to ensure that the free elections to which the new Polish Government will be pledged shall be fairly carried out under all proper democratic safeguards.

Our two guiding principles in dealing with all these problems of the Continent and of liberated countries, have been clear: While the war is on, we give help to anyone who can kill a Hun; when the war is over, we look to the solution of a free, unfettered, democratic election. Those are the two principles which this Coalition Government have applied, to the best of their ability, to the circumstances and situations in this entangled and infinitely varied development. [...]

The impression I brought back from the Crimea, and from all my other contacts, is that Marshal Stalin and the Soviet leaders wish to live in honourable friendship and equality with the Western democracies. I feel also that their word is their bond. I know of no Government which stands to its obligations, even in its own despite, more solidly than the Russian Soviet Government. I decline absolutely to embark here on a discussion about Russian good faith. It is quite evident that these matters touch the whole future of the world. Sombre indeed would be the fortunes of mankind if some awful schism arose between the Western democracies and the Russian Soviet Union, if the future world organisation were rent asunder, and if new cataclysms of inconceivable violence destroyed all that is left of the treasures and liberties of mankind.

Alliés, une politique amicale vis-à-vis de la Russie. Voilà qui est assurément raisonnable.

[…]

Par la suite, le gouvernement de Sa Majesté, par le truchement de ses représentants en Pologne, usera de toute son influence pour que les élections libres desquelles sortira le nouveau gouvernement polonais se déroulent en toute légalité et dans le respect des usages démocratiques.

En Europe et dans les pays libérés, nos deux principes d'action pour chacun de ces problèmes ont été clairs : tant que nous sommes en guerre, nous offrons notre aide à quiconque peut tuer un Hun ; quand la guerre est terminée, nous examinons le moyen d'organiser des élections libres, transparentes et démocratiques. Tels sont les deux principes que ce gouvernement de coalition a appliqués, au mieux de sa capacité, aux circonstances et aux situations qui ont marqué ce processus complexe et infiniment varié. […]

L'impression que j'ai rapportée de Crimée, et de tous mes autres contacts, c'est que le maréchal Staline et les dirigeants soviétiques souhaitent vivre en bonne amitié et sur un pied d'égalité avec les démocraties occidentales. Il me semble également que leur parole les engage. Je ne connais pas de gouvernement qui se conforme plus strictement à ses obligations que celui de la Russie soviétique, et même le cas échéant contre ses intérêts. Je refuse catégoriquement de polémiquer ici sur la bonne foi des Russes. Il est évident que ces problèmes engagent tout l'avenir du monde. Combien sombre en effet serait le destin de l'humanité si quelque schisme terrible surgissait entre les démocraties occidentales et l'Union soviétique, si la future organisation du monde volait en éclats, et si de nouveaux cataclysmes, d'une violence inconcevable, détruisaient tout ce qui subsiste des trésors et des libertés du genre humain.

25

19 AVRIL 1945

Le 13 février 1945, après une résistance désespérée, Budapest tombe aux mains de l'Armée rouge. Le 31 mars, celle-ci pénètre en Autriche. Le 6 avril, ses éléments avancés parviennent à Vienne. Une insurrection militaire et civile empêche les unités SS encerclées de défendre la ville comme elles en ont l'intention, éventuellement au prix de sa destruction. Le 13, les Soviétiques entrent dans la capitale autrichienne. Malgré ces revers, la Wehrmacht continue de lutter pied à pied en Prusse-Orientale, en Poméranie et en Silésie ; de son côté, la Kriegsmarine réalise des prodiges pour acheminer des renforts, évacuer des blessés et des réfugiés et, encore et toujours, affronter les navires alliés[1].

Sur le front ouest, le général Eisenhower lance, le 8 février 1945, une grande offensive destinée à s'assurer la maîtrise de la rive gauche du Rhin. Le 7 mars, ses armées tiennent cette rive entre Cologne et Nimègue. Dans l'après-midi, une compagnie de la 9e division blindée

1. Ces affrontements sont essentiellement le fait des sous-marins, en mer du Nord et dans la Manche.

américaine franchit le fleuve par le pont de Remagen, seul édifice sur le Rhin que les Allemands ne sont pas parvenus à détruire. À partir du 11 mars, le Rhin est progressivement franchi sur une grande échelle par les forces alliées. Plutôt que de foncer directement sur Berlin, Eisenhower assigne alors trois objectifs à ses armées : attaquer vers le nord afin d'interdire aux forces allemandes toute possibilité de constituer un réduit nordique[1] ; au centre du front, réduire la poche de la Ruhr où se sont retranchées quelque 18 divisions allemandes sous le commandement du maréchal Model ; attaquer vers le sud pour éviter que les débris de la Wehrmacht ne constituent un réduit alpin. Le 11 avril, la 9e armée américaine du général Simpson atteint l'Elbe au nord de Magdebourg. Le 18 avril, les forces allemandes de la Ruhr capitulent.

Entre-temps, le 11 avril, une avant-garde de la 6e division blindée de la 3e armée américaine[2] est arrivée au camp de concentration de Buchenwald[3] dont les prisonniers viennent de prendre le contrôle. Horrifié par ce qu'il découvre dans ce camp, Eisenhower oblige les habitants de Weimar à le visiter. Plus encore, le généralissime invite parlementaires et journalistes américains, britanniques et alliés à se rendre dans le camp : s'ils constatent par eux-mêmes les atrocités nazies, ils seront en mesure d'en rendre compte précisément et complètement ; par ailleurs, toute idée de mansuétude à l'égard des responsables nazis sera abandonnée.

1. Éventuellement en Finlande…
2. Commandée par le général Patton.
3. Édifié sur la colline d'Ettersberg près de Weimar (Thuringe).

C'est dans ce contexte tragique qu'à la Chambre des communes, le 19 avril, Winston Churchill annonce sa décision de former sur le champ une délégation de parlementaires représentative de tous les partis.

"NO WORDS CAN EVER EXPRESS THE HORROR…"

19 April 1945, House of Commons

No words can express the horror which is felt by his Majesty's Government and their principal Allies at the proofs of these frightful crimes now daily coming into view. I do not at present, however, wish to commit myself to any special policy such as the suggestion made by my hon. Friend [to retain the captured concentration camp of Buchenwald intact as a memorial of German methods].

I have this morning received an informal message from General Eisenhower saying that the new discoveries, particularly at Weimar, far surpass anything previously exposed. He invites me to send a body of Members of Parliament at once to his Headquarters in order that they may themselves have ocular and first-hand proof of these atrocities.

The matter is of urgency, as of course it is not possible to arrest the processes of decay in many cases. In view of

« IL N'EXISTE PAS DE MOT POUR TRADUIRE L'HORREUR... »

19 avril 1945, Chambre des communes

Il n'existe pas de mot pour traduire l'horreur éprouvée par le gouvernement de Sa Majesté et par ses principaux alliés face aux preuves de ces crimes épouvantables, qui nous parviennent chaque jour. Pour l'heure, cependant, je ne souhaite pas me prononcer en faveur de quelque mesure particulière que ce soit, à l'image de la suggestion faite par mon honorable Ami *[de garder intact le camp de Buchenwald tout juste libéré pour en faire un mémorial des méthodes allemandes]*[1].

J'ai reçu ce matin un message officieux du général Eisenhower indiquant que les dernières découvertes, particulièrement à Weimar, surpassent de loin tout ce qui a été révélé jusqu'à présent. Il m'invite à envoyer immédiatement à son quartier général une délégation de membres du Parlement, pour qu'ils puissent constater eux-mêmes, de leurs propres yeux, ces atrocités.

Il y a urgence, parce qu'il est bien évidemment impossible, dans un grand nombre de cas, d'arrêter le processus

---

1. Précision apportée par l'éditeur britannique des discours. (NdE).

this urgency, I have come to the conclusion that eight Members of this House and two Members of the House of Lords should form a Parliamentary Delegation, and should travel out at once to the Supreme Head-quarters, where General Eisenhower will make all the necessary arrangements for their inspection of the scenes, whether in American or British sectors. Members who volunteer for this extremely unpleasant but none the less necessary duty, should give their names to their Party Whips, in order that a body representative of all Parties may be selected by the usual methods during this afternoon. I should propose that they start tomorrow.

I hope that the House will approve of the somewhat rapid decision I have taken.

de décomposition. En raison de cette urgence, j'en suis venu à la décision que huit membres de cette Chambre et deux de la Chambre des Lords formeraient une délégation parlementaire, et qu'ils se rendraient immédiatement au Grand Quartier général où le général Eisenhower prendra toutes les dispositions nécessaires pour leur faire visiter les lieux de ces crimes, dans les secteurs américain ou britannique. Les volontaires pour accomplir ce devoir aussi pénible que nécessaire, devront donner leurs noms au bureau de leur responsable[1] de leur groupe parlementaire, de façon à ce qu'une délégation représentative de tous les partis puisse être constituée selon l'usage cet après-midi. Je suggère que cette délégation parte dès demain.

J'espère que la Chambre approuvera la décision quelque peu rapide que j'ai prise.

1. Il n'existe pas d'équivalent en français de l'expression « Party Whip » typique du parlementarisme britannique. Il s'agit d'un parlementaire chargé de la discipline dans son parti, et notamment de battre le rappel des membres du Parlement en prévisions des débats ou sessions importants. (NdT)

26

8 MAI 1945

Tandis que le groupe d'armées du maréchal Montgomery avance en Allemagne du Nord et que la 1re armée française du général de Lattre de Tassigny nettoie systématiquement la Forêt-Noire avant de poursuivre vers le lac de Constance[1], les Américains progressent vers Nuremberg avant de s'élancer vers Munich et vers l'Autriche. Le 24 avril, l'encerclement de Berlin est parachevé par les armées des maréchaux Joukov et Koniev. Le 25, à Torgau (sur l'Elbe), la 1re armée américaine du général Hodges fait sa jonction avec des éléments de l'Armée rouge. Le 26, la bataille pour Berlin débute. Le 27, les Américains atteignent le Danube[2]. En Italie, après être finalement parvenus à percer la « ligne gothique » de défense allemande[3], les Alliés franchissent le Pô le 28. Le même jour, Mussolini et sa maîtresse, qui ont été capturés par les partisans italiens, sont fusillés. Le 30 avril, Hitler se suicide dans son bunker berlinois. Le 2 mai, Berlin se rend aux Soviétiques tandis que ce qui reste des armées allemandes

1. Le 8 mai 1945, la 1re armée parviendra au Brenner.
2. À Ulm et à Ratisbonne.
3. Elle traversait la péninsule italienne d'est en ouest et passait au nord de Florence.

d'Italie capitule et que les débris de la Wehrmacht encore en état de combattre entre l'Oder et l'Elbe puis en Tchécoslovaquie sont progressivement contraints à la reddition par les Soviétiques[1]. Le 4, les Américains sont à Berchtesgaden[2]. Le 5, l'avant-garde de la 2e division blindée du général Leclerc s'empare du Berghof, le « nid d'aigle » d'Hitler.

Le 7 mai à 2 h 41, dans la salle d'un collège technique de Reims, le général Bedell Smith, chef d'état-major du général Eisenhower, le général français Sevez, sous-chef d'état-major de la Défense nationale, et le général Susloparov, chef de la mission militaire soviétique en France, signent avec le général allemand Jodl[3] l'acte de capitulation sans conditions du IIIe Reich au Commandement suprême des forces alliées et au Haut commandement soviétique. Selon ce document, les combats prendront fin le 8 mai à 23 h 01. Le 9 à 00 h 28, au GQG du 1er front biélorusse situé à Karlshorst, dans la banlieue nord-est de Berlin, le maréchal Joukov et l'Air Chief Marshal sir Arthur Tedder[4] signent avec le maréchal Keitel et deux représentants de la Kriegsmarine et de la Luftwaffe l'acte officiel de capitulation sans conditions du Reich. Le document est également signé par le général

1. Prague tombera le 9 mai aux mains de l'Armée rouge.

2. Dans l'Obersalzberg (Alpes bavaroises).

3. Le successeur de Hitler, l'amiral Dönitz, tenta d'obtenir d'Eisenhower qu'il accepte que seules les armées allemandes de l'ouest capitulent. Ainsi soulagé à l'ouest, ce qui restait du Reich aurait pu tenter une résistance désespérée face aux Soviétiques. Eisenhower ayant refusé, Dönitz désigna le général Jodl pour signer l'acte de capitulation sans conditions du IIIe Reich au Commandement suprême des forces alliées et au Haut commandement soviétique.

4. Adjoint du général Eisenhower.

américain Spaatz et le général de Lattre de Tassigny, agissant en tant que témoins.

Le 8 mai, presque cinq ans jour pour jour après qu'il est devenu Premier Ministre, Winston Churchill s'adresse à la Chambre des communes puis, *via* la BBC, à ses compatriotes. Après avoir évoqué précisément les deux actes de capitulation sans conditions, il tient à rassurer ses auditeurs : « la guerre allemande » est bel et bien terminée. Mais, rappelle-t-il, le Japon n'est pas encore vaincu. Après de brèves réjouissances, méritées, il faudra en finir avec lui. Et le Premier Ministre de conclure en rendant un vibrant hommage à la Chambre des communes dont le ferme et permanent soutien au gouvernement a permis la victoire sur l'hydre nazie. Après son discours aux Communes, il est ovationné par les parlementaires. Un peu plus tard, il a l'honneur de saluer la foule londonienne en liesse à partir du balcon de Buckingham Palace, au côté de la famille royale.

"VICTORY IN EUROPE"

8 May 1945, House of Commons and Broadcast (BBC), London

Yesterday morning at 2.41 a.m. at Headquarters, General Jodl, the representative of the German High Command, and Grand Admiral Doenitz, the designated head of the German State, signed the act of unconditional surrender of all German land, sea, and air forces in Europe to the Allied Expeditionary Force, and simultaneously to the Soviet High Command.

General Bedell Smith, Chief of Staff of the Allied Expeditionary Force, and General François Sevez signed the document on behalf of the Supreme Commander of the Allied Expeditionary Force, and General Susloparov signed on behalf of the Russian High Command.

Today this agreement will be ratified and confirmed at Berlin, where Air Chief Marshal Tedder, Deputy Supreme Commander of the Allied Expeditionary Force, and General de Lattre de Tassigny will sign on behalf of General Eisenhower. Marshal Zhukov will sign on behalf of the Soviet High Command. The German representatives will be Field-Marshal Keitel, Chief of the High Command, and the Commanders-in-Chief of the German Army, Navy, and Air Forces.

« LA VICTOIRE EN EUROPE »

8 mai 1945, Chambre des communes et radiodiffusion (BBC), Londres

Hier matin, à 2 heures 41, au Grand quartier général, le général Jodl, représentant le Haut Commandement allemand, et le Grand amiral Doenitz, chef désigné de l'État allemand, ont signé l'acte de capitulation sans conditions de l'ensemble des forces terrestres, navales et aériennes allemandes en Europe, aussi bien face au Corps expéditionnaire allié que face au Haut commandement soviétique.

Le général Bedell Smith, chef d'état-major du Corps expéditionnaire allié, et le général François Sevez ont signé le document au nom du Commandement Suprême du Corps expéditionnaire, et le général Susloparov au nom du Haut Commandement russe.

Cet accord sera ratifié et entériné aujourd'hui même à Berlin, où le maréchal de l'Air Tedder, adjoint au commandant suprême du Corps expéditionnaire allié, et le général de Lattre de Tassigny signeront au nom du général Eisenhower. Le maréchal Joukov signera au nom du Haut Commandement soviétique. Les représentants de l'Allemagne seront le feld-maréchal Keitel, chef du Haut Commandement, et les commandants en chef de l'Armée, de la Marine et de l'Aviation allemandes.

Hostilities will end officially at one minute after midnight tonight (Tuesday, May 8), but in the interests of saving lives the "Cease fire" began yesterday to be sounded all along the front, and our dear Channel Islands are also to be freed today.

The Germans are still in places resisting the Russian troops, but should they continue to do so after midnight they will, of course, deprive themselves of the protection of the laws of war, and will be attacked from all quarters by the Allied troops. It is not surprising that on such long fronts and in the existing disorder of the enemy the orders of the German High Command should not in every case be obeyed immediately. This does not, in our opinion, with the best military advice at our disposal, constitute any reason for withholding from the nation the facts communicated to us by General Eisenhower of the unconditional surrender already signed at Rheims, nor should it prevent us from celebrating today and tomorrow (Wednesday) as Victory in Europe days.

Today, perhaps, we shall think mostly of ourselves. Tomorrow we shall pay a particular tribute to our Russian comrades, whose prowess in the field has been one of the grand contributions to the general victory.

The German war is therefore at an end. After years of intense preparation, Germany hurled herself on Poland at the beginning of September, 1939; and, in pursuance of our guarantee to Poland and in agreement with the French Republic, Great Britain, the British Empire and Commonwealth of Nations, declared war upon this foul aggression.

Les hostilités prendront fin officiellement cette nuit, une minute après minuit[1], mais afin de sauver des vies, on a commencé dès hier à sonner le cessez-le-feu le long de la ligne de front, et nos chères îles de la Manche doivent être libérées aujourd'hui.

Les Allemands continuent par endroits de résister aux troupes russes, mais s'ils continuaient à le faire passé minuit, ils se priveraient évidemment de la protection des conventions de guerre, et ils seraient attaqués de toutes parts par les forces alliées. Il n'est pas surprenant que sur des fronts aussi étendus, et compte tenu du désordre qui règne chez l'ennemi, les ordres du Haut Commandement allemand ne soient pas immédiatement exécutés partout. Ceci ne constitue pas selon nous, ni d'après les meilleures expertises militaires en notre possession, une raison valable de dissimuler à la nation l'annonce que nous a faite le général Eisenhower de la signature effective, à Reims, de l'acte de capitulation sans conditions, ni nous empêcher de célébrer aujourd'hui et demain *[mercredi]* comme jours de la Victoire en Europe.

Aujourd'hui peut-être, nous penserons surtout à nous-mêmes. Demain, nous rendrons un hommage particulier à nos camarades russes, dont les prouesses sur le champ de bataille ont été l'une des contributions majeures à la victoire commune.

La guerre allemande est ainsi terminée. Après des années d'intenses préparatifs, l'Allemagne s'est jetée sur la Pologne au début du mois de septembre 1939 ; pour honorer la garantie donnée à la Pologne et en accord avec la République française, la Grande-Bretagne, l'Empire britannique et le Commonwealth ont répondu à cette agression criminelle en

1.Winston Churchill se trompe, il aurait dû dire « une minute après 11 h. p. m. »

After gallant France had been struck down we, from this Island and from our united Empire, maintained the struggle single-handed for a whole year until we were joined by the military might of Soviet Russia, and later by the overwhelming power and resources of the United States of America.

Finally almost the whole world was combined against the evildoers, who are now prostrate before us. Our gratitude to our splendid Allies goes forth from all our hearts in this Island and throughout the British Empire.

We may allow ourselves a brief period of rejoicing; but let us not forget for a moment the toil and efforts that lie ahead. Japan, with all her treachery and greed, remains unsubdued. The injury she has inflicted on Great Britain, the United States, and other countries, and her detestable cruelties, call for justice and retribution. We must now devote all our strength and resources to the completion of our task, both at home and abroad. Advance, Britannia! Long live the cause of freedom! God save the King! […]

That is the message which I have been instructed to deliver to the British Nation and Commonwealth. I have only two or three sentences to add. They will convey to the House my deep gratitude to this House of Commons, which has proved itself the strongest foundation for waging war that has ever been seen in the whole of our long history. We have all of us made our mistakes, but the strength of the Parliamentary institution has been shown to enable it at the same moment to preserved all the title-deeds of democracy while waging war in the most stern and protracted form. I wish to give my hearty thanks to men of all Parties, to everyone in every part of the House

lui déclarant la guerre. Après la défaite de la valeureuse France, nous avons, depuis cette île et depuis notre Empire uni, poursuivi seuls la lutte pendant une année entière, avant de recevoir le renfort de la force puissance militaire de la Russie soviétique, puis des forces et des ressources écrasantes des États-Unis d'Amérique.

Pour finir, c'est le monde entier ou presque qui s'est ligué contre les personnages infâmes qui maintenant sont à nos pieds. Dans cette île et à travers l'Empire britannique, tous les cœurs sont éperdus de gratitude envers nos magnifiques alliés.

Nous pouvons nous autoriser une brève période de réjouissance ; mais ne perdons pas de vue un seul instant le labeur et les efforts qu'il nous restent à accomplir. Le Japon, avec toute sa traîtrise et toute sa cupidité, reste indompté. Le mal qu'il a infligé à la Grande-Bretagne, aux États-Unis et à d'autres pays, et ses détestables cruautés, demandent justice et réparation. À présent, nous devons consacrer toutes nos forces et toutes nos ressources à l'achèvement de notre tâche, aussi bien chez nous qu'ailleurs. En avant, Grande-Bretagne ! Longue vie à la cause de la liberté ! *God save the King !* [...]

Tel est le message que j'avais pour instruction de délivrer à la nation britannique et au Commonwealth. Je n'y ajouterai que deux ou trois phrases. Elles seront destinées à exprimer ici ma gratitude profonde envers cette Chambre des communes qui s'est avérée, pour conduire la guerre, l'institution la plus solide dont nous ayons disposé au cours de notre longue histoire. Nous avons, tous autant que nous sommes, commis des erreurs, mais l'institution parlementaire s'est montrée assez forte pour parvenir à préserver l'essence de la démocratie tout en conduisant une guerre particulièrement rude et longue. Je tiens à remercier du fond du cœur les hommes de tous les partis, à vous tous,

where they sit, for the way in which the liveliness of Parliamentary institutions has been maintained under the fire of the enemy, and for the way in which we have been able to persevere – and we could have persevered much longer if need had been – till all the objectives which we set before us for the procuring of the unlimited and unconditional surrender of the enemy had been achieved. I recollect well at the end of the last war, more than a quarter of a century ago, that the House, when it heard the long list of the surrender terms, the armistice terms, which had been imposed upon the Germans, did not feel inclined for debate or business, but desired to offer thanks to Almighty God, to the Great Power which seems to shape and design the fortunes of nations and the destiny of man; and I therefore beg, Sir, with your permission to move:

> That this House do now attend to the Church of St Margaret, Westminster, to give humble and reverent thanks to Almighty God for our deliverance from the threat of German domination.

This is the identical Motion which was moved in former times.

tous sièges confondus, pour la façon dont la vie des institutions parlementaires a été préservée sous le feu de l'ennemi et pour la façon dont nous avons été capable de tenir – et nous aurions pu tenir beaucoup plus longtemps si cela avait été nécessaire – jusqu'à atteindre l'ensemble des objectifs que nous nous étions assignés : la capitulation totale et sans conditions de l'ennemi. Je me rappelle parfaitement qu'à la fin de la dernière guerre, il y a plus d'un quart de siècle, la Chambre, lorsqu'elle entendit la longue liste des termes de la capitulation – ceux de l'armistice – qui avaient été imposés aux Allemands, ne souhaita guère débattre des affaires, mais voulut plutôt rendre grâces à Dieu tout puissant, à ce pouvoir immense qui semble donner forme et sens au destin des nations et au sort de l'homme. Et c'est pourquoi je vous prie, avec votre permission Monsieur le Président, de vous déplacer :

> Que cette Chambre gagne à présent l'église de Sainte-Margaret, à Westminster, pour rendre grâces à Dieu tout puissant, avec humilité et ferveur, de nous avoir délivrés de la menace de la domination allemande.

C'est cette précisément cette motion qui avait été proposée par le passé.

27

13 MAI 1945

Le 13 mai 1945, Winston Churchill s'adresse à ses compatriotes depuis le micro de la BBC. Il ne le sait pas, mais ce discours sera, avant longtemps, sa dernière allocution à caractère national en tant que Premier Ministre en exercice. Il parle pendant une quarantaine de minutes. Après avoir rendu hommage au gouvernement d'union nationale, au Parlement et au peuple britanniques, au Commonwealth et à l'Empire qui, à ses yeux, sont plus unis que jamais, il prend le temps de récapituler le conflit étape par étape. Il brosse un tableau saisissant de la guerre qui s'achève en Europe, depuis la chute de la France jusqu'aux projets pour la paix future, en passant par la bataille d'Angleterre[1], le Blitz, la guerre en Afrique du Nord, la campagne du Levant[2], l'affrontement germano-russe, Pearl Harbor, la guerre en Extrême-Orient et les batailles du Pacifique, El-Alamein, la campagne d'Italie, les débarquements en France et l'hallali

1. Churchill n'hésite pas à se citer lui-même : « Jamais, dans l'histoire de l'humanité et de ses guerres, tant de gens ont dû autant à si peu d'hommes »…

2. « Avec l'aide des indomptables Français libres du général de Gaulle ».

du Reich. En quelques mots prémonitoires, il évoque son possible renvoi lors des très prochaines élections générales. Mais c'est pour mieux en évacuer l'hypothèse et appeler ses compatriotes à rester mobilisés, à se préparer à fournir des « efforts supplémentaires » et à faire des « sacrifices pour de grandes causes, à se remettre à l'ouvrage car on ne peut refuser "d'être grand" ». En Europe, souligne Churchill, il convient de traiter dignement les Allemands vaincus. Surtout, dit-il à nouveau prémonitoire, il faut éviter que des États totalitaires ne prennent la place des occupants nazis. Plus largement, la future Organisation des Nations unies doit être plus et mieux qu'une coquille vide. Enfin, il reste à vaincre le Japon. Et Winston Churchill de conclure par une exhortation plus martiale que jamais. Il est permis de penser que de tels propos adressés à un peuple épuisé par cinq années et demie de guerre totale n'ont pas peu contribué à la défaite électorale du vieux lion, quelques semaines plus tard.

“FORWARD, TILL THE WHOLE TASK IS DONE”

13 May 1945, Broadcast (BBC), London

It was five years ago on Thursday last that His Majesty the King commissioned me to form a National Government of all parties to carry on our affairs. Five years is a long time in human life, especially when there is no remission for good conduct. However, this National Government was sustained by Parliament and by the entire British nation at home and by all our fighting men abroad, and by the unswerving co-operation of the Dominions far across the oceans and of our Empire in every quarter of the globe. After various episodes had occurred it became clear last week that so far things have worked out pretty well, and that the British Commonwealth and Empire stands more united and more effectively powerful that at any time in its long romantic history. Certainly we are – this is what may well, I think, be admitted by any fair-minded person – in a far better state to cope with the problems and perils of the future than we were five years ago.

[...]

« EN AVANT, […] JUSQU'À CE QUE NOTRE TÂCHE SOIT TOUT ENTIÈRE ACCOMPLIE »

13 mai 1945, radiodiffusé (BBC), Londres

Cela a fait cinq ans jeudi dernier que Sa Majesté le Roi m'a chargé de réunir un gouvernement d'union nationale formé de tous les partis pour conduire nos affaires. Cinq années sont une longue période dans la vie d'un homme, particulièrement quand il n'y a pas d'autre solution que la bonne conduite. Néanmoins, ce gouvernement d'union nationale a été soutenu par le Parlement et par l'ensemble de la nation britannique, ici et à l'étranger, par tous les hommes combattants, et par l'indéfectible coopération des *Dominions* à travers les océans et de l'Empire sur tous les points du globe. Au terme d'épisodes divers, il est apparu clairement la semaine dernière que, jusqu'ici, tout s'est plutôt bien déroulé, et que le Commonwealth et empire britannique se trouve aujourd'hui plus *soudé* et en réalité beaucoup plus puissant qu'à aucun autre moment de sa longue histoire d'amour. Assurément nous sommes – toute personne sensée ne saurait, je crois, manquer de l'admettre – en bien meilleure position aujourd'hui pour affronter les problèmes et les dangers à venir que nous ne l'étions il y a cinq ans.

[…]

I wish I could tell you tonight that all our toils and troubles were over. Then indeed I could end my five years' service happily, and if you thought that you had had enough of me and that I ought to be put out to grass, I tell you I would take it with the best of grace. But, on the contrary, I must warn you, as I did when I began this five years' task – and no one knew then that it would last so long – that there is still a lot to do, and that you must be prepared for further efforts of mind and body and further sacrifices to great causes if you are not to fall back into the rut of inertia, the confusion of aim, and the craven fear of being great. You must not weaken in any way in your alert and vigilant frame of mind. Though holiday rejoicing is necessary to the human spirit, yet it must add to the strength and resilience with which every man and woman turns again to the work they have to do, and also to the outlook and watch they have to keep on public affairs.

On the continent of Europe we have yet to make sure that the simple and honourable purposes for which we entered the war are not brushed aside or overlooked in the months following our success, and that the words "freedom", "democracy" and "liberation" are not distorted from their true meaning as we have understood them. There would be little use in punishing the Hitlerites for their crimes if law and justice did not rule, and if totalitarian or police governments were to take the place of the German invaders. We seek nothing for ourselves. But we must make sure that those causes which we fought for find recognition at the peace table in facts as well as words, and above all we

Je voudrais pouvoir vous dire, ce soir, que toutes nos sueurs et nos larmes sont derrière nous. Alors je pourrais mettre un terme heureux à mes cinq ans de service, et si vous pensiez en avoir assez de moi et que je méritasse d'être mis sur la touche, sachez que je le prendrais de très bonne grâce. Mais tout au contraire il est de mon devoir de vous prévenir, comme je l'avais fait au moment d'assumer cette tâche pour cinq ans – et personne ne savait que ce serait si long –, qu'il y a encore beaucoup à faire, et qu'il faut vous préparer à fournir, tant par le corps que par l'esprit, des efforts supplémentaires et à faire encore des sacrifices pour de grandes causes, si vous ne voulez pas retomber dans les ornières de l'inertie, la confusion des objectifs, et le lâche refus d'être grand. Vous ne devez en aucun cas laisser s'engourdir ni votre éveil ni la vigilance de votre état d'esprit. Bien que la joie du repos soit indispensable à l'esprit humain, elle doit surtout servir à la force et à l'endurance avec lesquelles chaque homme et chaque femme se remettent à l'ouvrage qui est le leur, ainsi qu'à l'attention et à la surveillance qu'ils doivent porter aux affaires publiques.

Sur le continent européen, nous devons à présent nous assurer que les buts simples et honorables pour lesquels nous sommes entrés en guerre ne sont pas, dans les mois qui suivent notre victoire, écartés ou ignorés, et que les mots « liberté », « démocratie » et « libération » ne sont pas privés de la signification que nous leur avons donnée. Il ne servirait à rien de punir les Hitlériens pour leurs crimes, si la loi et la justice ne s'appliquaient pas, et si des gouvernements ou des polices totalitaires venaient à prendre la place des envahisseurs allemands. Nous ne voulons rien pour nous. Mais nous devons nous assurer que les causes pour lesquelles nous avons combattu seront reconnues dans la paix en faits comme en paroles, et avant toute chose nous

must labour that the world organisation which the United Nations are creating at San Francisco does not become an idle name, does not become a shield for the strong and a mockery for the weak. It is the victors who must search their hearts in their glowing hours, and be worthy by their nobility of the immense forces that they wield.

We must never forget that beyond all lurks Japan, harassed and failing but still a people of a hundred millions, for whose warriors death has few terrors. I cannot tell you tonight how much time or what exertions will be required to compel the Japanese to make amends for their odious treachery and cruelty. We – like China, so long undaunted – have received horrible injuries from them ourselves, and we are bound by the ties of honour and fraternal loyalty to the United States to fight this great war at the other end of the world at their side without flagging or failing. We must remember that Australia and New Zealand and Canada were and are all directly menaced by this evil Power. They came to our aid in our dark times, and we must not leave unfinished any task which concerns their safety and their future. I told you hard things at the beginning of these last five years; you did not shrink, and I should be unworthy of your confidence and generosity if I did not still cry: "Forward, unflinching, unswerving, indomitable, till the whole task is done and the whole world is safe and clean."

devons travailler à ce que l'organisation mondiale, que les Nations Unies sont en train de mettre sur pied à San Francisco, ne soit pas juste un nom, qu'elle ne devienne pas l'alibi du fort et la dérision du faible. C'est aux vainqueurs de faire appel à leur cœur aux heures de gloire, et d'être dignes par leur noblesse des forces immenses dont ils disposent.

Nous ne devons jamais oublier que le Japon se dérobe encore, aux abois et affaibli, mais toujours avec un peuple de cent millions de personnes, dont les guerriers ne craignent pas la mort. Je ne suis pas ce soir en mesure de vous dire combien de temps ni combien d'efforts seront nécessaires pour contraindre les Japonais à faire amende honorable pour leurs odieuses traîtrises et cruautés. Comme la Chine, si longtemps indomptée, nous avons subi de leur part d'horribles dommages, et nous sommes unis par les liens de l'honneur et d'une loyauté confraternelle aux États-Unis pour mener cette guerre à l'autre bout du monde à leurs côtés, sans faillir ni nous dérober. N'oublions pas que l'Australie et la Nouvelle-Zélande et le Canada ont été ou sont encore directement menacés par cette puissance maléfique. Aux heures les plus sombres, ils sont venus à notre secours et nous ne pouvons laisser inachevée aucune tâche ayant trait à leur sécurité ou leur avenir. Je vous avais annoncé des choses terribles au début de ces cinq années ; vous n'avez pas faibli et je serais indigne de votre confiance et de votre générosité si je ne criais pas une fois encore : « En avant, inflexibles, droits, indomptables, jusqu'à ce que notre tâche soit tout entière accomplie, et que le monde entier soit sain et sauf. »

28

21 JUILLET 1945

Le 21 juillet 1945 à Berlin, après avoir assisté à un défilé de la victoire, Winston Churchill inaugure le Winston Club, destiné aux soldats britanniques de la 7e division blindée stationnée dans l'ancienne capitale du Reich. À cette occasion, il s'adresse à ses « Chers rats du désert[1] ». Depuis 1940, il leur a rendu visite à de nombreuses reprises sur leurs champs de bataille successifs. Il entretient avec eux un lien particulier fait d'estime et de reconnaissance. Et peut-être aussi d'un brin d'envie, en homme que l'odeur de la poudre et la fureur du combat ont toujours ravi. Aussi accorde-t-il sans hésiter une place toute particulière dans l'histoire de la guerre à ces combattants qui, aux jours sombres de 1940, ont relevé le gant et tenu bon.

1. La 7e division blindée avait une gerboise rouge comme emblème. Elle s'illustra notamment dans les déserts égyptien et libyen. Pour cette raison, ses officiers, sous-officiers et soldats furent surnommés les « rats du désert ».

"DEAR DESERT RATS"

21 July 1945, Opening of the "Winston Club for British Troops", Berlin

This morning's parade brings back to my mind a great many moving incidents of these last long, fierce years. Now you are here in Berlin, and I find you established in this great centre which, as a volcano, erupted smoke and fire all over Europe. Twice in our generation as in bygone times the German fury has been unleashed on her neighbours. [...]

I have only one more word to say to the Desert Rats. You were the first to begin.

The 11th Hussars were in action in the Desert in 1940, and ever since you have kept marching steadily forward on the long road to Victory: through so many countries and changing scenes you have marched and fought your way.

I am unable to speak without emotion. Dear Desert Rats, may your glory ever shine. May your laurels never fade. May the memory of this glorious pilgrimage which you have made from Alamein to the Baltic and Berlin never die. A march – as far as my reading of history leads me to believe – unsurpassed in the whole story of war.

« CHERS RATS DU DÉSERT »

21 juillet 1945, ouverture du *Winston Club*, Berlin

Le défilé de ce matin m'a rappelé maintes vicissitudes émouvantes de ces cinq longues et violentes années. Vous êtes maintenant ici, à Berlin, et je vous trouve installés dans ce grand centre qui, comme un volcan, a vomi feu et fumée sur l'Europe entière. À deux reprises pour notre génération et comme autrefois, la fureur allemande s'est abattue sur ses voisins. [...]

Je n'ai plus qu'un mot à dire aux Rats du désert. Vous avez été les premiers à commencer.

Le 11e Hussards était en opération dans le désert en 1940, et depuis vous n'avez cessé d'aller de l'avant dans la longue route qui mène à la Victoire : à travers tant de pays et sur des théâtres d'opération si différents, vous avez marché et vous vous êtes frayé votre passage.

Je ne puis parler sans émotion. Chers Rats du désert, puisse votre gloire resplendir à jamais. Puissent vos lauriers ne jamais se flétrir. Puisse la mémoire du pèlerinage glorieux que vous avez accompli, d'El-Alamein à la Baltique et jusqu'à Berlin, ne jamais s'éteindre. Une marche – pour autant que ma lecture de l'histoire me porte à le croire – sans équivalent dans toute l'histoire de la guerre.

May fathers long tell their children the tale. May you all feel that through following your great ancestors you have accomplished something which has done good to the whole world, which has raised the honour of your country and of which every man has the right to feel proud.

Puissent les pères raconter longtemps l'histoire à leurs enfants. Puissiez-vous ressentir tous qu'en suivant vos glorieux prédécesseurs vous avez accompli quelque chose qui a fait du bien au monde entier, qui a rehaussé l'honneur de votre pays et dont chaque être humain a le droit de se sentir fier.

29

26 JUILLET 1945

À la fin du printemps 1945, alors que la guerre contre le Japon se poursuit encore[1], la politique intérieure reprend soudainement ses droits sur l'agenda de Winston Churchill. Le 19 mai, le congrès du parti travailliste annonce sa décision de quitter la coalition gouvernementale. Churchill propose au roi George VI de dissoudre le Parlement britannique[2]. Le roi accepte mais lui demande de former un gouvernement provisoire, auquel les travaillistes refusent de participer. La date du scrutin est fixée au 5 juillet. Toutefois, des soldats britanniques se trouvant éparpillés un peu partout dans le monde, on convient qu'ils voteront sur le lieu de leur stationnement, puis que les urnes seront scellées et transportées en Grande-Bretagne afin de procéder au dépouillement. Les résultats ne seront donc annoncés que le 26 juillet.

1. La bataille d'Okinawa prend fin le 21 juin 1945. À cette date, le gros de l'archipel nippon demeure vierge de toute invasion.

2. Celui-ci siégeait depuis 1935.

À partir de la fin mai, Winston Churchill est ainsi contraint de se livrer à des joutes politiciennes imprévues et pour lesquelles, de toute évidence, il n'est pas préparé. Après cinq années de guerre, il est épuisé ; en outre, de son propre aveu, il n'a guère de programme à proposer aux électeurs. Face à lui, les travaillistes de Clement Attlee envisagent d'ambitieuses réformes économiques et sociales[1] destinées à remettre sur pied un pays durement éprouvé par le conflit mondial. En outre, Churchill doit continuer à faire la guerre au Japon, suivre les aléas de la conférence de San Francisco, gérer l'ébullition du Moyen-Orient au risque d'un affrontement avec la France[2], et tenter de sauver ce qui peut l'être des griffes soviétiques en Europe centrale et orientale[3].

Après quelques jours de vacances dans le sud-ouest de la France, le Premier Ministre britannique part pour l'Allemagne le 15 juillet. Le 17, il ouvre la conférence tripartite de Postdam en compagnie de Joseph Staline et du nouveau président américain, Harry Truman. Très vite, Américains et Anglais font cause commune contre les Soviétiques. Particulièrement rudes[4], les négociations portent

---

1. Notamment l'institution d'un système de sécurité sociale, la mise en place d'une planification, des nationalisations, des constructions de logements en nombre, etc.

2. En Syrie et au Liban, la France doit faire face à une poussée nationaliste soutenue par la Ligue arabe. Surveillée de près par la Grande-Bretagne, elle envisage le recours à la manière forte et achemine des renforts militaires vers les territoires du Levant. Mais de Gaulle recule finalement. Un cessez-le-feu intervient en Syrie le 30 mai 1945.

3. Dans les pays occupés par l'Armée rouge, les communistes ont entrepris d'infiltrer les rouages gouvernementaux.

4. La conférence s'achèvera le 2 août mais la plupart des accords resteront lettre morte.

principalement sur l'Allemagne[1], la Pologne[2], l'organisation d'élections libres en Europe orientale[3], le contrôle des Détroits turcs par les Soviétiques[4], l'évacuation de l'Iran par ces derniers[5], les traités de paix avec les anciens satellites du Reich, l'Autriche[6] et l'Italie[7], la guerre contre le Japon[8].

Le 25 juillet, les débats sont ajournés à Postdam de façon à permettre à Churchill de regagner Londres pour l'issue du scrutin. Le 26 en début d'après-midi, le résultat des élections tombe, brutal : les travaillistes remportent 393 sièges ; les conservateurs et leurs alliés libéraux n'en obtiennent que 210. Churchill doit se résoudre à démissionner et à laisser Clement Attlee conduire le pays et achever la guerre.

---

1. Dénazification et jugement des criminels de guerre ; désarmement et démilitarisation ; démocratisation de la vie politique ; paiement de réparations et contrôle de l'économie ; etc.

2. Le tracé définitif de sa frontière orientale sera reporté. Mais l'URSS annexera Königsberg et le nord de la Prusse-Orientale, tandis que la Pologne prendra le contrôle des territoires situés à l'est de l'Oder et de la Neisse.

3. Que Staline refuse tout net.

4. Dont les Anglo-saxons ne veulent pas entendre parler. Comme ils excluent toute idée de mandat soviétique sur l'ex-Libye italienne.

5. Auquel Staline doit se résoudre.

6. Divisée en quatre zones d'occupations, elle sera exemptée de réparations. À terme, elle pourra recouvrer son indépendance.

7. À qui un traité de paix sera proposé.

8. Le 26 juillet, un communiqué allié invitera le Japon à capituler rapidement au risque, sinon, de subir une totale destruction. Par ailleurs, l'URSS acceptera d'entrer en guerre à son tour.

Le jour même, il s'adresse à ses compatriotes à partir du 10, Downing Street. En quelques phrases dépourvues d'emphase, le vieux lion tire sa révérence. S'il regrette de ne pouvoir « achever le travail contre le Japon », il se soumet bien sûr à la décision du peuple britannique. Mais qu'on se rassure, tout est prêt pour l'assaut final – au passage, il s'offre le luxe d'une allusion, indéchiffrable à l'époque, à l'option nucléaire qui pourrait sonner le glas du Japon plus tôt que prévu[1]. Il s'en retourne sur une dernière expression de gratitude pour « le soutien infaillible et indéfectible » dont il a bénéficié plus de cinq années durant. Il mettra néanmoins plusieurs semaines à se remettre du terrible choc qu'a été pour lui cette défaite électorale sans appel.

1. À Postdam, Truman lui a remis un document annonçant le succès de la première explosion atomique le 16 juillet 1945 à Alamogordo, dans le désert du Nouveau-Mexique.

RESIGNATION

26 July 1945, No. 10 Downing Street

The decision of the British people has been recorded in the votes counted today. I have therefore laid down the charge which was placed upon me in darker times. I regret that I have not been permitted to finish the work against Japan. For this, however, all plans and preparations have been made, and the results may come much quicker than we have hitherto been entitled to expect. Immense responsibilities abroad and at home fall upon the new Government, and we must all hope that they will be successful in bearing them.

It only remains for me to express to the British people, for whom I have acted in these perilous years, my profound gratitude for the unflinching, unswerving support which they have given me during my task, and for the many expressions of kindness which they have shown towards their servant.

DÉMISSION

26 juillet 1945, 10 Downing Street, Londres

Les votes dépouillés aujourd'hui ont fait connaître la décision du peuple britannique. Je me suis démis en conséquence de la charge qui m'avait été confiée dans des temps plus sombres. Je regrette qu'il ne m'ait pas été accordé d'achever le travail contre le Japon. À cette fin, cependant, tous les plans et tous les préparatifs ont été accomplis, et les résultats pourraient se produire bien plus tôt que nous n'avons eu, jusque-là, des raisons de l'attendre. D'immenses responsabilités, chez nous comme à l'étranger, reposent sur le nouveau gouvernement, et nous devons tous espérer qu'il saura y faire face avec succès.

Je n'ai plus qu'à dire au peuple britannique, pour lequel j'ai agi durant ces années périlleuses, ma profonde gratitude pour le soutien infaillible et indéfectible qu'il m'a donné dans cette tâche, et pour les expressions répétées de la bonté qu'il a manifestée envers son serviteur.

30

16 AOÛT 1945

Bien que profondément affecté par le résultat des élections, Winston Churchill quitte le 10, Downing Street décidé à assumer les responsabilités de chef de l'opposition[1]. Le 1er août 1945, lors de la première réunion de la Chambre des communes dans sa nouvelle composition, il est longuement ovationné par les bancs conservateurs. Toutefois, très vite, la guerre occupe à nouveau les esprits. À Postdam, le nouveau Premier Ministre, Clement Attlee, et son ministre des Affaires étrangères, Ernest Bevin, prennent le relais de Winston Churchill et Anthony Eden. En Extrême-Orient, la 14e armée anglo indienne du général Slim achève de rouvrir la route reliant la Birmanie à la Chine, tandis que des plans sont établis pour libérer la Malaisie et les Indes néerlandaises. Mais un million de soldats japonais combattent encore sur le territoire chinois. En outre, si dans le Pacifique Ouest les attaques de kamikazes contre les flottes américaines ont à peu près cessé, la question se pose avec une acuité croissante

1. Mais pour l'heure dépourvu de la force de le faire. Quelques semaines de vacances en Italie, en France et à Monte-Carlo, en septembre, lui permettront de retrouver tout son dynamisme.

d'une prochaine invasion terrestre[1] de l'archipel nippon[2]. Le 6 août à 8 h 15, le B-29 américain *Enola Gay* largue une bombe atomique sur la ville japonaise d'Hiroshima. Le 8, l'URSS déclare la guerre au Japon et jette une armée d'un million et demi d'hommes et de 5 000 chars sur la Mandchourie. Le 9, une seconde bombe atomique est larguée sur la ville de Nagasaki. Le 14, l'empereur Hirohito parle pour la première fois à la radio japonaise et annonce qu'il n'est plus possible de poursuivre la lutte. Peu après, un cabinet de transition est formé avec à sa tête un prince impérial[3]. Le 15 août, un cessez-le-feu est ordonné sur l'ensemble des théâtres d'opération[4].

Le 16 août, à la tribune de la Chambre des communes, Clement Attlee rend un hommage appuyé à l'œuvre accomplie par son illustre prédécesseur[5]. Celui-ci prend alors la parole pour lui répondre. À l'inverse de ce qu'il s'est parfois laissé aller à faire durant la récente campagne

1. Cette invasion se serait déroulée en deux temps : en novembre 1945 contre Kyushu, au printemps 1946 dans la plaine de Tokyo. À l'été 1945, près d'un million et demi de soldats américains ont d'ores et déjà commencé à se préparer pour ces opérations.

2. Qui continue à faire l'objet d'attaques aériennes massives.

3. Consacrant la défaite des militaires jusque-là au pouvoir et toujours jusqu'au-boutistes.

4. La capitulation officielle du Japon sera reçue le 2 septembre par le général MacArthur sur le croiseur *Missouri* stationné en rade de Tokyo, en présence notamment du général Leclerc.

5. Prédécesseur dont, rappelons-le, il a été le ministre durant la guerre.

électorale[1], Churchill prend immédiatement de la hauteur. Après avoir rappelé sa présence lors des débats anglo-américains qui ont précédé la décision d'utiliser l'arme atomique contre le Japon, il montre à quel point le recours à cette nouvelle et terrible arme s'imposait. Il formule ensuite le vœu qu'avec l'aide de leurs alliés, en particulier britanniques, les États-Unis assument pleinement leur nouveau rôle de leader et contribuent à instaurer une ère de paix et de justice dans le monde. Il examine ensuite point par point les résultats de la conférence de Postdam, et appelle notamment de ses vœux l'établissement de la démocratie dans les pays d'Europe centrale, orientale et balkanique. Il en vient aux difficiles questions posées à la Grande-Bretagne par la démobilisation de ses armées et, plus généralement, par la sortie de guerre. Après avoir évoqué certaines des réformes mises en chantier ou annoncées par le nouveau gouvernement, il annonce, magnanime, que ce dernier ne saurait être jugé *a priori* mais bien évalué sur ses réalisations. Il conclut par une forme d'appel à l'union au service d'une Grande-Bretagne qui doit tirer le meilleur de sa victoire. Pour avoir surmonté l'amertume de la défaite et la frustration d'avoir dû quitter le pouvoir alors que la victoire finale était en vue, pour avoir su s'élever au niveau de ses plus grands moments de la guerre, il reçoit alors une ovation de la Chambre des communes. Dans les jours qui suivent, son discours est unanimement salué dans le pays.

1. Lors de son premier discours électoral, Churchill accusa notamment le parti travailliste de vouloir établir un État totalitaire et même « une sorte de Gestapo »…

"WHY SHOULD WE FEAR FOR OUR FUTURE?"

16 August 1945, House of Commons

Our duty is to congratulate His Majesty's Government on the very great improvement in our prospects at home, which comes from the complete victory gained over Japan and the establishment of peace throughout the world. Only a month ago it was necessary to continue at full speed and at enormous cost all preparations for a long and bloody campaign in the Far East. In the first days of the Potsdam Conference President Truman and I approved the plans submitted to us by the combined Chiefs of Staff for a series of great battles and landings in Malaya, in the Netherlands East Indies, and in the homeland of Japan itself. These operations involved an effort not surpassed in Europe, and no one could measure the cost in British and American life and treasure they would require. Still less could it be known how long the stamping-out of the resistance of Japan in the many territories she had conquered, and especially in her homeland, would take. All the while the whole process of turning the world from war to peace would be hampered and delayed. Every form of peace activity was

« À QUEL TITRE DEVRIONS-NOUS CRAINDRE POUR NOTRE AVENIR ? »

16 août 1945, Chambre des communes

Notre devoir est de féliciter le gouvernement de Sa Majesté pour l'amélioration sensible de nos perspectives intérieures, qui vient de la victoire totale remportée sur le Japon et de l'établissement de la paix dans le monde entier. Il y a un mois à peine, il fallait continuer au plus vite et à grands frais les préparatifs pour une longue et sanglante campagne en Extrême-Orient. Dans les premiers jours de la conférence de Potsdam, le président Truman et moi-même avions approuvé les plans que nous avaient soumis ensemble les chefs d'état-major pour une série de grandes batailles et de débarquements en Malaisie, dans les Indes néerlandaises et sur le territoire même du Japon. Ces opérations impliquaient un effort plus grand qu'en Europe, et personne ne pouvait évaluer le prix qu'il faudrait payer pour elles en termes de vies britanniques et américaines, et en termes d'argent. Il était plus difficile encore de déterminer combien de temps serait nécessaire pour venir à bout de la résistance du Japon dans les nombreux territoires qu'il avait conquis, et plus encore sur son territoire. Dans tous les cas, le passage du monde de la guerre à la paix serait entravé et retardé. Toute forme d'activité du temps de paix se

half-strangled by the overriding priorities of war. No clear-cut decisions could be taken in the presence of this harsh dominating uncertainty.

During the last three months an element of baffling dualism has complicated every problem of policy and administration. We had to plan for peace and war at the same time. Immense armies were being demobilized; another powerful army was being prepared and dispatched to the other side of the globe. All the personal stresses among millions of men eager to return to civil life, and hundreds of thousands of men who would have to be sent to new and severe campaigns in the Far East, presented themselves with growing tension. This dualism affected also every aspect of our economic and financial life. How to set people free to use their activities in reviving the life of Britain, and at the same time to meet the stern demands of the war against Japan, constituted one of the most perplexing and distressing puzzles that in a long lifetime of experience I have ever faced.

I confess it was with great anxiety that I surveyed this prospect a month ago. Since then I have been relieved of the burden. At the same time that burden, heavy though it still remains, has been immeasurably lightened. On 17th July there came to us at Potsdam the eagerly awaited news of the trial of the atomic bomb in the Mexican desert. [...] The decision to use the atomic bomb was taken by President Truman and myself at Potsdam, and we approved the military plans to unchain the dread, pent-up forces.

trouvait à moitié étranglée par les impératifs prioritaires de la guerre. En présence de la cruelle incertitude qui régnait alors, aucune décision claire ne pouvait être prise.

Au cours des trois derniers mois, un dualisme déroutant est venu compliquer chaque problème d'administration et de politique. Nous devions tout à la fois planifier la paix et la guerre. D'immenses armées étaient en cours de démobilisation ; une autre puissante armée était mise sur pied et expédiée de l'autre côté du globe. Toutes les tensions personnelles accumulées par des millions d'hommes impatients de revenir à la vie civile, et par des centaines de milliers d'hommes qui allaient être envoyés en Extrême-Orient pour de nouvelles et de rudes campagnes, se faisaient jour avec une acuité de plus en plus grande. Ce dualisme affectait également tous les aspects de notre vie économique et financière. Comment redonner aux gens la liberté de faire participer leurs activités à la reconstruction de l'Angleterre, et dans le même temps répondre aux exigences de la guerre contre le Japon : ce fut l'un des casse-tête les plus déroutants et les plus épineux que j'aie jamais eu à affronter dans ma longue vie d'expérience.

J'avoue que c'est avec une grande anxiété que je considérais cette situation il y a un mois. J'ai été, depuis, délivré de ce fardeau. Dans le même temps, ce fardeau – si pesant qu'il restât encore – a été incommensurablement allégé. Le 17 juillet nous parvinrent à Potsdam les nouvelles fiévreusement attendues de l'essai de la bombe atomique dans le désert mexicain. [...] La décision de recourir à la bombe atomique fut prise à Potsdam par le Président Truman et moi-même, et nous approuvâmes les plans des militaires qui prévoyaient de libérer ces forces redoutables et longtemps contenues.

From that moment our outlook on the future was transformed. [...]

The bomb brought peace, but men alone can keep that peace, and henceforward they will keep it under penalties which threaten the survival, not only of civilization but of humanity itself. I may say that I am in entire agreement with the President that the secrets of the atomic bomb should so far as possible not be imparted at the present time to any other country in the world. This is in no design or wish for arbitrary power, but for the common safety of the world. Nothing can stop the progress of research and experiment in every country, but although research will no doubt proceed in many places, the construction of the immense plants necessary to transform theory into action cannot be improvised in any country.

For this and for many other reasons the United States stand at this moment at the summit of the world. I rejoice that this should be so. Let them act up to the level of their power and their responsibility, not for themselves but for others, for all men in all lands, and then a brighter day may dawn upon human history. So far as we know, there are at least three and perhaps four years before the concrete progress made in the United States can be overtaken. In these three years we must remould the relationships of all men, wherever they dwell, in all the nations. We must remould them in such a way that these men do not wish or dare to fall upon each other for the sake of vulgar and out-dated ambitions or for passionate differences in ideology, and that international bodies of supreme authority may give

Dès cet instant, notre vision de l'avenir fut transformée. [...]

La bombe a apporté la paix, mais seuls les hommes peuvent préserver cette paix, et dorénavant ils en seront les gardiens sous peine de châtiments menaçant la survie, non seulement de la civilisation, mais de l'humanité elle-même. Je dois dire que je suis entièrement d'accord avec le Président [Truman] pour ne dévoiler les secrets de la bombe atomique, autant que possible, à aucun autre pays au monde. Cela n'a rien à voir avec le projet ou le désir d'un pouvoir arbitraire, mais avec la sécurité commune du monde. Rien ne peut arrêter le progrès de la recherche et de l'expérimentation dans tous les pays, mais, si la recherche est appelée à progresser, sans aucun doute, en de nombreux pays, la construction des immenses équipements nécessaires pour passer de la théorie à la pratique ne peuvent s'improviser dans n'importe quel pays.

Pour cette raison et pour beaucoup d'autres, les États-Unis sont aujourd'hui placés à la tête du monde. Je me réjouis qu'il en soit ainsi. Laissons-les agir selon leur pouvoir et selon leur responsabilité, non pour eux-mêmes mais pour les autres, pour tous les hommes, dans tous les pays, et dans l'histoire de l'humanité se lèvera peut-être un jour meilleur. Pour autant que nous le sachions, il faut au moins trois, peut-être quatre années, avant que les progrès accomplis aux États-Unis puissent être rattrapés. Au cours de ces trois années, nous devons remodeler les relations de tous les hommes, où qu'ils demeurent, dans toutes les nations. Nous devons les remodeler de telle façon que ces hommes n'aient plus le désir ou n'osent plus s'en prendre les uns aux autres au nom d'ambitions aussi vulgaires que périmées ou pour des divergences passionnées en termes d'idéologie ; et de telle façon que l'autorité suprême des

peace on earth and decree justice among men. Our pilgrimage has brought us to a sublime moment in the history of the world. From the least to the greatest, all must strive to be worthy of these supreme opportunities. There is not an hour to be wasted; there is not a day to be lost.

[...]

Surely we can agree in this new Parliament, or the great majority of us, wherever we sit – there are naturally and rightly differences and cleavages of thought – but surely we can agree in this new Parliament, which will either fail the world or once again play a part in saving it, that it is the will of the people freely expressed by secret ballot, in universal suffrage elections, as to the form of their government and as to the laws which shall prevail, which is the first solution and safeguard. Let us then march steadily along that plain and simple line. I avow my faith in Democracy, whatever course or view it may take with individuals and parties. They may make their mistakes, and they may profit from their mistakes. Democracy is now on trial as it never was before, and in these Islands we must uphold it, as we upheld it in the dark days of 1940 and 1941, with all our hearts, with all our vigilance, and with all our enduring and inexhaustible strength. While the war was on and all the Allies were fighting for victory, the word 'Democracy', like many people, had to work overtime, but now that peace has come we must search for more precise definitions. [...]

institutions internationales puisse apporter la paix sur terre et instaurer la justice entre les hommes. Notre pèlerinage nous a conduits à un moment sublime de l'histoire du monde. Du plus petit au plus grand, chacun doit s'efforcer d'être à la hauteur de ces chances suprêmes. Il n'y a pas une heure à gaspiller ; il n'y a pas un jour à perdre.

[…]

Nous pouvons assurément nous entendre dans ce nouveau Parlement, ou la grande majorité d'entre nous, où que nous siégions – il y a naturellement et de droit des différences ou des clivages d'opinion – mais nous pouvons assurément nous entendre au sein de ce nouveau Parlement, qui fera défaut au monde ou qui aidera une fois encore à le sauver, sur le fait que la volonté du peuple s'est librement exprimée, à bulletin secret, dans le cadre d'élections au suffrage universel, quant à la forme de son gouvernement et quant aux lois qui prévaudront, ce qui en constitue la condition première et la sauvegarde. Avançons par conséquent en suivant cette ligne droite et simple. Je confesse ma foi en la démocratie, quelque cours ou quelque vue qu'elle suive selon les individus et les partis. Ils peuvent commettre des erreurs, comme ils peuvent tirer parti de leurs erreurs. La démocratie est aujourd'hui à l'épreuve comme elle ne l'a jamais été, et nous avons ici le devoir de la soutenir, comme nous l'avons soutenue aux jours sombres de 1940 et de 1941, de tout notre cœur, avec toute notre vigilance et de toutes les forces endurantes et infatigables qui sont les nôtres. Tandis que la guerre faisait rage et que tous les alliés luttaient pour la Victoire, le mot « démocratie », comme beaucoup de gens, a dû faire des heures supplémentaires, mais, à présent que la paix est établie, nous devons en chercher des définitions plus précises. […]

I have offered these comments to the House, and I do not wish to end on a sombre or even slightly controversial note. As to the situation which exists today, it is evident that not only are the two Parties in the House agreed in the main essentials of foreign policy and in our moral outlook on world affairs, but we also have an immense programme, prepared by our joint exertions during the Coalition, which requires to be brought into law and made an inherent part of the life of the people. Here and there, there may be differences of emphasis and view, but in the main no Parliament ever assembled with such a mass of agreed legislation as lies before us this afternoon. I have great hopes of this Parliament, and I shall do my utmost to make its work fruitful. It may heal the wounds of war, and turn to good account the new conceptions and powers which we have gathered amid the storm. I do not underrate the difficult and intricate complications of the task which lies before us; I know too much about it to cherish vain illusions; but the morrow of such a victory as we have gained is a splendid moment both in our small lives and in our great history. It is a time not only of rejoicing but even more of resolve. When we look back on all the perils through which we have passed and at the mighty foes we have laid low and all the dark and deadly designs we have frustrated, why should we fear for our future? We have come safely through the worst.

Home is the sailor, home from sea,
And the hunter home from the hill.

Ayant présenté ces observations à la Chambre, je ne voudrais pas finir sur une note sombre ou même seulement polémique. Dans la situation telle qu'elle se présente aujourd'hui, il est évident que non seulement les deux partis au sein de la Chambre sont d'accord en ce qui concerne l'essentiel de notre politique étrangère et notre conception morale des affaires mondiales, mais aussi que nous avons un immense programme, préparé conjointement par nos forces durant la coalition, qui doit encore acquérir force de loi et devenir partie inhérente de la vie du peuple. Il peut y avoir çà et là des divergences d'accents et de vues, mais dans l'ensemble aucun Parlement n'a jamais siégé avec autant de lois approuvées que le nôtre ce soir. Je fonde de grands espoirs dans ce Parlement, et je ferai de mon mieux pour féconder son œuvre. Il peut panser les blessures de la guerre, et tirer le meilleur parti des conceptions et des pouvoirs nouveaux que nous avons récoltés durant la tempête. Je ne sous-estime pas les complications ardues et inextricables de la tâche qui nous attend ; je les connais trop pour nourrir de vaines illusions ; mais le lendemain d'une victoire comme celle que nous avons remportée est un moment splendide à la fois dans nos petites vies et dans notre grande histoire. C'est le temps non seulement des réjouissances, mais plus encore des résolutions. Si nous regardons en arrière tous les périls par lesquels nous sommes passé et les ennemis puissants que nous avons terrassés ainsi que tous les noirs et mortels desseins que nous avons déjoués, à quel titre aurions-nous peur de notre avenir ? Nous avons survécu au pire.

Le marin est chez lui, chez lui loin de la mer,
Et le chasseur chez lui loin de la colline[1].

1. Alfred Edward Housman (1859-1936), poète anglais.

DANS LA MÊME COLLECTION

Des hommes ordinaires, Christopher R. Browning

Matin du 13 juillet 1942 : les hommes du 101e bataillon de réserve de la police allemande entrent dans le petit village polonais de Jozefow. Au soir, ils auront arrêté 1 800 juifs, dont 300 seront déportés dans des camps de travail, les autres, femmes, enfants et vieillards, étant fusillés sur-le-champ. Les quelque 500 policiers de réserve du 101e bataillon de réserve n'étaient ni des nazis militants ni des racistes fanatiques. Ouvriers, vendeurs, artisans, employés de bureau dans le civil, ces « hommes ordinaires » étaient tout simplement, pour la plupart, des pères de famille trop âgés pour servir au front. Ils auraient pu refuser de participer aux « actions » contre les juifs, comme leur commandant le leur proposait. Ils ont préféré obéir, laissant derrière eux une traînée de 83 000 victimes, assassinées ou déportées, en seize mois de campagne. Analysant les témoignages de 210 anciens du bataillon, Christopher Browning retrace leurs parcours, analyse leurs actions et leurs mo- tivations, dans un des livres les plus forts jamais écrits sur la Shoah et sur l'ordinaire aptitude de l'homme à une extraordinaire inhumanité.

Les Chemins de la peste, Frédérique Audoin-Rouzeau

La peste, maladie de livres d'histoire, depuis longtemps comprise et endiguée ? Loin de là. Le fléau continue de faire des victimes chaque année. Qu'on la dise noire, bubonique ou grande, la peste a plusieurs fois, au cours des siècles, décimé et terrifié l'humanité. La dernière pandémie (1894-1945) nous est familière depuis le roman de Fred Vargas *Pars vite et reviens tard* et ses références à la « peste des chiffonniers », qui faucha trente-quatre personnes à Paris et dans sa banlieue en 1920. La controverse sur les vecteurs de l'épidémie – les rats, les puces, ou certaines puces ? – fait rage entre spécialistes depuis plus d'un siècle. Faisant appel à la médecine, à l'histoire, à

l'entomologie, à l'archéologie, Frédérique Audoin-Rouzeau mène sur le sujet une enquête scientifique aussi rigoureuse qu'exaltante.

La Chute de Constantinople, 1453, Steven Runciman

29 mai 1453 : Constantinople, capitale de l'empire romain d'Orient depuis sa fondation en 330, tombe aux mains des Turcs. La nouvelle, qui se répand comme une traînée de poudre et consterne l'Occident chrétien, a longtemps symbolisé la fin du Moyen Âge et le début des Temps modernes. Si l'on peut contester, comme Steven Runciman, la signification réelle de cette date, 1453 fut effectivement une année décisive pour deux peuples : les Turcs, qui y gagnèrent une capitale et s'implantèrent définitivement en Europe jusqu'au début du XXe siècle ; les Grecs, pour lesquels le long chapitre byzantin était désormais clos. 1453 : année heureuse pour les uns, funeste pour les autres, que raconte Steven Runciman à travers les fiévreux préparatifs du siège, la vio- lence de l'assaut et la débandade presque sans surprise d'une ville à l'agonie.

Affaires résolues à l'ombre du poirier, présenté par Robert Van Gulik,

Les passionnés d'enquêtes policières, et du juge Ti en particulier, trouveront ici la source principale des romans de Robert Van Gulik. Compilé en 1211, le *Tang Yin Pi Shi*, recueil de 144 affaires, fut l'ouvrage de référence des magistrats chinois jusqu'à la fin de l'Empire céleste. Ces « études de cas » sont rapportées sous forme de nouvelles. Yu Zongwen convoque des vaches au tribunal, Ziu Gonzhuo force des cercueils, brigands hauts en couleur et princes du sang se côtoient, les femmes succombent aux avances de moines pervers… Ces histoires de meurtre dessinent un univers impitoyable, où la torture est systématique, où le suspect est un coupable *a priori*, et nous font pénétrer au cœur de la Chine ancienne, si lointaine et si proche.

Histoire de France, Jacques Bainville

« Quand il était au collège, [l'auteur] n'aimait pas beaucoup l'histoire. Elle lui inspirait de l'ennui. Et quand le goût lui en est venu plus tard, il s'est rendu compte d'une chose : c'est qu'il répugnait à la narration des faits alignés, les uns au bout des autres. » C'est par cette confession que commence l'*Histoire de France* de Jacques Bainville, immense succès paru en 1924 et tiré à 120 000 exemplaires en dix ans. Regrettant qu'« on ne lui [ait] jamais dit […] pourquoi les peuples faisaient des guerres et des révolutions, pourquoi les hommes se battaient, se tuaient, se réconciliaient », l'auteur embrasse d'un seul regard, synthétique et élégant, le destin des Français, des Gaulois à la

Belle Époque. Un grand livre, de ceux où l'intelligence vient sans cesse éclairer « l'inerte matière historique ».

Le Procès des Templiers, Malcolm Barber

Vendredi 13 octobre 1307. Partout dans le royaume de France, les agents du roi Philippe le Bel s'emparent de la personne des chevaliers du Temple. Par centaines, les Templiers sont emprisonnés, sous l'accusation d'apostasie, d'idolâtrie, de sacrilège et de sodomie. C'est la plus spectaculaire opération de police du Moyen Âge. Malcolm Barber revient avec maestria sur cette affaire complexe : les interrogatoires, la torture et le bûcher pour les plus courageux, le silence inexplicable des grands dignitaires, le mutisme du pape, enfin l'interminable procès qui vit disparaître le plus puissant ordre militaire né des croisades.

Sénèque, Paul Veyne

La vie de Sénèque est un roman des temps néroniens. Né à Cordoue au début de notre ère, il a mené une triple carrière d'homme d'affaires, de conseiller du prince et de littérateur. Précepteur puis ami de Néron, il se donna la mort sur ordre de l'empereur en 65. Il avait vécu en stoïcien, il disparut en stoïcien, atteignant par le suicide le stade suprême de la liberté.

Présentant la vie et l'œuvre de Sénèque, Paul Veyne, met en évidence l'actualité de sa philosophie et de ses choix, dont témoigne la *Lettre 70* en fin de volume.

Les Bas-Fonds de Londres, Kellow Chesney

Prostituées, cambrioleurs, détrousseurs, étrangleurs, une plongée dans l'univers des *Bas-fonds de Londres* au XIXe siècle. Au fil de cette analyse de la violence et de la misère des masses laborieuses, une question se pose : cette jungle urbaine « sans égouts, sans police, sans freins, sans école » suffit-elle à expliquer l'endémie des crimes ? S'appuyant sur une impressionnante documentation, l'historien britannique Kellow Chesney révèle l'envers du décor d'un Londres mythique, les ruelles effrayantes de Whitechapel, où sévissait Jack l'Éventreur, et les misérables trottoirs de l'East End, arpentés par Oliver Twist. Un tableau passionnant de l'antisociété, qui explore les techniques des pickpockets, les structures de la pègre, l'économie des paris et des combats d'animaux, les chasses incessantes et souvent infructueuses de Scotland Yard.

Jugements derniers. Les Procès Pétain, de Nuremberg et Eichmann, Joseph Kessel

Paris, août 1945. Dans une salle exiguë et étouffante du Palais de Justice, on juge le maréchal Pétain. À la barre des témoins, des

personnalités aussi différentes que Laval et Léon Blum. Nuremberg, novembre 1945. Vingt dignitaires du IIIe Reich prennent place sur le banc des accusés. Les « faux dieux » nazis sont mis à nu. Jérusalem, avril 1961. Eichmann est seul dans son box de verre. Date et lieux différents, crimes semblables, sentences identiques. Trois procès historiques commentés par Joseph Kessel, alors grand reporter pour *France-Soir.*

Les Fantômes du roi Léopold, Adam Hochschild

Au début du XXe siècle, Léopold II, roi des Belges est loué dans l'Europe entière comme un monarque philanthrope et humaniste. On veut ignorer que l'État personnel qu'il a établi sur le fleuve Congo est, depuis vingt ans déjà, un véritable royaume des horreurs. La torture, la mutilation, l'esclavage et le meurtre furent les compagnons naturels des sujets africains de Léopold entre 1877 et 1908. Dix millions d'entre eux ont payé de leur vie l'impitoyable cupidité du monarque et de ses serviteurs. Un homme, Edmund Dene Morel, va se lever contre ces atrocités, avec à sa suite une poignée de chefs rebelles, de voyageurs, de missionnaires et d'idéalistes. Adam Hochschild retrace l'histoire du premier mouvement international en faveur des droits de l'homme, qui tint l'opinion mondiale en haleine pendant plus de dix ans, et aboutit à l'annexion du Congo par Bruxelles en 1908.

Un festin en paroles, Jean-François Revel

La littérature sur l'art culinaire est presque aussi ancienne que la cuisine elle-même. Pourtant, comment se faire une idée précise des cuisines du passé ? Quel goût avaient les vins que buvaient les Romains ? Quelle était la saveur des pâtés rabelaisiens ? Aux traités de cuisine un peu fades destinés aux profanes d'aujourd'hui, Jean-François Revel préfère des témoignages plus vivants et spontanés de consommateurs rencontrés aux détours de mémoires, de correspondances et de romans. Une promenade culinaire qui nous entraîne sur trois mille ans de souvenirs et de révolutions gastronomiques, de l'Athènes de Périclès au XIXe siècle, en passant par le Moyen Âge

Usages du monde. Règles de savoir-vivre dans la société moderne, Baronne Staffe

Les robes raccourcissent, les formules ampoulées aussi. En cette fin du XIXe siècle, la France se modernise, et son célèbre savoir-vivre aussi. De la naissance aux funérailles, en passant par la table et le divorce, vous pourrez désormais vivre votre vie dans les règles de l'art, connaissant sur le bout des doigts quel protocole suivre en visite chez votre vieille tante, ou comment se débarrasser d'invités intem-

pestifs sans déroger aux règles de la courtoisie. Par-delà un charme suranné et un décalage amusant, les *Usages du monde* dressent un tableau sans pareil de la bonne société française, nous procurant ainsi une source incomparable, et délicieusement accessible, pour l'histoire sociale et culturelle du XIXe siècle.

Essais sur la question juive contemporaine, Raymond Aron

Raymond Aron, le grand penseur du libéralisme français au XXe siècle, est issu d'une famille de juifs lorrains assimilés et profondément patriotes. Comme Durkheim et Bergson, il fut l'un des représentants de la culture à visée universelle, agnostique, de la IIIe République. C'est en 1933, lors de ses études de philosophie en Allemagne, qu'il rencontra la « question juive » en même temps que le tragique de l'histoire et de la pensée allemande. Depuis lors, sa propre philosophie ne pouvait lui permettre d'écarter de sa réflexion sur l'histoire l'aventure du « peuple » juif. La brochure *De Gaulle, Israël et les juifs*, le plus célèbre texte publié dans le présent recueil, fut publiée en 1968, suite à la conférence de presse du 28 novembre 1967, où le Général décrivit les juifs comme « un peuple d'élite, sûr de lui-même et dominateur, [...] en dépit du flot tantôt montant, tantôt descendant, des malveillances qu'ils provoquaient, qu'ils suscitaient plus exactement dans certains pays et à certaines époques ». Aron s'en indigna : « Les antisémites (et M. Xavier Vallat n'a pas eu un instant d'hésitation) recevaient du chef de l'État l'autorisation de reprendre la parole et d'user du même langage qu'avant le grand massacre. » Elle est accompagnée de nombreux textes inconnus ou méconnus – sur Marx, sur Bergson, sur Vichy, sur le terrorisme, sur Israël et la diaspora, sur l'affaire Barbie... – qui tous témoignent de l'interrogation et de l'inquiétude de toute une vie. Dans ses conférences, ses entretiens et ses articles, Aron n'a cessé de s'interroger sur l'histoire et l'avenir incertain de l'État d'Israël, et sur les liens qu'un citoyen français pouvait garder avec ce pays singulier.

Ousâma, Un prince syrien face aux croisés, André Miquel

« J'ai toujours aimé Damas, la ville de mes exils, la ville où je mourrai bientôt. Le temps presse. Cette main, qui jadis terrassait le lion ou l'ennemi, tremble si fort qu'elle ne peut plus écrire. Il faut dicter. Se souvenir. » L'épopée des croisades, le royaume franc de Jérusalem, autant d'événements qui nous sont surtout connus à travers le récit des chevaliers chrétiens, accourus d'Occident ou natifs des États latins. Plus qu'une simple biographie du prince syrien Ousâma Ibn Mounqidh (1095-1187), André Miquel livre ici une véritable leçon d'écriture et de réflexion. Ousâma, chose insolite dans la littérature de son temps, a laissé une autobiographie, dont s'inspire ce récit sur la vision arabe des croisés. Sa vie, toute d'amitié, d'amour,

d'aventure et d'honneur, fut celle d'un chevalier et d'un sage. Son portrait des Francs, aussi honnis qu'admirables, ennemis dans la foi mais égaux par la valeur, est une magnifique leçon de tolérance.

La Nuit des longs couteaux, Max Gallo
30 juin 1934, 6 heures du matin. La pension tranquille de Bad Wiessee où dorment les chefs des Sections d'assaut est cernée. Les fidèles de Hitler, sa force de frappe, ses compagnons des temps de combat, sont désormais des hommes à abattre. Hitler en personne dirige ce règlement de comptes, l'arme au poing. Dans la nuit du 29 au 30 juin, dans la chaude journée d'été qui suit, les exécutions, les assassinats se multiplient dans toute l'Allemagne. Ernst Röhm, le chef d'état-major de la SA, l'allié des heures sombres, l'homme que le Führer tutoyait, en est la plus illustre victime. Heure par heure, Max Gallo restitue cette « Nuit des longs couteaux » qui vit triompher les SS et s'établir définitivement la dictature nazie. Interrogeant archives et témoins, retournant sur les lieux de l'action, il restitue l'atmosphère d'angoisse et de terreur, il éclaire les rivalités, les calculs politiques, les trahisons qui ont conduit à cette purge meurtrière. Un récit qui démonte le mécanisme infernal du IIIe Reich.

Sidonie ou le français sans peine, Salomon Reinach
« Salomon le savant écrit à la jeune Sidonie. "Correspondance", la forme ne pouvait être mieux trouvée car elle s'appuie sur des lettres, composantes de toutes les langues ; elle fait référence à une relation privilégiée aussi bien qu'à une harmonie : tel est le propos de la grammaire. En douze missives, nous sommes promenés dans tous les coins et recoins de ce corps vivant qu'est le français. Si bien que le plus pur des esprits ne peut s'empêcher de songer à une éducation amoureuse. Usez ainsi et ainsi de votre belle langue française, chère Sidonie, et, non contente de vous montrer fidèle aux règles, vous y trouverez les plaisirs les plus délicats. Lisant et relisant ces pages, j'ai cherché longtemps le secret de cette troublante réussite. Par chance, on ne découvre jamais complètement de tels secrets : le talent serait une pauvre chose s'il était seule affaire de recette. » Erik Orsenna.

Dire la vérité, Pierre Mendès France. Préface d'Éric Roussel
« L'objet principal de cette allocution est de vous dire mon intention de m'adresser régulièrement à vous, pour vous parler en toute simplicité, comme ce soir, et vous tenir au courant de ce que fait et de ce que pense le gouvernement qui est votre gouvernement. » Le 26 juin 1954, huit jours après son investiture, le président du Conseil Pierre Mendès France ouvre par ces mots le premier d'une série de messages radiodiffusés au peuple français. Vingt-cinq « causeries du samedi » vont s'ensuivre, jusqu'à la chute du gouvernement en

février 1955. Ce moyen de communication alors insolite contourne les jeux parlementaires de la IVe République, pour établir un lien direct entre le peuple et ses gouvernants. Ces allocutions, juge alors Mauriac, imposent une « parole humaine en politique ». PMF y impose sa marque, ses idées, son style épuré, sa sincérité, son extraordinaire talent de pédagogue. « C'est à nous de fatiguer le doute du peuple par la persévérance de notre dévouement », disait Jaurès. La citation, on ne s'en étonnera pas, était l'une des préférées de Mendès.

Mémoires, suivis de *Manière de montrer les jardins de Versailles*, Louis XIV. Textes présentés par Joël Cornette

« Je n'ai jamais cru que les rois fussent dispensés de l'obligation commune des pères, qui est d'instruire leurs enfants par l'exemple et par le conseil. » En 1667, presque à l'apogée d'un règne encore jeune, Louis XIV commence à dicter une série de Mémoires pour l'instruction de son fils, Monseigneur, dit le Grand Dauphin. En 1714, le maréchal de Noailles sauvera quelques-uns de ces papiers du feu où le Roi-Soleil voulait les jeter. Les Mémoires jettent un éclairage de premier ordre sur la personnalité du roi et sur son action au début de son règne. Sa relation des années 1661, 1662, 1666, 1667 et 1668 délivre à son héritier un message qu'aucune autre lecture n'aurait pu lui apporter : la somme de ses expériences, en premier lieu les révoltes et les trahisons de la Fronde. Habitué aux « malicieux artifices des hommes », Louis est sans illusion sur l'humaine nature. Il sait à quel point l'aiguillon de l'intérêt est un maître impérieux pour tous ceux qui l'entourent. D'une maîtrise de soi sans cesse aux aguets, de la tâche quotidienne du partage des emplois et de la distribution des grâces, il a tiré une connaissance aigue des ressorts de l'âme humaine, une compréhension subtile des rouages du gouvernement et de la diplomatie. Le Roi-Soleil se révèle, dans ce traité magistral du métier de roi, le meilleur professeur des mystères de l'État.

Le Modèle occidental de la guerre, Victor Hanson Davis

Les Grecs n'ont pas seulement inventé l'idée centrale de la politique occidentale – la démocratie –, ils ont aussi créé un fait central de la guerre, qui a perduré jusqu'à nos jours : la bataille rangée d'infanterie. Est-ce un hasard si ces deux institutions sont nées à peu près à la même époque ? Appliquant une pensée totalement neuve à l'examen des textes et de l'armement antique, Victor Davis Hanson livre ici plus qu'une analyse de l'art de la guerre dans la Grèce classique. Il nous fait ressentir, minute par minute, ce que vivait le combattant pris dans cet affrontement impitoyable. Il restitue l'émergence des valeurs de solidarité civique et combattante, d'attachement patriotique, d'agressivité et d'efficacité qui ont fait la réussite – et permis les excès – de la civilisation occidentale.

Mes jeunes années, Winston Churchill

Homme d'État exceptionnel, Winston Churchill fut également un écrivain pour lequel sa propre vie, étroitement mêlée à l'histoire de deux siècles, formait une inépuisable source d'inspiration. Il en retrace ici les trente premières années, de 1874 à 1904 : son enfance de cadet d'une grande famille, ses déboires scolaires de Harrow à Sandhurst, son entrée au 4e hussards, sa carrière d'officier et de journaliste en Inde, à Cuba, en Égypte, au Soudan et en Afrique du sud, son éveil à la politique et sa première élection aux Communes. Anecdotes savoureuses et morceaux de bravoure ne manquent pas, de la charge sabre au clair contre les armées du Mahdi à l'évasion mouvementée des geôles boers. C'est au son des balles, au fil des dépêches, que s'est forgé le plus fort caractère du XXe siècle et le plus glorieux enfant de l'Empire britannique.

Histoire du ghetto de Venise, Riccardo Calimani

C'est en 1516, dans le quartier des fonderies – Ghetto en dialecte vénitien – que, pour la première fois, des juifs reçurent l'ordre de se rassembler pour vivre en un lieu séparé. Cet événement inaugure trois siècles d'une histoire singulière qui n'est pas la facette la plus connue de la Sérénissime. Loin de s'en tenir à une portée strictement locale, Riccardo Calimani montre que la vie de ce quartier battait au rythme de l'histoire méditerranéenne et du perpétuel mouvement des individus et communautés juives. Bien que mis à l'écart, dans ce carrefour des cultures et des civilisations qu'était Venise, les juifs contribuèrent à son développement et jouèrent un rôle à part entière. Des origines médiévales aux souffrances des déportations de 1943-44, au travers d'une longue série d'événements et de portraits, l'auteur nous livre un document accessible et captivant, à la mémoire des acteurs du premier de tous les ghettos.

Marie-Antoinette, journal d'une reine, Évelyne Lever

Marie Antoinette n'a jamais écrit de journal. Evelyne Lever, en spécialiste de l'Ancien Régime finissant, se livre à ce qu'elle appelle un « divertissement d'historien ». En effet, elle a imaginé les carnets de la dernière reine de France depuis son arrivée à la cour de Versailles, au printemps 1770, jusqu'à l'effondrement de la monarchie en 1792. Pendant ces vingt-deux années, Marie-Antoinette se raconte au fil des jours, avec une spontanéité parfois déroutante, consignant ses joies, ses espoirs et ses tourments. Rien n'est inventé. L'historienne possède une parfaite connaissance du personnage, pouvant ainsi se glisser subtilement dans sa peau et son esprit. L'illusion est parfaite. La fille de Marie-Thérèse d'Autriche apparaît charmante et brouillonne, sentimentale et frivole, souvent en porte-à-faux par rapport à l'étiquette de la cour royale, mais aussi influente sur la

politique française et européenne. Pas plus que les autres, elle ne sentira monter la colère des profondeurs du royaume.

Les « Remontrances » de Malesherbes, Élisabeth Badinter

Février 1771. Un conflit violent oppose Louis XV et les parlements. Chrétien-Guillaume de Lamoignon de Malesherbes, partisan de longue date de la liberté d'écrire et de publier, entre dans la bataille. Ses énergiques Remontrances au roi lui valent une lettre de cachet et un exil sur ses terres qui ne font qu'accroître l'enthousiasme du public éclairé. Mai 1775. À l'orée du règne de Louis XVI, Malesherbes adresse de nouvelles Remontrances au jeune souverain. Ce second réquisitoire, une défense de la cause du peuple contre l'absolutisme, est interdit. Ce sera un grand succès sous le manteau.

L'essai d'Elisabeth Badinter, qui précède ces *Remontrances*, nous plonge au cœur des tensions de l'Ancien Régime finissant. Les débats du temps en annoncent d'autres plus contemporains. Et les apparentes contradictions de ce magistrat, serviteur de la monarchie, critique de ses abus et pour finir, avocat du roi de France, posent la question toujours actuelle du rapport de l'intellectuel et du politique.

Marie de Régnier, Robert Fleury

Fille et épouse d'écrivain, née Marie de Hérédia, Marie de Régnier fréquenta dès son plus jeune âge les salons littéraires les plus en vogue de la Belle Époque. Elle devint poète, journaliste et romancière sous le nom de plume de Gérard d'Houville. Femme de lettres, femme du monde, elle fut aussi une véritable femme fatale. Gabriele D'Annuzio, Henry Bernstein, Jean de Tinan, tous succombèrent à son charme. Mais c'est à son propre beau-frère, Pierre Louÿs, qu'elle consacra son existence. Ces « noces secrètes » marquèrent une œuvre et une existence sulfureuse.

Traverser la vie de Marie de Régnier, c'est explorer les cénacles mythiques d'une époque révolue. On y croise Proust, Leconte de Lisle, Gide, Mallarmé, Valéry, Léautaud. Incarnation suprême des aspirations de la femme de lettres au tournant de deux siècles, Marie fut l'égale de Colette et d'Anna de Noailles.

Marcel Proust, George D. Painter

Comment est né *À la recherche du temps perdu* ? L'ampleur de ce roman-univers, la vie déroutante de complexité de Marcel Proust, son opposition virulente à l'élucidation des œuvres par les données biographiques de leurs auteurs imposent à George D. Painter un défi ambitieux. S'attelant à cette tâche herculéenne, il livre un classique absolu de l'histoire littéraire. De la lumière des salons du Tout-Paris à l'obscurité de la chambre capitonnée, les amours, les névroses, les

passions de l'écrivain sont dévoilées. Un cheminement biographique minutieux, sertis d'anecdotes détaillées, qui est celui de la Recherche même. « Un chef-d'œuvre avec un je-ne-sais-quoi de thé au jasmin accompagné d'un presque rien de madeleine, qui lui fait rejoindre son modèle. » (Pierre Assouline)

Journal du siège de Paris, Jacques-Henry Paradis. Texte présenté par Alain Fillion

De septembre 1870 à janvier 1871, Paris est encerclé par les Prussiens. Cinq longs mois de siège sur lesquels nous ne possédons que peu d'informations. Témoin privilégié, Jacques-Henry Paradis, simple bourgeois de Paris, livre un regard singulier et rare sur l'événement. À travers sa relation minutieuse des mouvements de troupes, des tensions politiques et diplomatiques et des restrictions de vivres de plus en plus drastiques, on ressent avec force tout le tragique de la situation, alors que le cri de Vive la Commune se fait de plus en plus menaçant. Aucun détail des réalités sordides du siège n'est épargné : incendies fréquents et ravageurs, multiplications des boucheries canines et félines, désarroi de l'attente et du manque d'information. Mais on partage également la joie du départ des ballons-poste, l'arrivée de nouvelles par pigeons voyageurs… quand les parisiens affamés ne les ont pas attrapés pour les manger.

Le Goût du chocolat, Piero Camporesi

Le siècle des lumières est l'époque de toutes les audaces, précurseur de grands changements sociaux et de révolutions majeures. Mais la révolution n'est pas l'apanage de la scène politique. Elle s'insère, par de subtiles métamorphoses, dans les recoins insoupçonnés de l'histoire. Ainsi, l'étude de la cuisine et du goût montre une facette méconnue de l'histoire des mentalités et de la marche des sociétés. Celle du XVIIIe, dont Piero Camporesi nous entretient, semble impatiente d'enterrer l'héritage culinaire des siècles sauvages qui l'ont précédée. Le goût renouvelé met en avant une cuisine rationnelle, légère et raffinée, d'où sont bannis la viande faisandée et lourde, les goûts forts ou socialement grossiers et les condiments trop vigoureux. C'est la cuisine de l'esprit qui l'emporte désormais sur celle du corps. « Dis-moi ce que tu manges et je te dirai qui tu es. » La fameuse maxime de Rabelais pourrait résumer à merveille le travail de cet historien-ethnologue.

La Treizième Tribu, Arthur Koestler

« À l'époque où Charlemagne se fit couronner empereur d'Occident, l'extrémité orientale de l'Europe, entre le Caucase et la Volga, était dominée par un Etat juif connu sous le nom d'Empire Khazar… » Ainsi débute le récit que fait Arthur Koestler de l'une des

plus passionnantes énigmes des temps médiévaux. Dans le cheminement intellectuel de ce grand penseur du XXe siècle, il est naturel de rencontrer ce peuple à l'origine de la tradition juive *ashkénaze* dont il est issu. En historien, il retrace méticuleusement son histoire, des origines jusqu'à l'effondrement, et s'étend sur le mythe. Il en ressort que cet épisode méconnu eut une influence non négligeable sur le développement du judaïsme russe et européen. Les Khazars furent également les maîtres d'un très vaste Empire, entre la mer Noire et la Caspienne, position stratégique sur les grandes voies de passage. Cette entité politique et religieuse unique ne lasse pas de fasciner. En effet, aux confins des mondes occidentaux et orientaux, à une époque riche en épopée guerrière, l'autorité khazare est le seul exemple concret d'un État juif avant la fondation de l'Israël contemporaine.

Alcibiade, Jacqueline de Romilly

Le « bel Alcibiade » avait du charme et l'art de séduire. Issu d'une riche famille noble, il reçut une brillante éducation et se distingua par sa supériorité intellectuelle. Son tuteur, Périclès, était l'ami des grands sophistes et des hommes les plus illustres d'Athènes. Alcibiade a donc été très tôt imprégné de discussions politiques et de rhétorique. Ce nouveau Périclès en puissance reçut aussi l'influence de Socrate qui lui montra un grand attachement et essaya de modérer, sans succès, son insolence et son ambition.

Jacqueline de Romilly retrace la jeunesse d'Alcibiade, marquée par une inquiétante désinvolture, des indélicatesses et des scandales. La carrière tumultueuse d'Alcibiade est ensuite minutieusement décrite par l'historienne, documents à l'appui, en particulier ceux de Thucydide. Alcibiade avait l'ambition et les capacités de prendre en charge le destin d'Athènes. Nommé stratège, il choisit la guerre contre Sparte pour s'imposer davantage, avec le grand dessein de conquérir la Sicile. Mais l'expédition à Syracuse tourne court, car, rattrapé par deux scandales, il est condamné à l'exil et à la mort par la démocratie athénienne. Alcibiade passe alors à l'ennemi et devient le grand homme de Sparte, il n'hésite pas à faire l'apologie de la trahison. Athènes est écrasée…

La suite est une invraisemblable série de manipulations, d'intrigues et de retournements : Alcibiade devient l'ami du roi de Perse, puis est rappelé à Athènes où il veut imposer l'oligarchie, pour finalement accepter la démocratie. Mais son rôle de « sauveur de la patrie » ne dura que quelques mois et, vaincu par le spartiate Lysandre, il est définitivement exilé d'Athènes. Alcibiade, vaincu, se retira loin des siens en Phrygie où il fut assassiné par des hommes d'un satrape perse qu'il avait trahi. Mais il demeura longtemps dans

la mémoire d'Athènes qui avait pour lui la passion d'un cœur partagé entre l'amour et la haine.

Jacqueline de Romilly, dans un style élégant et limpide, et avec un souci constant d'objectivité, relate les péripéties de son héros ambitieux, séduisant et opportuniste et dénoue les intrigues et contre-intrigues stupéfiantes qui ont émaillé son bref parcours politique qui a causé la ruine d'Athènes. Elle met l'accent également à maintes reprises sur la fragilité de la démocratie : en Grèce comme de nos jours, les rivalités politiques, les scandales et les intrigues sont toujours menaçants ; et il suffit d'un politicien ambitieux, démagogue et dénué de scrupule pour faire basculer le destin d'une nation dans le chaos.

14-18. Retours d'expériences, Christophe Prochasson.

En disparaissant, le dernier poilu a laissé aux historiens le monopole du récit de la Grande Guerre. A eux seuls (ou presque) revient donc désormais la tâche de rendre compte de ce que fut l'expérience inouïe de la Grande Guerre. Voici pourquoi la première partie de l'ouvrage s'arrête sur la façon dont on raconte et explique la Grande Guerre. Elle s'attarde notamment sur la grande controverse exemplaire qui divise aujourd'hui les historiens : les soldats ont-ils ou non consenti à ce gigantesque affrontement ? Ces polémiques autour du « retour d'expérience » ne sont pas nouvelles. Elles sont contemporaines du conflit. Elles divisèrent en particulier le front et l'arrière. Comment comprendre et même imaginer une expérience aussi paroxystique ? La question du témoignage fut centrale dès les années de guerre comme en témoigne la « prise d'écriture », sous la forme de correspondances, journaux, carnets ou mémoires, qui s'empara de centaines de milliers de combattants.

Dans la même lignée d'interrogations, comment enfin ne pas revenir sur la question de la responsabilité des intellectuels dans la mise en récit de la guerre voire dans son déroulement, quand ceux-ci furent si nombreux à écrire sur elle, à combattre avec ferveur jusqu'à en mourir voire à exciter les hommes au combat ? Comment les intellectuels cédèrent ou résistèrent à la Grande Guerre ?

Les Derniers Siècles de Byzance, Donald M. Nicol

L'empire byzantin est le nom donné par les historiens à la partie orientale de l'empire romain qui, au contraire de la partie occidentale, parvint au Ve siècle à contenir la poussée des barbares.

Il se développa autour de Constantinople pour devenir au Xe et XIe siècles la plus grande puissance du monde chrétien et la plus civilisée. Mais sa richesse suscita la convoitise des hommes de la quatrième croisade qui, oublieux de leur mission initiale, s'emparèrent de sa capitale en 1204 et se partagèrent une grande partie de ses

territoires. L'empire byzantin se reconstitua cependant après la reconquête de Constantinople par Michel Paléologue en 1261, mais il ne se releva jamais du coup qu'il avait reçu.

Ce livre raconte l'histoire de l'empire restauré, de 1261 jusqu'à sa conquête par les Turcs Ottomans en 1453. Il décrit les combats qu'il fut amené à livrer contre les Chrétiens d'Occident désireux de rétablir leur domination à Constantinople, contre le mercantilisme des républiques italiennes, contre les colonisateurs francs, génois et vénitiens qui continuèrent d'occuper des îles de la Grèce et de la Mer Egée, contre la puissance montante des Turcs en Asie mineure, contre l'expansion serbe dans les Balkans, tandis que les grandes familles se livraient à des querelles suicidaires pour la possession du trône. L'empire byzantin, affaibli et meurtri, manifesta pourtant au XIVe siècle une remarquable vitalité tant au point de vue culturel que religieux, mais l'institution qu'il représentait se désagrégea lentement, cependant que les Turcs s'emparaient de ses provinces d'Asie mineure, puis de celles d'Europe et enfin de sa capitale.

Le Retour de Martin Guerre, Natalie Zemon Davis

Martin Guerre était un paysan français du XVIe siècle établi dans le village Pyrénéen d'Artigat. Âgé de quatorze ans, il épouse Bertrande, fille d'une famille aisée. Accusé de vol de grain, il quitte brusquement sa famille en 1548. La loi ne permet pas alors à sa femme de se remarier. Huit ans après, un homme surgit à Artigat, clamant être Martin Guerre. Il lui ressemble et connaît beaucoup de détails de la vie de Martin et ainsi convainc la plupart des villageois, son oncle Pierre Guerre et Bertrande, qu'il est Martin Guerre. Le *nouveau* Martin vit trois ans avec Bertrande et son fils. Il réclame l'héritage de son père et entame même des poursuites contre son oncle, pour une partie de cet héritage. Pierre Guerre devient soupçonneux. Il essaye de convaincre Bertrande que ce Martin est un imposteur. Il tente même de le tuer, mais Bertrande l'en empêche.

Pendant ce temps, Pierre Guerre enquête dans les environs et pense avoir trouvé la véritable identité de l'imposteur : Arnaud du Tilh, un homme de réputation douteuse d'un village proche. Il lance alors un procès qui s'ouvre à Rieux en 1560. Bertrande témoigne tout d'abord qu'elle pensait honnêtement que cet homme était son mari, puis qu'elle réalisa qu'il était un imposteur. *Martin* la défie : si elle est prête à jurer qu'il n'est pas son mari, il est d'accord pour être exécuté - Bertrande reste silencieuse.

Martin fait immédiatement appel auprès du parlement de Toulouse. Bertrande et Pierre sont arrêtés, elle pour possible adultère, Pierre pour accusations mensongères. *Martin* plaide sa cause avec éloquence : sous la pression du cupide Pierre, Bertrande s'est parjurée. Soudain le vrai Martin resurgit au cours du procès, avec sa jambe

de bois. Questionné à propos de son passé, il répondra avec plus de détails à certaines questions, que l'imposteur ne saurait faire. Ce dernier, reconnu coupable et condamné à mort pour adultère et fraude le 12 septembre 1560, continue à clamer son innocence, assisté par le jeune Montaigne. Plus tard, Arnaud du Tilh reconnaîtra les faits : il avait appris la vie de Martin Guerre après que deux hommes l'aient confondu avec le vrai Martin. Il est condamné à mort, pendu et brulé devant la maison de Martin quatre jours plus tard. Durant son absence, le vrai Martin Guerre était parti en Espagne où il servit un cardinal, et plus tard dans l'armée de Pedro de Mendoza. La raison de son retour, au moment même du procès, est restée inconnue.

De nos jours, la plupart des commentateurs pensent que Bertrande a silencieusement pris part à la fraude : elle avait besoin d'un mari et était bien traitée par Arnaud. L'improbabilité de confondre un étranger avec son mari, le soutien qu'elle apporta à l'imposteur jusqu'au dernier moment, et les détails de vie commune semblant avoir été préparés d'avance, sont cités comme présomptions de cette thèse.

À travers les époques, cette histoire a fasciné beaucoup d'écrivains, comme Alexandre Dumas, avant que l'historienne Natalie Zemon Davis se penche à son tour sur cet épisode.

Loulou à Hollywood, Louise Brooks

Louise Brooks, comme Greta Garbo et Marilyn Monroe fait partie de cette Olympe secrète qui domine Hollywood. Des trois, elle est la plus candide, la plus fascinante, mais aussi la plus énigmatique. Aucune autre actrice de cinéma n'a eu autant d'impact sur le public avec un aussi petit nombre de films. Son talent, son regard, sa beauté, son intelligence aiguë firent d'elle, d'emblée, une grande vedette.

Cette jeune femme, qui célébra avec enthousiasme la vie hédoniste de New York et de Hollywood dans les années vingt, compta parmi ses amis et rivaux Greta Garbo, Gloria Swanson, Clara Bow, Buster Keaton, John Gilbert et W.C Fields. Mais avec l'arrivée des films parlants, qui firent l'effet d'une bombe dans l'industrie de cinéma, la Paramount prit pour prétexte que la voix de Louise Brooks n'avait pas encore « fait ses preuves » pour lui refuser une augmentation méritée, et la jeune actrice stupéfia le studio en donnant sa démission sur-le-champ. Son goût de la liberté et sa farouche franchise la firent donc exclure du « système » à vingt-deux ans. Elle sera désormais « l'anti-star ».

C'est en Europe que le mythe de la femme tentatrice prit naissance grâce au célèbre « Loulou » de Pabst qui lui acquit le ravissement passionné des cinéphiles du monde entier. Depuis un demi-siècle, Louise Brooks est toujours l'objet d'une admiration voisine de l'adoration, d'une sorte de culte. Cette femme à la beauté singulière,

au tempérament obstiné et à l'intelligence aiguë méprisa sa propre carrière mais laissa pourtant une trace indélébile dans l'imaginaire contemporain.

Qui est-elle ? D'où vient-elle ? Où est-elle ?

Ces pages du souvenir sont autant de clés nous permettant de frôler sa présence magique.

Mémoires d'un rat suivis des *Commentaires de Ferdinand, ancien rat de tranchées*, Pierre Chaine

Témoin privilégié de la vie des tranchées, Ferdinand retrace ses années de rat combattant au côté du soldat Juvenet qui l'a pris sous sa protection. De l'arrière au feu de Verdun, il partage la vie quotidienne des poilus, les changements d'affectation, les diverses offensives, mais aussi les permissions, l'attente avide d'informations et la naissance des rumeurs les plus persistantes, la solitude et surtout la peur. Un tableau original, nourri de réflexions sur la guerre qui, profitant de leur forme fantaisiste, se permettent d'en souligner les absurdités et l'horreur. Un ton légèrement moqueur, parfois amusé ou perplexe, mais jamais cynique, donne à ces *Mémoires d'un rat* suivis *des Commentaires de Ferdinand, ancien rat de tranchées* toute leur force d'évocation d'une expérience ineffable.

Réflexions et aventures, Winston Churchill

Publié en 1932, ce recueil de 23 textes écrits par Winston Churchill peut paraître très disparate de prime abord. Et de fait, il l'est et c'est ce qui justement fait sa force. D'un essai enlevé sur les caricatures à un autre magnifique sur le plaisir de peindre, en passant par ses souvenirs d'élection et par une réflexion sur le gouvernement parlementaire et les problèmes économiques, cet ensemble propose une approche large, diversifiée et de ce fait particulièrement intéressante des différents sujets qui occupèrent Winston Churchill dans l'entre-deux-guerres. On avait découvert un écolier turbulent, un soldat courageux et un écrivain prometteur dans *Mes jeunes années*. On retrouve ici un homme tout aussi aventureux, dont l'expérience s'est considérablement enrichie, la vision du monde et la société sensiblement affinée et dont la vivacité de style reste un grand plaisir littéraire. Finalement, à travers cette collection de pensées, de souvenirs, de réflexions et même de prédictions se dégage une philosophie politique et sociétale profonde, originale et néanmoins accessible.

Voyages en Egypte, Giovanni Belzoni

Giovanni Battista Belzoni naît à Padoue en 1778. Ce fils de barbier devient moine à Rome puis fuit l'Italie alors envahie par les armées françaises. Il débarque à Londres et se produit comme Hercule dans les foires. Aventurier en quête de richesse, le Titan de

Padoue décide de quitter le cirque et part pour l'Espagne puis le Portugal. De Malte, il part pour l'Égypte et s'y installe. Belzoni tente sa chance en mettant en pratique ses connaissances en ingénierie hydraulique. Mais c'est un nouvel échec.

À cette époque, l'Égypte est en proie à la guerre civile. Deux consuls alors en poste au Caire en tirent parti : le britannique Henry Salt et le français Bernardino Drovetti. Les deux diplomates financent des explorations archéologiques et revendent, non sans bénéfice, les collections ainsi constituées aux musées et collectionneurs occidentaux. Grâce à son passeport britannique, Belzoni entre au service de Salt. En 1815, une mission presque impossible lui est confiée : descendre le Nil jusqu'à Thèbes et ramener un buste colossal de pharaon, le « jeune Memnon », qui pèse plus de sept tonnes. On ignore alors qu'il s'agit de Ramsès II dont la statue gît devant l'un de ses propres temples. Contre toute attente, Belzoni réussit. Il sera également le premier à entrer dans le grand temple d'Abou Simbel, découvrira les tombes royales de la vallée des rois et ouvrira la pyramide de Khéphren à Gizeh.

Le retour de Belzoni à Londres est triomphal. Il émerveille les visiteurs de l'Egyptian Hall de Piccadilly avec des reproductions grandeur nature des décors de la tombe de Séthi Ier. Il monte une exposition itinérante qui sillonne l'Europe de Paris à Saint-Pétersbourg (1822). Malheureusement, et malgré ses succès, la fortune ne lui sourit pas. Il s'engage alors à trouver les sources du Niger en Afrique mais meurt de dysenterie au Bénin à 45 ans.

Georges Mandel. L'homme qu'on attendait, Jean-Noël Jeanneney

Le destin est un ministre inconstant. Parfois facétieux, souvent cruel, il se révéla particulièrement funeste pour Georges Mandel, qui scella involontairement son existence le 20 juin 1940, en décidant de mener les parlementaires français en terre africaine pour poursuivre le combat… De rendez-vous en actes manqués, il s'illustra par sa volonté de résister à l'Allemagne. Ministre dans le cabinet de Paul Reynaud jusqu'à sa chute le 16 juin 1940, c'est lui qui exhorta ses pairs à continuer la lutte en dehors du territoire. Pourtant, celui qui eût pu « incarner le sursaut » n'accèdera ni à la renommée, ni aux fonctions du général de Gaulle : arrêté au Maroc par l'administration du général Noguès, et assassiné par la milice française le 7 juillet 1944, il mourra six semaines avant la libération de Paris…

Celui que Churchill appelait « Mandel le Grand » fut ainsi un patriote intransigeant, toujours en lutte contre les défaitistes. Souvent en désaccord avec son propre camp sur les questions de politique étrangère, il fut haï et victime de campagnes antisémites dans la presse. Solitaire et « homme de la nuit », cette personnalité

singulière se laisse dévoiler dans un portrait-hommage, qui tente d'éclairer la tragédie de son échec.

L'Art d'être pauvre, précédé de *Comment j'ai découvert l'Amérique*, Boni de Castellane

Personnage incontournable du Paris de la Belle Époque, Boniface – Boni – de Castellane est resté dans la mémoire collective comme un esthète, un collectionneur et un dandy. Il fut le modèle de Proust, le digne descendant de Talleyrand, l'homme le plus commenté, le plus peint, le plus caricaturé, le plus chéri, le plus détesté de la Belle Époque.

Issu de l'une des plus anciennes familles de la noblesse française, le jeune Boni n'a aucun mal à charmer et à épouser en 1898 Anna Gould, une richissime héritière américaine d'un magnat américain des chemins de fer qui lui donnera 3 enfants…ainsi que la majeure partie de sa fortune pourtant colossale. En effet, nul autre que lui n'aura dépensé avec autant de panache la fortune ainsi mise à sa disposition. Avec passion et un goût des plus fins, il s'attache à réaliser ses rêves les plus fous. Il multiplie les achats somptuaires: yachts, collections artistiques, courses de chevaux, etc. A Paris, il fait construire le fameux Palais Rose inspiré du grand Trianon et de Versailles au confluent de l'avenue Foch et Malakoff qui sert de décor aux les fêtes les plus courues, les plus mémorables et les plus somptueuses de cette période. Il reçoit tous les intellectuels, les artistes et les hommes politiques influents du début du 20e siècle. Il dépensera en dix ans de mariage l'équivalent de 250 millions d'euros d'aujourd'hui. Mais après le divorce, l'argent disparaît du jour au lendemain et c'est, assailli par une meute de créanciers, qu'il se retrouve subitement à 39 ans avec l'obligation de subvenir à son existence. Tour à tour journaliste, antiquaire, député, il s'appliquera à vivre avec la même distinction et le même optimisme soutenu faisant preuve en permanence d'un humour flamboyant et d'une finesse d'esprit étonnante. On lui doit notamment cette phrase: « C'est déjà assez triste d'être ruiné. S'il fallait encore restreindre son train de vie. »

Plus qu'aucun autre, Boni de Castellane aura par sa personnalité hors du commun, son originalité, son raffinement et son esprit symbolisé ce que fut la Belle époque, un instant fragile et fugace de grâce avant la chute sanglante et meurtrière de la première guerre mondiale. Il reste malheureusement peu de choses de Boni de Castellane. Même le Palais rose fut détruit et ses collections furent dispersées bien avant sa mort. Deux livres de mémoires, *Comment j'ai découvert l'Amérique* et *L'art d'être pauvre*, conservent cependant la trace de sa pensée originale et nostalgique.

Au cœur de l'enfer, Zalmen Gradowski

Zalmen Gradowski appartenait à un Sonderkommando, ces équipes de déportés, juifs pour la plupart, chargés d'assurer le fonctionnement des chambres à gaz et des crématoires d'Auschwitz-Birkenau. Témoins des opérations de gazage et donc privés de tout espoir de survie, les membres de ces « équipes spéciales » étaient régulièrement exécutés.

Seul Gradowski parvient à raconter. S'élève alors une voix qui s'adresse à l'humanité entière depuis le seuil de la mort, une voix qui, aux confins de l'horreur, refuse d'être réduite au silence. En écrivant Au cœur de l'enfer, il témoigne de la disparition de son peuple et rend compte de l'anéantissement de la mémoire juive.

Ce manuscrit aux qualités littéraires rares, rédigé en 1944 et enfoui dans le sol à quelques pas du crématoire III, livre ainsi une réflexion d'une étonnante lucidité sur la destruction systématique de la vie et du monde juif.

Ne pas lire Gradowski, c'est le priver de sépulture une seconde fois.

Histoire de la sorcellerie, Colette Arnould

Toujours redoutées, souvent dénoncées et parfois brûlées, les sorcières hantent l'imaginaire occidental. Elles sont de tous les âges. Les Celtes avaient les leurs et nos sociétés contemporaines continuent d'en cultiver l'image. Mais que sait-on vraiment des sorcières et de leurs charmes ? Quelles fonctions leur ont été attribuées ? Et surtout, quelles représentations a-t-on projeté sur ces créatures surnaturelles, tour à tour magiciennes, fées ou diablesses ?

Colette Arnould retrace ainsi l'étrange histoire de la sorcellerie depuis l'Antiquité jusqu'au xxe siècle, depuis les magiciennes Diane et Médée jusqu'aux adeptes contemporains du satanisme. S'appuyant sur des exemples tirés de la littérature autant que sur les grands textes sacrés ou les sinistres manuels de l'Inquisition, l'auteur éclaire le monde des peurs ancestrales. Ce panorama exhaustif dépasse alors largement la simple chronique : au fil des pages se profilent quelques grandes questions de société telles que la place des femmes dans la société, la tolérance ou la fascination du mal et de la violence. Autant de sujets d'une actualité inquiétante.

Machiavel et nous, Louis Althusser

Penseur italien de la Renaissance, théoricien de la politique et de la guerre, Nicolas Machiavel demeure un auteur controversé. On l'accusa de perfidie, ses écrits furent condamnés, enfin, il eut aussi le privilège de produire un adjectif infâmant – machiavélique. Pour Louis Althusser, il était temps de rétablir la vérité…

Machiavel rêvait d'une Italie unifiée dans laquelle la paix et la stabilité seraient garanties par un État fort : comment alors prendre le

pouvoir et le garder ? Althusser plonge au cœur du « Prince nouveau » pour jeter une lumière originale sur la pensée machiavélienne à l'aune des sciences politiques modernes. Ce voyage lucide aux profondeurs de la pensée d'un des fondateurs de l'esprit critique n'a peut-être jamais été aussi passionnant qu'à l'heure actuelle où le concept de démocratie semble de plus en plus contesté.

La Femme à Vienne au temps de Freud, Célia Bertin

La Vienne de 1900, et les Viennoises, ont pour nous des accents de rêve et de brillant. Elles sont belles et elles valsent dans des palais baroques au bras d'officiers chamarrés, sur des airs de Strauss. Elles sont libres et audacieuses, comme dans les tableaux de Klimt, et leur nom évoque le génie : Alma Malher, Lou Andreas-Salomé, Margaret Wittgenstein... Elles sont simples et confiantes, comme les oies blanches des pièces de Schnitzler, et elles rêvent d'amour et de musique au printemps, parmi les lilas du Prater. Elles sont aussi « l'impératrice de la solitude », la fantasque Sissi, qui, entre les hauts murs de la Hofburg, rêve à son enfance heureuse, au vieux château des Wittelsbach, à tant de choses en elles inexplicables.

C'est que la capitale de l'Empire austro-hongrois, aux mœurs encore si rigides, nourrit aussi en son sein d'autres femmes et d'autres rêves, plus troubles, plus secrets. Dans les immeubles opulents des quartiers chics, elles sont nombreuses à se languir dans leurs vastes appartements. Elles n'ont pas le droit d'avoir une occupation à elles, pas le droit de flâner dans les rues, d'entrer seules dans un café. Alors elles fuient dans l'imaginaire et deviennent la proie de démons étranges. Soudain elles prétendent ne plus pouvoir marcher, elles crient de terreur ou elles rient comme des folles. Le sont-elles vraiment ? On les cache et un silence gêné les entoure.

C'est en observant les hystériques, si nombreuses parmi ses patientes, que Freud découvre l'inconscient et qu'il « perce le mystère du rêve », comme il le déclare en 1895. Célia Bertin nous raconte la double histoire d'une ville exceptionnelle et d'une découverte révolutionnaire, à travers les femmes, célèbres ou anonymes, qui habitèrent l'une et inspirèrent l'autre.

Discours de Guerre, Winston Churchill

Au moment le plus sombre de la Seconde Guerre mondiale, Winston Churchill fut le champion et le héraut du monde libre. Élu chef du gouvernement, il devint l'un des principaux artisans de la résistance du Royaume-Uni et des Alliés contre l'Axe. Son destin se confondit alors avec le sort de la nation et Churchill incarna celui qui fit l'histoire à l'heure où celle-ci vécut ses heures les plus sombres.

Excentrique et charismatique, Winston Churchill ne cesse de fasciner. Au paroxysme de la bataille d'Angleterre, la pugnacité et les

discours passionnés de Churchill contre l'ennemi barbare persuadent les Britanniques de poursuivre la lutte. Convaincu que le verbe demeure la meilleure arme de l'homme politique et ayant un sens inné du coup d'éclat, il monte à la tribune et se met à parler sans fard. Cette édition bilingue des discours churchilliens promet un voyage captivant au cœur de la démocratie britannique, autant que de découvrir un monument de l'art oratoire.

Villas et Jardins d'Italie, Edith Wharton

« Le jardin italien n'existe pas pour ses fleurs, ce sont les fleurs qui existent pour lui : elles apportent à ses charmes une grâce rare, parenthèse qui ne fait qu'ajouter à l'enchantement général », écrivait Édith Wharton, passionnée par les jardins italiens qu'elle a arpentés inlassablement.

La grande romancière américaine nous invite à faire, de la Lombardie jusqu'en Vénétie en passant par Rome, Florence et Sienne, son périple italien. Site après site, son récit restitue l'atmosphère théâtrale de ces rotondes, ces allées en berceau, ces cascades, ces grottes ou ces terrasses qui ont échappé aux assauts des modes et du temps. Iles Borromées, Villa d'Este ou jardins Giusti... Ces splendeurs, pour la plupart dessinées par d'illustres architectes de la Renaissance, restent les témoins ultimes d'une période fastueuse.

L'Héritage de la Grèce, Moses I. Finley et Cyril Bailey

La philosophie occidentale est-elle autre chose qu'un commentaire sans fin de Platon et d'Aristote ? Et que serait le théâtre, de Racine à Sartre, sans le recours aux mythes antiques ? Sans parler du cinéma ou de la psychanalyse qui ne peuvent se passer de Médée, d'Orphée ou d'Œdipe.

Toute société est héritage : celui qu'elle a reçu de son passé, celui qu'elle laissera à ses descendants. L'héritage de la Grèce a fondé vingt siècles de civilisation européenne, et ceci dans les domaines les plus variés qu'explore ici un ensemble d'études consacrées à la philosophie, à la religion, à la littérature, à la politique, aux sciences, à l'architecture, aux arts plastiques, à l'éducation. Les plus grandes œuvres, de Michel-Ange à Picasso, de Dante à Shakespeare et à Goethe, de Montaigne à Céline et à Cioran sont nées d'un dialogue ininterrompu entre les Modernes et les Anciens. Il est urgent de s'en souvenir.

Achevé d'imprimer en octobre 2010
dans les ateliers de Normandie Roto Impression s.a.s.
61250 Lonrai
N° d'imprimeur : 103619
N° d'éditeur : 3303
Dépôt légal : mai 2009
ISBN : 978-2-84734-547-6

Imprimé en France